阿斯塔纳
国际金融中心
公司法律汇编

戴嘉佳　赵　鹏　李岩峰　秦英达◎编译

Kazakhstan AIFC
Corporate Regulatory Framework
A Compendium of Rules and Regulations

中国政法大学出版社

2025·北京

图书在版编目（CIP）数据

阿斯塔纳国际金融中心公司法律汇编 / 戴嘉佳等编译. -- 北京 : 中国政法大学出版社, 2025. 10.

ISBN 978-7-5764-2083-8

Ⅰ. D936.122.8; D936.122.9

中国国家版本馆CIP数据核字第2025UT8776号

出版者　中国政法大学出版社

地　址　北京市海淀区西土城路 25 号

邮　箱　fadapress@163.com

网　址　http://www.cuplpress.com (网络实名：中国政法大学出版社)

电　话　010-58908524(第六编辑部) 58908334(邮购部)

承　印　保定市中画美凯印刷有限公司

开　本　880mm×1230mm　1/32

印　张　12

字　数　320 千字

版　次　2025 年 10 月第 1 版

印　次　2025 年 10 月第 1 次印刷

定　价　79.00 元

戴嘉佳，女，中国政法大学外国语学院副所长，北京外国语大学文学博士学位（翻译学），AIIC Member 国际会议口译员协会会员。中国英汉语比较研究会法律语言学专业委员会会员、中外语言文化比较学会话语译介与传播研究专业委员会会员、中国翻译协会涉外法治翻译与传播专业委员会委员、北京对外医学交流协会国际医学发展专业委员会委员。世界卫生组织、国际劳工组织、亚投行等联合国系统及其他国际组织合约同声传译。以独立译者、首席译者、译审、术语审定等身份，共计完成国家白皮书英译、法律、官方文件等重大笔译翻译和译审500余万字中文，口译项目600多场次。翻译项目主要涵盖立法、规制、前沿技术、卫生健康与社会保障事业等多个领域。

赵鹏，男，毕业于河北大学，法学专业，曾任执业律师、企业高级财务管理。首控法律咨询（北京）有限公司创始人，兼任多家境外（美国、迪拜、哈萨克斯坦）知名企业独立董事、特聘顾问，中国外交部主管的南南合作促进会常务理事。深耕国际法务与跨境投融资领域，擅长为企业提供境外上市全流程法律服务，包括架构搭建、合规审查、招股书撰写及SEC沟通（涉美股）等，已协助多家企业成功IPO。精通国际投融资合规与跨境交易风险管控，主导过多起涵盖哈萨克斯坦的海外并购，熟悉英美法系及国际仲裁规则。

李岩峰，男，中国政法大学西方经济学博士，长期深耕于跨境金融领域的理论研究与实践探索。曾先后就职于交通银行、法国兴业银行、新加坡大华银行、京东金融、全联征信等国内外知名金融机构。现任中国服务贸易协会跨境金融专业委员会副主任、广东丑寅控股集团首席战略官。在《中国经贸贸易金融》《中国经济评论》等中英文核心期刊发表多篇学术论文，研究聚焦于跨境电商创新模式、反垄断政策与企业创新等前沿议题。在企业出海战略规划、中亚区域政策研究及跨境金融解决方案设计等方面拥有丰富经验。

秦英达，女，中国政法大学，2024级翻译专业硕士研究生，研究方向：法律翻译。

前言

悠悠丝路，绵延千年；璀璨明珠，耀映中亚。在“一带一路”倡议的恢宏画卷中，哈萨克斯坦阿斯塔纳国际金融中心（AIFC）犹如一颗新星冉冉升起，正日益成为中国企业出海的一片新沃土。其优越的地理位置、开放的金融政策和国际化的营商环境，为“走出去”的企业提供了极具吸引力的战略支点，更闪耀着制度创新的智慧之光。

这座崛起于欧亚大陆腹地的国际金融中心，不仅承载着哈萨克斯坦建设区域金融枢纽的宏伟梦想，更见证着中哈两国携手共进的深厚情谊。然而，这片孕育无限机遇的土地，其建立在英国普通法框架下的特殊法律制度，与中国本土的公司法律体系存在显著差异。这种法律环境的独特性，既是中国企业融入国际规则、提升合规水平的重要契机，也在企业设立、治理结构、合规运营等方面提出了现实挑战，使不少企业在陌生法域中面临规则转换与制度适应的困惑。正因如此，深入理解并准确把握 AIFC 的法律脉络，已成为中国企业在这片热土上稳健前行、规避风险的关键一环。

作为国内首部系统研究 AIFC 公司法律制度的专著，本书立足三个维度，为读者绘制一幅立体清晰的法律图景：纵览全局，勾勒 AIFC 的发展脉络和法律生态，揭示其独特的法域魅力与制度优势；居中建构，系统解读公司法的制度框架，厘清公司设立、治理、运营的规则体系；聚焦实务，提供官方机构联系方式、专业术语表、公司章程模板等，避免因法律术语理解偏差造成的沟通障碍，为企业实践提供明确指引与可行方案。

惊喜地看到，已有 850 余家中资企业在 AIFC 这片沃土上生根发芽，在金融、贸易、科技等领域绽放异彩。更多的中国企业正整装待发，蓄势待飞。本书的出版，正是希望能为这些开拓者提供一盏法律明灯，照亮他们在 AIFC 的发展征程，助力他们在这片热土上谱写新的华章。

作为法律翻译研究者和实践者，深知法律翻译既是一门学问，更是一份责任。本书中法条的翻译恪守“信、达、雅”的经典法则，力求在准确传达法律精义的同时，让文字焕发优雅的光彩。对于 AIFC 特有的法律概念和制度设计，务求以贴切的中文表达折射其制度精髓。

衷心感谢中国政法大学出版社以及刘晶晶编辑对本书的悉心栽培。作为法律出版领域的一面旗帜，中国政法大学出版社在区域国别法研究方面积累了丰富的出版经验。相信本书的问世，将为国内 AIFC 法律研究增添一份厚重的学术积淀，为中国企业的海外发展壮举提供有力的法律支撑。

让我们以法律的智慧为桥，搭建起连接中国企业与 AIFC 的坚实通途，为“一带一路”建设注入更多制度创新的活力。

目 录

阿斯塔纳国际金融中心概况

“中亚经济带是‘丝绸之路经济带’的核心区”[1]，而阿斯塔纳国际金融中心（Astana International Financial Centre，AIFC）则是东欧及中亚地区首屈一指的金融中心，致力于成为创新和增长的动力源泉。阿斯塔纳国际金融中心的设立旨在推动哈萨克斯坦的经济多元化，建立一个国际化、高效且具有吸引力的金融平台，提升哈萨克斯坦在全球金融体系中的竞争力。

一、历史沿革与发展现状

2015 年 5 月，根据《哈萨克斯坦共和国阿斯塔纳国际金融中心宪法法令》（*Constitutional Statute of the Republic of Kazakhstan On the Astana International Financial Centre*），哈萨克斯坦前总统纳扎尔巴耶夫（Nursultan Nazarbayev）宣布阿斯塔纳国际金融中心于同年 7 月正式启动。[2]这一法令为阿斯塔纳国际金融中心的运营提供了法律框架，确保其与国际金融市场的接轨，并成为推动区域经济一体化的重要平台。

---

〔1〕 参见胡鞍钢、马伟、鄢一龙：《“丝绸之路经济带”：战略内涵、定位和实现路径》，载《新疆师范大学学报（哲学社会科学版）》2014 年第 2 期。

〔2〕 参见蔡鑫：《阿斯塔纳国际金融中心法院司法制度研究》，载李双元主编：《国际法与比较法论丛》（第二十八辑），武汉大学出版社 2022 年版。

哈萨克斯坦国际金融中心的设立是时任总统纳扎尔巴耶夫基于“2050年国家战略”提出的重要金融改革举措。《百步举措》（100 *Concrete Steps*）是引领“2050年国家战略”实施的纲领性文件，这一文件对国家战略所涉五大机构性改革作出规定，其中就包括阿斯塔纳国际金融中心的设立。[1]自2015年设立以来，阿斯塔纳国际金融中心迅速发展，成为区域金融行业的重要参与者。2016年，阿斯塔纳国际金融中心管理委员会（AIFC Management Council）制定了阿斯塔纳国际金融中心的发展战略，并确定了各个机构和组织的结构。阿斯塔纳国际金融中心的核心机构包括阿斯塔纳国际金融中心法院（AIFC Court）、阿斯塔纳国际金融中心国际仲裁中心（AIFC International Arbitration Centre，IAC）以及多个金融服务监管机构，这些机构为全球的投资者和金融机构提供了全方位的法律和金融服务。2017年，阿斯塔纳国际金融中心法律咨询委员会（AIFC Legal Advisory Council）的成立标志着阿斯塔纳国际金融中心在法律服务领域的进一步拓展。同年，阿斯塔纳国际金融中心推出了金融科技实验室（FinTech Lab）监管沙箱，为金融科技企业提供了创新空间。

截至2023年，阿斯塔纳国际金融中心的影响力不断扩展，已成为该地区最重要的金融中心之一。阿斯塔纳国际金融中心的参会机构和合作伙伴持续增加，国际知名企业如高盛（Goldman Sachs）和丝路基金（Silk Road Fund）成为阿斯塔纳国际交易所（Astana International Exchange，AIX）的战略合作伙伴。阿斯塔纳国际金融中心通过其创新的监管框架和服务，为国际投资者提供了稳定、透明的金融环境。2023年，阿斯塔纳国际金融中心获得了全球金融行动特别工作组（Financial Action Task Force，

---

〔1〕 See Campbell-Holt, C. (ed.), *A Vision of the AIFC Court*, Nulsutan: AIFC Court, 2019, p. 18.

FATF）的高度评价，进一步增强了其国际声誉和市场吸引力。

第 25 期全球金融中心指数（Global Financial Centres Index，GFCI）显示，阿斯塔纳位列第 51 位，在东欧和中亚地区排名第一，这体现了阿斯塔纳国际金融中心在全球金融市场中的重要地位。

二、组织架构

阿斯塔纳国际金融中心的管理体系包括多个关键机构，其中最重要的是阿斯塔纳国际金融中心管理委员会，该委员会负责制定发展战略并监督各项业务的开展。阿斯塔纳国际金融中心法院和国际仲裁中心构成阿斯塔纳国际金融中心司法和争端解决体系的核心，负责处理跨境商业纠纷和金融案件。阿斯塔纳国际金融中心金融服务监管机构则确保市场的稳定性和透明度，负责制定并执行相关的法律和规章。

（一）核心机构

阿斯塔纳国际金融中心管理委员会（AIFC Management Council）[1]是一个常设集体机构，由哈萨克斯坦总统担任主席，是阿斯塔纳国际金融中心的最高决策机构。该委员会负责制定阿斯塔纳国际金融中心的发展战略，并创造有利条件，推动阿斯塔纳国际金融中心成为国际领先的金融中心。该委员会有权通过阿斯塔纳国际金融中心法案，确定阿斯塔纳国际金融中心各机构的结构，任命阿斯塔纳国际金融中心法院成员，设立国际仲裁中心，并批准阿斯塔纳国际金融中心年度活动报告。

阿斯塔纳国际金融中心管理局（AIFC Authority，AIFCA）[2]负

〔1〕 https://aifc.kz/aifc-management-council/，最后访问时间：2025 年 1 月 17 日。

〔2〕 https://aifc.kz/aifc-authority/，最后访问时间：2025 年 1 月 17 日。

责为阿斯塔纳国际金融中心的各机构、参与者和员工提供行政支持，并制定中心的发展战略。阿斯塔纳国际金融中心管理局还积极与全球金融中心和机构建立联系，以促进阿斯塔纳国际金融中心管理局融入全球金融体系。阿斯塔纳国际金融中心管理局的管理机构是董事会，负责日常管理工作。

阿斯塔纳国际金融中心法院和国际仲裁中心是阿斯塔纳国际金融中心法治体系的核心，提供高效且符合国际标准的司法服务。

阿斯塔纳国际金融中心法院（AIFC Court）[1]遵循普通法法院体系，其程序规则借鉴了英美法原则和世界领先金融中心的标准，按国际标准处理阿斯塔纳国际金融中心范围内的民事和商业纠纷。该法院拥有对阿斯塔纳国际金融中心相关事务的专属管辖权，并且对于其他纠纷，在各方同意的情况下，该法院也可行使管辖权。阿斯塔纳国际金融中心法院独立于哈萨克斯坦的司法体系，并设有终审法院。

阿斯塔纳国际金融中心国际仲裁中心（AIFC International Arbitration Centre，IAC）[2]提供独立、经济且高效的替代法院诉讼方案，按照国际最高标准解决阿斯塔纳国际金融中心范围内的民事和商业纠纷。该仲裁中心为当事方提供最大程度的选择和灵活性，可以根据阿斯塔纳国际金融中心仲裁与调解规则、联合国国际贸易法委员会（United Nations Commission On International Trade Law，UNCITRAL）仲裁规则或自选规则进行仲裁。此外，该仲裁中心还提供调解及其他形式的替代争端解决方式。自成立以来，该仲裁中心已处理了 3,261 起仲裁和调解案件，其中涉及来自 32 个国家的商业纠纷。该仲裁中心为当事方提供

[1] https://court.aifc.kz/，最后访问时间：2025 年 1 月 17 日。

[2] https://iac.aifc.kz/，最后访问时间：2025 年 1 月 17 日。

高效、灵活的争端解决方式，确保各方得到公平公正的裁决。

阿斯塔纳金融服务管理局（Astana Financial Services Authority，AFSA）〔1〕是阿斯塔纳国际金融中心的独立监管机构，负责监督阿斯塔纳国际金融中心的金融服务及其他相关活动。该金融服务管理局确保阿斯塔纳国际金融中心金融体系的安全性和稳健性，促进公平、高效和透明的金融市场运行。该机构的监管作用对于维护阿斯塔纳国际金融中心的全球竞争力至关重要。

阿斯塔纳国际交易所（Astana International Exchange，AIX）〔2〕旨在促进哈萨克斯坦和中亚地区的资本市场发展，提供有利的投资环境，支持私人企业和经济增长。阿斯塔纳国际交易所在阿斯塔纳国际金融中心的监管框架下运营，遵循英美法原则，并由阿斯塔纳金融服务管理局监管。阿斯塔纳国际交易所使用纳斯达克交易平台，并提供创新的金融产品与服务，旨在打造信任和流动性高的资本市场。阿斯塔纳国际交易所的股东包括阿斯塔纳国际金融中心、上海证券交易所、丝路基金和纳斯达克。

除上述机构外，为了支持伊斯兰金融业务的发展，阿斯塔纳国际金融中心还成立了中央伊斯兰教法咨询委员会，以确保伊斯兰金融产品符合教法要求。

（二）国际合作参与者

阿斯塔纳国际金融中心与全球多个金融中心和国际机构保持紧密合作，尤其是在金融科技、绿色金融和数字资产等领域。通过与上海证券交易所、纳斯达克等国际金融机构的战略合作，阿斯塔纳国际金融中心进一步扩大了其在全球金融市场中的影响力。

---

〔1〕 https://afsa.aifc.kz/，最后访问时间：2025年1月17日。

〔2〕 https://aix.kz/，最后访问时间：2025年1月17日。

三、法域独特性

与哈萨克斯坦的国内法体系不同，阿斯塔纳国际金融中心作为哈萨克斯坦的金融改革核心试点区域，拥有独特的法律和监管框架。正如阿斯塔纳国际金融中心是以迪拜国际金融中心（Dubai International Financial Center）为蓝本创设的，阿斯塔纳国际金融中心的法律体系也主要借鉴了迪拜等国际金融中心的相关法律文本以及《民事诉讼规则》等英格兰和威尔士的相关法律文本〔1〕，在此基础上颁布了一系列公司法、反洗钱、反恐融资、知识产权、数据保护、争议解决、金融服务及税收等领域的法律法规。

在公司法领域，现行有效的法律文件包括五部法律法规和司法解释。其中，《阿斯塔纳国际金融中心公司条例》居于中心地位，并辅以《阿斯塔纳国际金融中心公司细则》《阿斯塔纳国际金融中心特殊目的公司细则》《风险投资公司细则》三部细则。此外，还有一部司法解释对相关条款进行进一步阐释。在国际商事仲裁领域，以《联合国国际商事仲裁示范法》为蓝本制定的《哈萨克斯坦国际商事仲裁法》，以及在此基础上颁布的《哈萨克斯坦国际仲裁庭仲裁规则》和《调解规则》，构成了阿斯塔纳国际金融中心相对完整的仲裁法律体系。〔2〕

阿斯塔纳国际金融中心法院采用独立的普通法司法系统，由初审法庭和上诉法庭两个审级的法庭构成。该法院的运作依据《阿斯塔纳国际金融中心法院条例》（AIFC Court Regulations）

---

〔1〕 See Campbell-Holt, C. (ed.), *A Vision of the AIFC Court*, Nulsutan: AIFC Court, 2019, p. 47.

〔2〕 参见赖晨野：《哈萨克斯坦国际商事仲裁法律制度评析》，载《新疆大学学报（哲学·人文社会科学版）》2016年第1期。

和《阿斯塔纳国际金融中心法院细则》（AIFC Court Rules）进行，这些法规为该法院的运作提供了明确的法律框架，以确保司法独立、公开并符合国际标准。就法院适用的程序法和实体法而言，阿斯塔纳国际金融中心法院适用的法律包括中心法律、经当事人协商选择适用的法律，以及法院根据争议事实和情形选择适用的法律。具体而言，法院需要首先区分争议所涉事项是否为监管类事项，如涉及监管事项，则优先适用中心法律；如不涉及监管事项，则依次适用经当事人协商选择适用的法律、法院根据争议事实和情形选择适用的法律、其他哈萨克斯坦国内现行有效的法律。[1]

四、推动欧亚经济一体化的制度优势

阿斯塔纳国际金融中心拥有独立的司法系统，且设置了符合国际标准的特殊税收制度和货币监管制度，允许在多种货币间进行灵活交易，在该中心内注册运营的公司可享受一系列金融、专业和市场服务的福利。

五、本书的由来

随着高质量共建“一带一路”的纵深推进，中国法律研究者和从业人员迫切需要对共建“一带一路”国家的法律制度进行系统研究，以评估各国和地区的投资潜力。伴随我国企业对共建“一带一路”国家投资的规模化发展，投资风险识别的重要性也愈发突显，虽然投资东道国的政治、军事、社会、文化

〔1〕 参见蔡鑫：《阿斯塔纳国际金融中心法院司法制度研究》，载李双元主编：《国际法与比较法论丛》（第二十八辑），武汉大学出版社2022年版。

风险是投资风险的主要因素，但法律风险同样不容轻视。[1]以中国和哈萨克斯坦的油气合作为例，哈萨克斯坦拥有丰富的油气资源禀赋，且作为“投资潜力成长型”国家，具有巨大的区域投资优势和投资潜能。[2]近年来，中哈油气合作投资面临的主要法律风险包括立法风险、执法风险和诉讼/仲裁风险。虽然哈萨克斯坦属于中亚地区法治化发展水平较高的国家，但在其经济多样化发展转型过程中，法律环境的多变性和政策环境的不稳定性有所增加，法律风险亦随之上升。[3]

总之，对从事涉外法治研究和实务的专业人士而言，客观理解哈萨克斯坦阿斯塔纳国际金融中心法律制度环境，提高法律支持保障能力，指导企业优化投资、合规运营，并依法依规建立符合东道国法律和国际惯例的公司治理体系，防范和化解中资企业在阿斯塔纳国际金融中心的法律风险，维护对外投资企业的利益，对助力“一带一路”倡议的高质量发展具有重要的意义。

---

〔1〕 参见方慧、宋玉洁：《东道国风险与中国对外直接投资——基于“一带一路”沿线43国的考察》，载《上海财经大学学报》2019年第5期。

〔2〕 参见陈伟光、郭晴：《中国对“一带一路”沿线国家投资的潜力估计与区位选择》，载《宏观经济研究》2016年第9期。

〔3〕 参见郭锐、王登凯：《哈萨克斯坦油气合作的法律风险与防控》，载《国际石油经济》2019年第12期。

《阿斯塔纳国际金融中心公司条例》

（条例编号：2017年第2号）
（2024年10月17日修订，2025年1月1日起生效）

批准日期：2017年12月20日
生效日期：2018年1月1日
哈萨克斯坦阿斯塔纳

第一编　总　则

第一章　前　言

第一条　名称

本条例名称为《阿斯塔纳国际金融中心公司条例》（2017年），以下简称《公司条例》。

第二条　颁布时间

本条例自总裁通过之日起生效。

第三条　生效时间

本条例自2018年1月1日起施行。

第四条　制定机关

本条例由总裁依据《宪法法规》第三条第一款、第四条以及《管理委员会关于阿斯塔纳国际金融中心机构架构的决议》

第九条第三款第一项通过。

第五条　适用范围

本条例适用于阿斯塔纳国际金融中心管辖范围内的事项。

在不违反本条第一款的前提下，本条例适用于作为阿斯塔纳国际金融中心参与者在该中心内从事经营活动的组织和个人。

注册机关执行的其他法律对本条例起补充作用，其效力不受本条例影响。

自本条例施行之日起，《阿斯塔纳国际金融中心参与者注册和核准细则》（2017 年）废止。

除本条例另有规定外，依据原《注册和核准细则》（2017 年）已经进行或未进行的事项，视为依据本条例进行或未进行。

第六条　释义

本条例所使用的定义和其他解释性条款见附则一。

第二章　经营资格

第七条　参与者注册要求

主体须成立或注册为阿斯塔纳国际金融中心参与者，方可在阿斯塔纳国际金融中心内或从阿斯塔纳国际金融中心开展业务。

下列主体不受本条前款规定限制：

（一）《公司细则》[1]规定的豁免主体。

（二）【有意省略】

违反本条第一款规定的，依法处以罚款。

当事人与第三方订立合同，该第三方明知或应知道订立该合同违反本条第一款规定的，第三方有权解除合同，但法院或

〔1〕《公司细则》指《阿斯塔纳国际金融中心公司细则》（2017）。

仲裁庭另有裁决的除外。

第八条　经营许可

注册机关可签发附带条件或限制的经营许可。

参与者不得违反经营许可规定的条件或限制。

注册机关可依职权或根据参与者申请暂停其活动。

注册机关依职权暂停参与者活动应符合下列条件：

遵守决策程序；

符合下列情形之一：

（一）确认参与者或其工作人员、雇员、代理人存在违反、正在违反或可能违反本条例规定的情形；

（二）认为该权力行使对于阿斯塔纳国际金融中心利益确有必要。

【有意省略】

【有意省略】

违反本条第二款规定的，依法处以罚款。

第二编　注册机关的任命与职责

第九条　注册机关任命

阿斯塔纳金融服务管理局（AFSA，以下简称金管局）框架内设立公司注册机关。

金管局首席执行官任命公司注册机关，并可依法解除其职务。

注册机关应独立履职，不受金管局干预。

第十条　注册机关职责

注册机关行使职权应促进良好实践，确保各方遵守本条例及相关规定；有效、透明地执行本条例及相关法律；预防、发现和制止违法行为；建立并维护可靠、及时的登记制度，确保公众查询。

注册机关履行本条例及其他法律规定的职责。

注册机关履职以实现上述目标为限。

在不违反本条第二款的前提下，注册机关可履行下列职责：起草规则、标准和行为准则，提交金管局董事会审议；制定指导性文件，并向金管局董事会报告；制定相关文书格式；规定程序和要求；规定文件提交方式；行使法律规定的其他职权。

注册机关可规定或要求使用电子或计算机系统提交、递送、保存本条例及《公司细则》或注册机关执行的其他法律要求的文件和信息，并可规定在何种情况下视为当事人已在该系统上签署或认证文件。

注册机关应通过履行职责，协助哈萨克斯坦履行其作为缔约方的国际条约或其他协议规定的义务。

注册机关可在遵守相关决策程序的前提下，采取其认为必要或适当的措施，以履行或辅助履行其职责。

注册机关可依据《公司细则》的规定，将其全部或部分职权委托他人行使。

第三编　公司的设立与登记

第十一条　公司类型

依据本条例可设立的公司包括：符合本条例第三十六条第一款规定条件的私人公司；符合本条例第三十六条第二款规定条件的公众公司。

外国公司符合本条例第十二编（核准公司）规定条件的，可注册为核准公司。

第十二条　法人资格

依据本条例设立的公司具有独立于其股东的法人资格。除本条例另有规定外，公司因合同、侵权或其他原因产生的责任，应以公司财产承担，公司股东或高级管理人员不承担个人责任。

第四编　公司的组建与设立

第十三条　公司设立

一人或多人可依据本条例规定申请设立公司。

禁止为非法目的设立公司。

设立公司的申请也应由发起人或其正式授权的代表向公司注册机关提出。

申请书应载明下列内容：拟设立公司的名称；拟设立的公司类型，包括私人公司或公众公司；拟从事的经营范围；发起人的出资额及其持股情况；每股面值；公司住所；公司注册电子邮箱；发起人的姓名或名称、国籍和住所；发起人为自然人且为他人代持股份的，应载明实际所有人的姓名、国籍和住所；发起人为法人的，应依据规则要求载明受益所有权信息；拟任董事、董事会秘书的姓名（含曾用名）、国籍、住所、职业和出生日期；注册机关或规则要求的其他信息；本条例第十四编续一（最终受益所有人）规定的最终受益所有人信息。

除非公司全部采用标准章程，否则由各公司发起人或其代表签署的拟议公司章程应与申请一同提交。

第十四条　公司章程

公司章程应使用英文书写，并按顺序编号。

公司章程应载明下列事项：公司类型；本条例第十三条第四款第一项至第三项（公司设立）规定的事项；《公司条例》《公司细则》规定应载明的其他事项。

公司章程可载明股东约定的其他事项，但不得与本条例及相关规则相抵触。

公司可采用标准章程的全部或部分内容。

公司未完全采用标准章程的，发起人应在章程通过前向注册机关提交声明，确认拟通过的章程符合本条例及阿斯塔纳国际金融中心相关规定。

本条例及相关规则修改后，公司章程与其不一致的：应适用本条例及阿斯塔纳国际金融中心的规定；除本条例、《公司细则》及其他中心条例明确要求外，公司无须修改章程。

第十五条　设立申请决定

注册机关可基于其认为正当的理由拒绝设立公司。

注册机关同意设立公司的，除公司完全采用标准章程外，应将随申请提交的公司章程登记在册。

第十六条　设立效力

公司设立时，注册机关应：颁发注册证书，确认公司为私人公司或公众公司；分配公司识别代码；将公司名称登记在册。

自注册证书载明的设立之日起：发起人成为公司股东；公司取得法人资格，有权行使法人的各项职能。

注册证书是下列事项的确证：公司已依法设立；公司类型；公司的设立符合本条例及《公司细则》的要求。

在不违反本条第一款第一项的前提下，注册机关可依据规则对公司注册证书的颁发另作安排。

第十七条　变更登记

公司登记事项发生变更的，应自变更之日起十四日内书面通知注册机关，并遵守《公司细则》规定的其他要求。

违反本条前款规定的，依法处以罚款。

变更登记时应缴纳《公司细则》规定的费用。

第十八条　章程效力

公司章程对公司及其股东具有约束力，视同公司及各股东已签署章程并承诺遵守其全部规定。

股东依据公司章程应向公司支付的款项，属于股东对公司的债务。

第十九条　章程修改

在不违反本条例、规则的前提下，公司可通过特别决议或章程规定的其他方式修改章程。

公司修改章程的，应自修改之日起十四日内向注册机关提交：修改后的章程；至少一名董事签署的合规证明；特别决议、协议、法令、裁定或其他修改文件的副本。

注册机关可依据本条前款第二项规定的证明作为认定相关事项的充分证据。

章程修改不影响修改前股东和公司的权利义务，但修改内容另有明确规定的除外。

章程修改有下列情形之一的，不对修改前的股东发生效力：要求股东增加所持股份；增加股东对公司出资或其他给付义务。

股东同意受修改约束的，不受本条前款规定限制。

第二十条　股东获取章程

股东支付合理费用的，有权要求公司提供章程副本。

违反本条前款规定的，依法处以罚款。

第二十一条　名称限制

公司不得使用具有或可能具有误导性、欺骗性或与其他公司（含核准公司）名称相冲突的名称。

因客观情况导致公司名称具有或可能具有本条前款所列情形的，公司应在三十日内变更名称，但经注册机关同意延长期限的除外。

违反本条规定的，依法处以罚款。

第二十二条　名称变更

公司变更名称应通过特别决议或章程规定的其他方式，且变更后的名称应符合注册机关的要求。

公司依据本条前款变更名称的，应自变更之日起十四日内向注册机关提交变更通知或相关声明。

违反本条前两款规定的，依法处以罚款。

公司依法变更名称并提交相关文件的，注册机关应及时：在登记簿中以新名称替换原名称；颁发名称变更证书，载明公司原名称和新名称。

名称变更自变更证书颁发之日起生效。

名称变更不影响公司的权利义务及已有法律程序的效力。

以公司原名称提起或进行的诉讼，可以新名称提起或继续进行。

公司可在变更名称前就新名称获得注册机关的预先核准。

第二十三条　强制变更名称

在不违反本条例第二十一条（名称限制）的前提下，注册机关认为公司名称具有或可能具有误导性、欺骗性、与其他公司名称相冲突或其他不当情形的，可责令公司变更名称。

注册机关依据本条第一款规定作出决定应遵守决策程序。

公司应在注册机关根据本条第一款所指定的日期起计三十日内完成名称变更，但经注册机关同意延长期限的除外。

违反本条第三款规定的，依法处以罚款。

第二十四条　住所及经营

公司应在阿斯塔纳国际金融中心设立注册地址，用于接收通知和文件。

向公司注册地址留置或邮寄文件的，视为送达公司。

除注册机关另有规定外，公司应在阿斯塔纳国际金融中心开展主要经营活动。其中，公司变更注册地址的，应通知注册机关。变更自注册之日起生效。

违反本条第一款或第三款规定的，依法处以罚款。

第二十四条续一 电子邮箱

公司应设立注册电子邮箱，用于接收通知和文件。

公司变更注册电子邮箱的，应通知注册机关。变更自注册之日起生效。

违反本条规定的，依法处以罚款。

第二十五条　通信要求

公司应在其信头、收据、订单等通信文件中清晰载明公司名称、注册地址和注册电子邮箱。

公司不得在通信文件中载明虚假或具有误导性的登记信息。通信文件中涉及公司股本的，应以实缴股本为准。

违反本条规定的，依法处以罚款。

第二十六条　年报

下列公司应向注册机关提交年报：公众公司；年营业额超过五十万美元或编制年报所涉年度内平均股东人数超过二十人的私人公司；未依据本条例第二十六条续一（年度信息确认）作出选择的私人公司。此外，受本条第一款约束的公司应在每个会计年度结束后六个月内，或注册机关认为适当的其他日期内，向注册机关提交包含下列内容的年报：公司最近编制的上一会计年度的财务报表；就公司各类股份提供一份声明，载明下列内容：于申报日持有该类别已配发股份不少于百分之五的各股东的姓名及地址及该股东所持有的该类别股份数目，连同在该日持有该类别已配发股份少于百分之五的股东人数及其合计持有的股份数量；或于申报日持有该类别股份的全部股东的姓名及地址，其持有的该类别股份数量；本条例第十三条第四款第十项（公司设立）所述的每一董事及董事会秘书（如适用）的详细资料；如公司以库存股形式持有股份——本条例第六十二条第八款第一项（库存股）要求的记载事项；《公司细则》要求的其他信息及声明（如有）。

年报应附具《公司细则》规定的存档费用。此次，股东可要求公司提供年报表的副本。股东支付公司收取的合理费用（如有）后，公司应在收到要求之日或支付费用之日（以较晚者为准）起十日内，向股东提供年报书面副本，或在公司注册机关供股东查阅年报书面副本。

个人可要求公众公司提供其年报表副本。个人支付公众公司收取的合理费用（如有）后，公众公司应在收到要求之日或支付费用之日（以较晚者为准）起十日内，向其提供年报书面副本，或在公众公司注册机关供其查阅年报书面副本。

违反本条第一款至第三款规定的，依法处以罚款。

第二十六条续一 年度信息确认

不适用本条例第二十六条第一款和第二款规定的私人公司可书面方式选择提交年度确认声明，以替代年报。

提交年度确认声明的私人公司应在每个审查期届满后十四日内，向注册机关提交：为确保私人公司能够作出本条第二款所述声明所必需的信息；确认声明，确认私人公司依照本条第二款规定在确认期内应向注册机关提交的所有信息已经提交，或与确认声明同时提交。

下列事项变更应以书面方式告知：私人公司注册地址；股东变更或股东登记簿中应登记的事项；董事变更或董事登记簿中应记载的事项；对设有董事会秘书的私人公司，董事会秘书或联席董事会秘书变更，或董事会秘书登记簿中应记载的事项；名义董事变更或名义董事登记簿中应记载的事项；最终受益所有人登记簿中各最终受益所有人详细信息；私人公司在注册地址以外地点保存公司记录的，该地点的地址；私人公司主要经营活动；私人公司作为库存股持有的股份数量；本条例和《公司细则》要求的其他信息（如有）。

本条所称确认期：就私人公司首份确认声明而言，是指自公司设立之日起至声明中载明的日期（“确认日期”）止的期间；就私人公司其他确认声明而言，是指自上一份确认声明的确认日期次日起至本确认声明的确认日期止的期间。

确认声明的确认日期不得迟于相关审查期届满之日。

本条所称审查期包括：自公司设立之日起的十二个月期间；自前一审查期届满次日起的每十二个月期间。

私人公司提交确认声明的确认日期早于相关审查期届满之日的，下一审查期为自确认日期次日起的十二个月。

为制作确认声明，如信息在声明提交之日前五日内提交的，私人公司可推定该信息已妥善提交给注册机关。

私人公司收到注册机关通知，告知该信息未妥善提交的，不适用本条第八款规定。

确认声明应附具《公司细则》规定的申请费用。

股东可要求私人公司提供确认声明副本。股东支付私人公司收取的合理费用（如有）后，私人公司应在收到要求之日或支付费用之日（以较晚者为准）起十日内，向股东提供确认声明书面副本，或在私人公司的注册地址供股东查阅确认声明书面副本。

违反本条规定的，依法处以罚款。

第二十七条　公司档案

本条适用于公司依照本条例和规则应保存的档案。

公司可采用装订本、活页本或摄影胶片形式保存档案，也可通过传统或电子数据处理系统或任何其他能够在合理期限内以可理解的书面形式复制所需信息的方式记录档案。

公司应采取合理预防措施：防止档案遗失或毁损；防止档案被伪造；发现和更正档案中的错误。

档案未以可理解的书面形式保存的，公司依照本条例和规则应履行的允许查阅和复制义务，或提供、制作信息或文件的义务，应视为允许查阅和复制，或提供、制作可理解的书面形式的信息或文件的义务。

第二十八条　特别决议及影响公司章程文件的其他决议和协议的报送

本条适用于下列与公司章程文件有关的决议、协议和特别决议：任何特别决议；经公司全体股东同意的普通决议或协议，该决议或协议未经全体股东同意的，除以特别决议通过外，不发生效力；经某类别股份全体股东同意的普通决议或协议，该决议或协议未经全体股东同意的，除经特定多数表决或以特定方式通过外，不发生效力；虽未经某类别股份全体股东同意，但对该类别股份全体股东具有约束力的普通决议或协议。

本条第一款所称公司股东或某类别股份的股东，不包括仅因持有库存股而成为股东或该类别股份股东的公司本身。

公司应自决议通过或协议订立之日起十五日内，向注册机关报送本条适用的每项决议或协议的书面副本；决议或协议未采用书面形式的，应报送载明其条款的书面记录。

违反本条第三款规定的，依法处以罚款。

第五编　公司能力与交易

第二十九条　公司能力

公司享有自然人的能力、权利和特权。

公司的行为不得以其章程规定的任何事项导致公司缺乏能力为由而质疑其效力。

在不限制本条第二款规定的情形下，善意与公司进行交易的人不受公司章程中关于董事约束公司或授权他人约束公司权力的任何限制的影响。

第三十条　合同形式

经公司明示或默示授权的主体，可以自然人订立、变更、撤销或解除合同或签署文书的相同方式，代表公司订立、变更、撤销或解除合同，或签署文书。

第三十一条　设立前的合同

在公司设立前以公司名义或代表公司订立的合同，视为与声称代表公司行事的人订立的合同。除适用本条第二款规定的情形外，该人员对合同承担个人责任并享有合同权益。

公司可在合同约定的期限内，未约定期限的，在公司设立后的合理期限内，通过以下行为表明接受该合同的意思：公司受合同条款约束并享有合同权益；在公司设立前声称代表公司行事的人不再受合同约束或享有合同权益。

第三十二条　参股控股公司

除本条第二款规定的情形外，法人不得成为其控股公司的股东。公司向其子公司配发或转让股份的行为无效，本条另有规定的除外。

子公司在成为子公司时系其控股公司的股东的，在具备下列情形之一时，可在成为子公司之日起一年内继续作为其控股公司的股东：无权在控股公司股东会议或某类别股东会议上表决且除按持股比例获得红股外，不得进一步取得控股公司股份；仅作为遗产管理人或受托人而持有控股公司股份。

本条第一款的规定同样适用于代表子公司行事的名义持有人，视同其为子公司本身。

第六编　类别股份权利

第三十三条　类别股份权利的变更或废除

本条适用于公司类别股份所附权利的变更或废除。

公司章程或相关股份发行条款对权利变更或废除另有规定的，从其规定。

公司章程及相关股份发行条款未作规定的，变更或废止类别股份权利应符合下列条件之一：经该类别股份面值总额百分之七十五以上的股东书面同意；经该类别股份持有人会议特别决议通过。

修改或增加公司章程中关于类别股份权利变更或废止的规定，视为变更或废止该等权利。

第三十四条　股东对权利变更或废除的异议权

公司类别股份所附权利依据本条例第三十三条（类别权利的变更或废除）规定被变更或废除的，适用本条规定

持有该类别股份表决权百分之十五以上的股东，未就变更或废止决议投赞成票的，可以其合法权益受到不当损害为由，向法院申请撤销该决议。

本条前款规定的申请应在下列期限内提出：依据本条例第三十三条第二款变更或废除权利的，自变更或废除之日起二十八日内；依据本条例第三十三条第三款第一项变更或废除权利的，自取得规定同意之日起二十八日内；依据本条例第三十三条第三款第二项变更或废除权利的，自特别决议通过之日起二十八日内。

符合本条第二款规定的股东可书面委托其他股东代为申请。

申请人应自申请法院裁定之日起七日内，将申请事项书面通知公司注册机关。

变更或废止决议在法院作出确认裁定前不发生效力；已经生效的，视为自始无效。

法院审查申请人及其他主体的意见后，认为申请符合法定条件且变更或废止将对该类别股东利益造成不当损害的，可裁定不予确认；不符合前述情形的，应裁定确认。

第七编　私人公司和公众公司

第一章　公司的特征

第三十五条　有限责任

公司股东对公司承担的责任以其认缴的出资额为限。

本条例所称私人公司或公众公司，包括依据《阿斯塔纳国际金融中心参与机构注册与许可规则》（2017 年）设立的股份有限公司。

第三十六条　公众公司与私人公司的基本要求

私人公司应符合下列规定：股东人数不得少于一人；不得为公众公司。

公众公司应符合下列规定：不受本条例第五十条（公开发行的禁止）关于私人公司公开发行证券的禁止性规定；注册资本应符合本条例第四十三条（最低股本）规定的最低限额；股东人数不得少于一人。

第三十七条　私人公司名称

私人公司应使用经公司注册机关核准登记的公司名称，并在该名称后标注“有限公司”或者“Ltd.”。

违反本条前款规定的，依法处以罚款。

第三十八条　公众公司名称

公众公司应使用经公司注册机关核准登记的公司名称，并在该名称后标注“公众公司”或者“PLC”或者“plc”。

违反本条前款规定的，依法处以罚款。

第二章　公司类型变更

第三十九条　公众公司变更为私人公司

公众公司可以下列条件申请变更为私人公司：

（一）已作出变更公司类型的特别决议；

（二）具备下列情形之一：未依本条第二款提出申请；已依本条第二款提出申请且法院已裁定确认特别决议；

（三）向公司登记处提交下列文件：拟变更后的公司名称声明；变更公司类型的特别决议副本；拟修订的公司章程草案；公司外部法律顾问就公司章程修订符合本条例及阿斯塔纳国际金融中心相关规定出具的法律意见书。

持有公司已发行股份表决权百分之五以上的股东或者十名以上股东，未就变更决议投赞成票的，可自决议作出之日起二十八日内，以其合法权益受到不当损害为由，向法院申请撤销该决议。

法院受理本条前款规定的申请后，可作出下列裁定：

（一）未发现申请人合法权益受到损害的，驳回申请；

（二）确认特别决议效力；

（三）规定公司变更登记的附加条件；

（四）撤销特别决议。

公司登记处在法院对依据本条第二款提起的申请作出最终裁定前，不得办理公司类型变更登记。

注册机关认为公司符合本条规定的变更条件的，应办理变更登记，并颁发公司类型变更证明书。

自公司类型变更证明书签发之日起，公众公司变更为私人公司，变更申请文件中所列公司名称及章程修改内容生效。

第四十条　私人公司变更为公众公司

私人公司符合下列条件的，可变更为公众公司：

（一）已作出变更公司类型的特别决议；

（二）股本符合本条例第四十三条（最低股本）规定的条件；

（三）符合本条第二款规定的条件，适用时符合本条第三款规定的条件；

（四）向公司注册机关提交下列文件：拟变更后的公司名称声明；变更公司类型的特别决议副本；拟修订的公司章程副本；适用本条第三款规定时，依据本条例第四十六条（公众公司非现金出资）出具的股份出资评估报告副本；公司外部法律顾问就公司章程修订符合本条例及阿斯塔纳国际金融中心相关规定出具的法律意见书。

公司申请变更登记前，应具备下列条件：

（一）编制截至申请日前七个月内的资产负债表；

（二）取得公司审计师就资产负债表符合规定会计准则或经注册机关认可的其他准则出具的无保留意见审计报告；

（三）取得公司审计师就公司净资产不低于股本及公积金总额出具的书面确认。

公司在资产负债表基准日至特别决议通过期间发行股份，且存在非现金出资的，除涉及股份交换外，应遵守本条例第四十六条（公众公司非现金出资）关于非现金出资的规定。

本条所称股份交换，是指下列情形之一的股份发行：

（一）以接受其他公司股份转让或注销其他公司股份作为对价，且该发行向其他公司全体股东或特定类别股东开放；

（二）因公司合并而发行，且公司拟通过发行股份或其他证券作为对价，收购其他法人实体的全部资产和负债。

公司登记处认为私人公司符合本条规定的变更条件的，应办理变更登记，并颁发公司类型变更证明书，注明证书出具日期。

自公司类型变更证明书签发之日起，公司变更为公众公司，变更申请文件中所列公司名称及章程修改内容即刻生效。

本条所称审计师，是指经公司注册机关依法注册的审计师。

第三章　股东和股份

第四十一条　股东资格

公司发起人视为同意成为公司股东，公司登记时应将其作为股东登记于公司股东登记簿。

其他人士具备下列条件的，可成为公司股东：

（一）同意成为公司股东；

（二）受让公司股份；

（三）将其姓名或者名称记载于公司股东登记簿。

第四十二条　股份性质

公司股份应依照公司章程及发行条款赋予下列权利：

（一）出席公司会议并行使表决权；

（二）按照所持股份比例分享公司权益；

（三）同一类别的已缴足股份在各方面享有同等权利。

除本条例第五十四条（股票和债券的转让与登记）另有规定外，公司股东可依照公司章程规定的方式转让其股份或其他权益。

公司可依照章程规定设置不同类别股份。

第四十三条　最低股本

公司股份应具有固定面值。公司不得以低于面值的价格发行股份，违反规定发行的股份无效。

私人公司无最低股本限制。

公众公司应符合下列规定：

（一）已发行股本（不含库存股）不得低于十万美元；

（二）除员工持股计划外，股份发行时的实缴出资额不得低于股份面值的四分之一。

本条第三款第二项不适用于根据员工持股计划配发的股份。

第四十四条　股本变更

公司可通过决议变更其股本，但公司章程禁止变更或者变更将导致公司股本不符合本条例第四十三条（最低股本）规定的除外。

公司可采取下列方式变更股本：

（一）发行与现有股份同等面值的新股份，或者发行公司认为适当的其他面值的新股份，以增加股本；

（二）将股本（无论是否已发行）合并分配为更大面值的股份；

（三）将股份或者其任何部分拆分为更小面值的股份，但拆分后的股份实缴与未缴比例（如有）应与原股份相同。

有下列情形之一的，公司不得变更股本：

（一）未经董事会依本条第五款决议的；

（二）公司章程禁止变更的；

（三）变更将导致公司股本不符合本条例第四十三条（最低股本）规定的。

违反本条前款规定的，依法处以罚款。

在不违反本条例第四十八条（股东优先认购权）规定的情形下，董事会经公司章程或者决议授权，可行使下列职权：

（一）配发及发行股份；

（二）授予认购证券或者将证券转换为股份的权利。

第四十五条　私人公司非现金出资

私人公司发行股份，出资方式应为现金，但本条第二款规定的情形除外。

私人公司接受非现金财产作为出资的，董事会应履行下列职责：

（一）确定出资财产的合理现金价值；

（二）决议确认出资对公司及全体现有股东公平合理；

（三）决议确认出资财产的现金价值不低于股份面值；

（四）将相关决议副本连同发行通知提交公司登记处。

本条前款规定的决议应详细载明出资财产的具体内容、董事会确定的现金价值和估值依据。

本条规定不适用于下列情形：

（一）因可转换公司债券转换而分配公司股份；

（二）因行使认股期权而分配股份；

（三）以公司储备金按股东持股比例向全体股东配发缴足股款之股份；

（四）依据本条例第四十四条第二款第二项（股本变更）规定对公司股份或任何类别股份进行合并、拆分或再拆分。

第四十六条　公众公司非现金出资

公众公司接受非现金出资的，应符合下列规定：

（一）在股份发行前六个月内取得独立评估；

（二）向拟受让人提供评估报告副本；

（三）将评估报告和董事会决议副本连同发行通知提交公司注册机关。

公众公司不得接受任何人承诺在股份发行之日起五年后提供劳务或者服务作为出资。

下列情形不适用本条第一款和第二款规定：

（一）涉及股份交换的股份发行；

（二）因公司合并发行股份；

（三）可转换证券转换为公司股份；

（四）行使股份认购权；

（五）以公司储备金向全体股东按持股比例转增股本；

（六）股份合并、拆分；

（七）公司规定的其他情形，但该情形下以非现金出资发行的股份数额（不含本款第一项至第六项规定的情形）不得超过发行前公司已发行股份总数（不含库存股）的百分之五。

本条第一款要求的评估人员应是依法注册的审计师，且不得有下列情形：

（一）公司的雇员；

（二）公司雇员的合伙人、高级管理人员或者雇员，或者公司雇员作为合伙人的合伙企业的合伙人、高级管理人员或者雇员；

（三）公司关联企业的高级管理人员或者雇员；

（四）公司关联企业或者该关联企业作为合伙人的合伙企业的合伙人、高级管理人员或者雇员；

（五）《公司细则》规定的其他关联情形。

评估人员可要求公司雇员提供评估所需的信息和说明。公司雇员应如实提供，或者采取合理措施确保相关要求得到满足。

任何人不得有下列行为：

（一）向评估人员提供虚假或者具有误导性的陈述或者信息；

（二）在重要事项上提供存在虚假或者误导性的文件；

（三）隐瞒可能误导或者欺骗评估人员的信息。

违反本条第五款或第六款规定的，依法处以罚款。

本条中下列用语的含义：

（一）涉及股份交换的股份发行，是指股份发行的对价为受让或者注销其他公司的股份，且该发行向其他公司全体股东或者特定类别的全体股东开放；

（二）因公司合并发行股份，是指公司拟通过发行股份或者其他证券作为对价，收购其他公司的全部资产和负债。

第四十七条　不记名股票

公司发行不记名股票的，属于违法行为。发行的不记名股票无效。

第四十八条　股东优先认购权

除本条例第四十九条（优先认购权的例外）规定的情形外，公司向他人发行股权证券，应符合下列规定：

（一）向现有股权证券持有人发出认购要约，按照其持股比例以同等或者更优惠的条件认购；

（二）要约接受期限届满或者公司已收到全部要约的接受或者拒绝通知。

就本条第一款而言，下列情形视为公司发行股权证券：

（一）授予认购普通股或者将证券转换为普通股的权利；

（二）出售库存股。

公司持有的库存股不计入公司股本，公司不因持有库存股而成为股权证券持有人。

公司章程可规定，公司发行特定类别股份时，除符合本条第一款第一项规定的要约外，还应符合公司章程规定的其他优先认购权。在此情形下，公司应依照本条第五款规定发出要约，并遵守相应的优先认购权规定。

依照本条第一款第一项或第四款规定发出的要约应符合下列规定：

（一）采用书面或者电子形式；

（二）股权证券持有人未向公司提供地址的，可在指定刊物刊登要约或者公告要约查阅方式；

（三）要约接受期限不得少于下列期限届满后的十四日：公司章程规定的要约送达时间，或者合理预期要约已送达时；或要约在指定刊物刊登之日。

有下列情形之一的，不视为违反本条规定：

（一）公司已依法向股权证券持有人发出要约；

（二）公司向现有股权证券持有人或现有股权证券持有人指定的受让人主体发行股权证券 。

违反本条规定的，依法处以罚款。

第四十九条　优先认购权的例外

下列情形不适用本条例第四十八条（股东优先认购权）规定：

（一）发行红利股份；

（二）依据员工持股计划持有、发行或者转让的股份；

（三）依据本条例第四十五条（私人公司非现金出资）、第四十六条（公众公司非现金出资）规定以非现金方式出资的股份；

（四）私人公司章程排除或者变更优先认购权的；

（五）公司通过特别决议排除或者变更优先认购权的，但公司章程对表决要求有更高规定的除外。公司董事向全体股东发出的书面声明中建议通过该特别决议的，声明应载明：提出建议的理由；发行股份应支付的金额；董事会对该金额的说明。

第四章　私人公司公开发行的禁止性规定

第五十条　公开发行的禁止

私人公司不得实施下列行为：

（一）向公众发行证券；

（二）为向公众发行而向他人发行证券或者承诺发行证券。

除有相反证据外，证券的发行或发行协议在下列情形下应推定为向公众发售：在发行或订立发行协议后六个月内；在公司收取该等证券之全部应付对价前，公司就该等证券而收到的款项。

私人公司有下列情形之一的，不构成违反本条第一款规定：

（一）按照在证券分配前重新注册为公众公司的安排善意行事；

（二）作为要约条款的组成部分，承诺自要约首次提出之日起六个月内重新注册为公众公司，并履行该承诺；

（三）按照金管局制定的规则通过配售方式发售证券；

（四）在获授权投资交易所发售、发行或按协议分配债券，并向注册机关备案；

（五）经注册机关批准，在获授权投资交易所以外的交易所发售、发行或按协议分配债券。

本条所称向公众发出的要约，包括向任何特定群体发出的要约。有下列情形之一的，要约不视为向公众发出：

（一）根据客观情况，可合理认定该要约不会导致证券被受要约人以外的人取得；

（二）根据客观情况，可合理认定该要约仅向公司现有股东或雇员（或其直系亲属）、现有债券持有人或前述人员的受托人作出，且如该要约附有可撤销条款，仅可向有权获得要约的其他人撤销；

（三）根据客观情况，可合理认定该要约是依员工持股计划而作出，且如该要约附有可放弃条款，仅可向有权获得要约的其他人转让放弃权。

违反本条第一款规定的，依法处以罚款。

第五十一条　第五十条第一款禁令的执行

有下列情形之一的，适用本条规定：

（一）公司股东或债权人依据本条向法院申请禁止令；

（二）公司股东依据本条例第一百七十五条（股东权益受损害的救济）规定就股东权益受不公平损害向法院申请禁止令；

（三）注册机关依据本条向法院申请对公司的禁止令。

法院认定公司正在违反或拟违反本条例第五十条第一款（公开发行的禁止）规定的，可颁布禁止令以制止该等违法行为。

法院认定公司已违反本条例第五十条第一款规定的，可依据本条下款作出相关禁止令。

法院可作出下列裁定：

（一）裁定公司重新注册为公众公司；

（二）法院认定公司不符合重新注册为公众公司的条件，或者认为要求公司重新注册为公众公司不切实际或者不适当的，可对公司或者明知参与违法行为的人（不论其是否为公司高级职员）作出下列裁定：发出补救令，使受影响方恢复至违法行为发生前的状态；在不违反前项规定的前提下，裁定明知违法的人按照法院认为适当的价格和条件提出购买证券；对公司作出补救令的，裁定相应减少公司股本；裁定公司强制清算；法院认为适当的其他裁定。

本条所称受影响方，是指公司的股东或者债权人。

第五章　股东、债券持有人登记簿和股份证书

第五十二条　股东登记簿

公司应设立股东登记簿。私人公司可选择将应载于股东登记簿的信息交由公司注册机关保存。

公司应及时在股东登记簿中记载下列事项：

（一）股东的姓名或者名称、住所，以及各类股东所持股份

的情况，包括股份编号（如有）、类别（公司发行两类以上股份的）；

（二）各股东登记为股东的日期；

（三）各股东终止股东资格的日期；

（四）各股东所持股份数额变动的日期；

（五）对于未缴足股款的股份，应记载尚未缴纳的金额；

（六）对于股份的共同持有人，除公司章程另有规定外，应记载其姓名或者名称、为行使表决权之名义股东以及用于接收公司向股东发送通知的指定地址。

违反本条前两款规定的，依法处以罚款。

私人公司可选择将相关信息由公司注册机关保存。

该选择可由发起人在公司设立前作出，或由公司在设立后作出。

公司设立后作出选择的，应事先经全体股东同意，否则选择无效。

依据本条所作选择应向公司注册机关提交选择通知。

若通知由私人公司申请设立人提交：

（一）应与本条例第十三条规定的公司设立申请书一并提交；

（二）应随附含本条第二款规定全部信息的声明。

若通知由私人公司提交，应随附：

（一）全体股东已同意作出选择的声明；

（二）载有截至通知提交之日，依照本条第二款规定全部信息的声明。

选择自公司注册机关登记选择通知时生效。

该选择持续有效，直至公司不再是私人公司或公司注册机关登记了退出通知，以在先者为准。

选择有效期间，私人公司应继续保存包含选择生效前全部信息的股东登记簿，但无须更新该登记簿以反映其后发生的变更。

公司注册机关保存的登记簿中，记载信息的日期为公司注册机关登记相关文件的日期。

选择有效期内，私人公司应在相关变更发生后十四日内，向公司注册机关报送本条第二款规定应记载于股东登记簿的信息。

私人公司可向公司注册机关发出撤回通知。撤回自公司注册机关登记通知时生效。撤回后，公司应重新设立并保存股东登记簿，并在其中记载选择已撤回、撤回生效的时间以及选择有效期间的股东信息已过时，可在公司注册机关查询。

向公司注册机关提交的通知和信息应采用书面形式。

违反本条第四款至第十六款规定的，依法处以罚款。

第五十三条　债券持有人登记簿

发行债券的公司应设立并保存债券持有人登记簿。

公司应及时将债券持有人的姓名或者名称、住所及其持有的债券数额记载于登记簿。

违反本条前款规定的，不影响债券的效力。

违反本条规定的，依法处以罚款。

第五十四条　股票和债券的转让与登记

公司不得登记股份或者债券的转让，除非受让人向公司提交书面转让文件，或者该转让符合《公司细则》关于无需书面转让文件的规定，不论公司章程有何规定。

符合登记条件的，公司应及时办理登记。

本条第一款规定不影响公司将依照本条例（包括经具有管辖权的法院裁定）取得公司股份或者债券权利的人登记为股东

或者债券持有人。

已故股东或者债券持有人的遗产代理人申请转让的，与本人申请具有同等效力。

转让人提出申请的，公司应及时将受让人的姓名或者名称记载于股东登记簿或者债券持有人登记簿，其登记方式和条件与受让人申请的情形相同。

公司有正当理由拒绝登记的，应自收到转让文件之日起十四日内向转让人和受让人发出书面通知，并说明理由。

本条前述规定不适用于公众公司在获授权投资交易所进行的股票和债券转让。在获授权投资交易所进行的转让应遵守该交易所的规则。

违反本条规定的，依法处以罚款。

第五十五条　登记簿保存

公司的股东登记簿和债券持有人登记簿应存放于公司住所。

公司可将登记簿委托代理人在阿斯塔纳国际金融中心保存，但应确保能够及时查阅。公司在住所保存登记簿副本的，应在变更登记簿后十日内更新副本。

违反本条规定的，依法处以罚款。

第五十五条续一　分册

公众公司寻求或者已获准在认可交易所交易其股票或者债券的，可委托阿斯塔纳国际金融中心以外司法管辖区的代理人保存分册。

分册是公司股东登记簿或者债券持有人登记簿的组成部分。分册应记载寻求或者已获准在认可交易所交易的股份或者债券的持有情况，并包含本条例第五十二条第二款（股东登记簿）和第五十三条第二款（债券持有人登记簿）规定的信息。

公众公司应在下列事项发生后十四日内通知公司注册机关：

（一）公司开始备存分册的地点；

（二）分册相关事项的变更；

（三）停止保存分册的情况。

公众公司可停止保存分册，相关记载事项应转移至同一地点的其他分册或者公司的股东登记簿、债券持有人登记簿。

违反本条规定的，依法处以罚款。

第五十六条　登记簿查阅

公司应保证其股东登记簿和债券持有人登记簿在工作时间内可供下列人员查阅：

（一）公司股东或债券持有人可免费查阅相应的登记簿；

（二）公众公司其他人可依照本条第三款规定提出申请并在支付合理费用后，在公司住所地或者代理机构办公场所查阅。

公众公司依照本条例第五十五条续一规定将分册委托代理机构保管的，应在公司住所地保存该登记簿副本，本条第一款规定同样适用于该副本的查阅。

申请人应以书面形式向公司提交申请，并载明下列事项：

（一）申请人为自然人的，应载明其姓名和住所；

（二）申请人为组织的，应载明其名称、住所以及代表该组织提出申请的自然人的姓名和住所；

（三）查阅所获信息的用途；

（四）是否将所获信息披露给他人，如须披露，应载明：对方为自然人的，其姓名和住所；对方为组织的，其名称、住所以及接收信息的自然人的姓名和住所；对方使用该信息的目的。

公司拒绝依照本条第一款规定允许查阅的，注册机关可根据申请人的请求，责令公司立即允许查阅。股东和债券持有人以外的人提出申请的，应按照本条第三款规定提供相关信息。

公司应执行注册机关依照本条前款作出的决定。

违反本条第一款或第五款规定的，依法处以罚款。

第五十七条　登记簿更正

有下列情形之一的，当事人或者公司股东可向注册机关申请更正股东登记簿：

（一）无正当理由未将某人的姓名、所持股份数额或者股份类别在股东登记簿中准确记载或者遗漏记载的；

（二）未将某人不再是股东的事实记载于股东登记簿，或者存在不当迟延的。

有下列情形之一的，当事人或者公司债券持有人可向注册机关申请更正债券持有人登记簿：

（一）无正当理由未将某人的姓名、所持债券数额或者债券类别在债券持有人登记簿中准确记载或者遗漏记载的；

（二）未将某人不再是债券持有人的事实记载于债券持有人登记簿，或者存在不当迟延的。

注册机关收到依照本条前两款规定提出的申请后，可作出下列处理：

（一）责令公司更正登记簿；

（二）因正当理由拒绝责令公司更正登记簿。

公司不得违反注册机关依照本条前款第一项作出的决定。

在不影响注册机关依照本条第三款规定享有的职权的情形下，法院可作出下列裁定：

（一）根据注册机关的申请，强制执行其依照本条第三款第一项作出的决定；

（二）根据当事人、公司股东或者债券持有人的申请，责令公司更正或者不予更正登记簿，或者责令公司作为或者不作为其他事项；

（三）根据当事人的申请，责令公司赔偿损失。

违反本条第四款规定的，依法处以罚款。

第五十八条　股票证明

公司配发股份或者收到正确填写的股份转让文件后，应在十四日内完成股票证明的制作并准备交付，但依照《公司细则》规定无需出具书面凭证的股份所有权除外。

对于无需书面凭证的股份所有权或者股份转让，公司应在配发股份或者收到正确填写的股份转让文件后十四日内完成配发或者转让登记。

公司有权拒绝登记且未进行登记的股份转让，不适用本条前两款规定。

违反本条规定的，依法处以罚款。

第五十九条　公众公司了解股份权益的权利

公众公司有合理理由认为存在下列情形之一的，可向知晓或有合理理由的主体发出书面通知：

（一）在公司股份中享有权益的人；

（二）在通知发出之日前三年内在公司股份中享有权益的人。

通知可要求主体确认其在股份中现在或者曾经享有的任何权益，并提供通知中要求的与该权益相关的详细信息。

本条所称享有股份权益，是指主体有下列情形之一：

（一）订立了收购股份的合同；

（二）虽非股份登记持有人，但享有下列权利之一：行使持有股份所附的任何权利；控制前项所述权利的行使。

主体未遵守公司依照本条第一款发出的通知要求的，公司可向法院申请对该人员在其中享有权益的股份作出下列限制：

（一）禁止转让或订立转让股份的协议；

（二）禁止就该股份行使表决权；

（三）禁止以该股份为基础发行新股份，或以要约方式向该股份的持有人发行新股份；

（四）除清算外，禁止就该股份支付公司应付的任何款项，无论是资本还是其他款项。

法院受理本条前款规定的申请后，应特别考虑第三人对相关股份享有的权利，作出适当的裁定。

任何人认为其权利因法院依照本条前款作出的裁定已经或者可能受到不当影响的，可向法院提出异议。法院认为裁定对异议人或者其他第三人的权利造成不当影响的，可为保护异议人或者第三人的权利，在其认为适当的条件下，作出下列规定：

（一）依照本条第五款作出的禁止性裁定不适用于特定的个人或者群体；

（二）相关股份不再受本条第五款规定的禁止。

对于依照本条第五款作出的禁止性裁定，违反限制的下列行为无效：

（一）股份转让或者转让协议；

（二）该股份行使的表决权，或依据该表决权采取的其他行为；

（三）以该股份替代或根据向其持有人提出的要约发行的股份；

（四）但清算中的情形除外，公司因该股份应付的任何款项的支付。

公司或者任何主体可向法院申请解除依照本条第五款对股份作出的禁止。有下列情形之一的，法院可作出解除限制的裁定：

（一）与股份有关的事实已向公司披露，且任何人未因先前未作披露而获得不当利益；

（二）股份将以合理对价转让，且法院批准该转让。

第六章　股份的赎回和回购

第六十条　公司发行可赎回股份

公司可依照章程规定发行可赎回股份，但应遵守本条例第六十一条（公司回购股份）关于公司回购股份的规定。已发行的普通股，经章程规定可转换为可赎回股份。

公司不得将全部已发行的普通股转换为可赎回股份。

公司赎回股份，应确保股份已缴足股款，并遵守下列规定：

（一）股份面值部分的款项应从实收资本、股份溢价或其他储备金中支付；

（二）任何溢价的款项应从已实现或未实现的利润、股份溢价或其他储备金中支付。

公司赎回股份前，全体董事应书面声明下列事项：

（一）公司在支付赎回款后仍能清偿到期债务；

（二）考虑公司的经营前景和董事的经营计划以及公司可获得的财务资源的数量及性质后，公司在支付赎回款之日起十二个月内能够持续经营并清偿到期债务。

董事作出本条前款规定的声明，应有合理依据。

违反本条前款规定的，依法处以罚款。

公司依照本条规定赎回股份后，除作为库存股持有的情形外，该等股份应予以注销，并相应减少注册资本。

公司按照本条规定赎回股份的，可发行不超过所赎回股份价值的新股。

有下列情形之一的，公司不得赎回股份：

（一）赎回后将导致公司不再有普通股股东；

（二）赎回后公司的注册资本将低于本条例第四十三条（最

低股本）规定的最低限额或者其他阿斯塔纳国际金融中心条例、细则规定的限额。

公司赎回股份的，应自赎回完成之日起十四日内向注册机关报告赎回情况及公司注册资本变更情况。

第六十一条　公司回购股份

公司可依照本条规定回购股份，但章程另有限制的除外。

公司回购股份，应经下列决议核准：

（一）场外回购的，除全资子公司外，应经股东大会特别决议通过；

（二）市场回购或者全资子公司回购的，应经股东大会普通决议通过。

拟回购股份的持有人不得对本条前款规定的决议行使表决权。公司应确保该类别股东不参与表决。

有下列情形之一的，公司不得回购股份：

（一）回购后将导致公司不再有普通股股东；

（二）股份尚未缴足股款；

（三）回购后公司的注册资本将低于本条例第四十三条（最低股本）规定的注册资本最低限额。

本条例第六十条第四款和第五款（公司发行可赎回股份）规定，经必要调整后适用于公司回购股份的情形。

公司回购股份的付款时间应符合下列规定：

（一）场外回购的，应在回购时支付；

（二）市场回购的，应按照证券交易场所的规则支付。

公司回购股份的，应履行下列程序：

（一）在发出股东会会议通知时，向全体股东提供回购合同的副本；

（二）自股东大会会议召开十五日前至会议结束时，在公司住所地备置回购合同的副本，供股东查阅。

公众公司回购股份的，应将回购合同的副本在公司住所地保存十年，供股东查阅。

本条中下列用语的含义：

（一）市场回购，是指公众公司在证券交易场所回购股份；

（二）场外回购，是指不属于市场回购的其他回购行为。

公司回购股份的，应自回购完成之日起十四日内向注册机关报告回购情况及注册资本变更情况。

违反本条规定的，依法处罚款。

违反依本条第五款适用之第六十条第五款规定的，依法处以罚款。

第六十二条　库存股

公司依据本条例第六十一条（公司回购股份），符合下列条件的，可作为库存股持有：

（一）公司章程未禁止持有库存股；

（二）经普通决议同意；

（三）符合本条其他规定。

公司持有库存股的，可：

（一）注销；

（二）出售；

（三）用于员工持股计划；

（四）作为红股分配给现有股东；

（五）继续持有。

公司注销库存股的，应相应减少注册资本。

库存股不享有下列权利：

（一）对公司事务的请求权和召集权；

（二）表决权；

（三）为使决议通过，或使任何人采取（或不采取）任何行动或决定，应具备本条例和《公司细则》规定，取得股份持有人一定比例票数或一定比例同意或不同意意见，在计算公司所持股份总数或是否达到所需比例时，将公司持有的库存股份考虑在内；

（四）分红权和其他财产分配权，包括清算时的分配权；

（五）其他股东权利；

（六）追究股东义务。

（七）任何声称行使或执行本款第二项至第六项所述权利、义务、要求或其他事项的行为均为无效。

本条前款规定不影响：

（一）公司以红股形式分配已缴足股款的库存股；

（二）支付可赎回库存股的赎回款。

公司依据本条第二款第一项注销库存股的，可发行不超过注销股份实缴金额的新股。

公司以红股形式分配的库存股，视为公司在分配时新购入的库存股。

公司持有库存股的，应在下列文件中如实记载：

（一）股东登记簿中记载库存股数量；

（二）在注册机关登记库存股的详细情况；

（三）依据本条例第二十六条（年报）在年度报告中记载每年一月一日持有的库存股数量。

第六十三条　禁止为收购股份提供财务资助

公众公司不得为任何人收购本公司或其控股公司的股份提供财务资助；私人公司不得为任何人收购作为公众公司的控股公司的股份提供财务资助，但符合下列情形之一的除外：

（一）不会损害公司、股东的合法权益和公司债务清偿能力，且经持有公司表决权百分之九十以上的股东同意；

（二）公司的主营业务包括提供融资，且该项财务资助属于公司正常经营活动范围并符合商业惯例；

（三）该项财务资助系为实施公司员工持股计划所必需；

（四）该项财务资助属于公司其他合法行为的附带部分，且善意、公平，符合公司利益；

（五）符合本条规定的其他情形。

公司董事、高级管理人员应维护公司资产安全，确保公司不违反本条规定。

本条所称财务资助，包括但不限于下列方式：

（一）提供贷款；

（二）提供赠与；

（三）发行债券；

（四）以公司资产提供担保；

（五）代为承担责任。

下列行为不属于财务资助：

（一）公司依法分配利润；

（二）公司发行股票红利；

（三）依法赎回回购股份；

（四）公司依本条例第七章规定减资。

违反本条规定的，依法处以罚款。

第七章　减　资

第六十四条　减资方式

私人公司经全体股东一致同意并作出资本偿付能力声明，可依照本条例第六十五条（私人公司减资的偿付能力声明）规定减少注册资本。

股份有限公司经股东大会特别决议通过并经法院确认，可依照本条例第六十六条（减资特别决议的法院确认）和第六十七条（减资的法院裁定）规定减少注册资本。

有下列情形之一的，公司不得依照本条前两款规定减少注册资本：

（一）公司章程规定不得减资；

（二）减资后公司不再有任何股东；

（三）公众公司减资后注册资本低于法定最低限额（本条例第四十三条及其他阿斯塔纳国际金融中心条例、细则关于注册资本最低限额的要求），但本条例第六十九条（公众公司股本减至法定最低限额以下）另有规定的除外。

在不违反本条前款规定的情形下，公司可通过下列方式减少注册资本：

（一）减少或者免除股东尚未缴纳的出资义务；

（二）减少实收资本：注销无相应资产支撑的出资；退还超过经营所需的出资；

（三）注销因未按期缴纳出资而征回或股东主动放弃的股份。

公司依据本条例第六章的规定回购股份的，不属于本章规定的减资行为。

除本章规定外，公司不得减少其股本。违反本款规定可处以罚款。

第六十五条　私人公司减资的偿付能力声明

私人公司减资决议应附具本条例第六十四条第一款（减资方式）规定的偿付能力声明，并满足下列条件：

（一）在减资生效日前三十日至十五日期间，在指定刊物上刊登减资公告，载明：公司最近一期经确认的股本金额；每股票面价值；拟减少的股本数额；减资生效日期。

（二）公告中应包含本条第二款规定的偿付能力声明。

偿付能力声明应由公司全体董事作出，声明其认为：

（一）就声明作出之日的公司情况而言，不存在公司无力清偿到期债务的情形；

（二）且公司具备下列条件之一：若公司拟在声明作出之日起十二个月内开始清算，能够在清算开始后十二个月内清偿全部债务；能够清偿声明作出之日起一年内到期的全部债务。

董事作出本条第一款第二项所述的偿付能力声明，应具有合理依据，并充分考虑公司的全部债务，包括或有债务和预期债务。

违反本条前款规定的，依法处以罚款。

公司减资的，应自生效之日起十四日内向公司注册机关提交本条第一款规定的公告副本。

第六十六条　减资特别决议的法院确认

公司章程允许减资的，经特别决议同意后，可向法院申请确认。

减资涉及向股东退还已缴股本或减免未缴股本义务的，适用本条第三款至第五款规定，但法院依据本条第六款另有规定的除外。

债权人可在法院规定期限内，对减资提出异议。

法院依据本条第三款确定有权提出异议的债权人名单，应采取下列措施：

（一）确定债权人姓名、债权性质和金额，无须债权人申请；

（二）发布公告，规定未列入名单的债权人申请列入名单的期限，逾期丧失异议权。

对于已列入名单但债权尚未清偿或未确定，且未同意减资的债权人，法院可责令公司提存下列数额：

（一）公司承认全部债权或愿意提供担保的，提存全部债权金额；

（二）公司不承认且不愿提供担保的，或者债权金额不确定的，提存法院确定的金额。

法院可根据个案情况，决定本条第三款至第五款规定不适用于特定类别债权人，或对其适用变更后的规定。

公司高级管理人员不得有下列行为：

（一）故意或重大过失隐瞒有权对减资提出异议的债权人信息，或虚构或歪曲债权人的债权性质或金额；

（二）协助他人实施前述行为。

违反本条前款规定的，依法处以罚款。

第六十七条　减资的法院裁定

对于依据本条例第六十六条第三款（减资特别决议的法院确认）有权提出异议的债权人，有下列情形之一的，法院可作出确认减资的裁定：

（一）债权人同意减资；

（二）债权已获清偿、确定或担保。

法院依据本条前款规定作出确认裁定的，可同时裁定：

（一）公司公布减资原因或其他法院认为适当的信息；

（二）因减资产生储备金的，确定是否可以分配。

第六十八条　减资裁定的登记

法院确认减资的，公司应向公司注册机关提交：

（一）法院确认裁定的副本；

（二）经法院核准的资本报表，载明：已发行股份总数；股份总面值；每股已缴及未缴金额（包括面值和溢价）。

公司注册机关应登记确认裁定和资本报表。登记完成时，减资的特别决议生效。

公司注册机关应出具登记证明，载明：公司注册机关的签署；已满足本条例关于减资的各项要求，且公司股本情况与资本报表一致。

登记完成后，资本报表视为取代公司章程中的相应内容。

第六十九条　公众公司股本减至法定最低限额以下

公众公司减资后的股本低于本条例第四十三条（最低股本）规定的法定最低限额的，公司注册机关不得登记法院依据第六十七条（减资的法院裁定）作出的减资裁定，但是，有下列情形之一的除外：

（一）公司已依本条例第三十九条（公众公司变更为私人公司）的；

（二）法院依照本条第二款作出裁定的。

法院可不经特别决议，裁定公司变更为私人公司。该裁定应明确规定因变更公司类型导致的公司章程和名称变更事项。

公司注册机关收到本条前款规定的裁定后，应签发经变更的公司登记证书。证书签发时，公司类型变更为私人公司，公司章程和名称变更生效。

第七十条　因法院裁定减资对债权人承担的责任

具有下列情形的，适用本条规定：

（一）债权人有权对减资提出异议，但因不知晓减资程序或者其对债权的影响而未被列入本条例第六十六条（减资特别决议的法院确认）规定的债权人名单；

（二）减资后公司无力清偿该债权人的债权。

从减资特别决议依据本条例第六十八条第二款（减资裁定的登记）生效之日起，股东应在不超过其于减资前一日公司清算时所应承担的范围内，对债权人承担清偿责任。

公司清算时，法院经债权人申请并证明其属于本条第一款第一项规定的债权人的，可确定应承担出资义务的人员名单，并向名单所列人员发出缴款命令并强制执行，视同其为清算程序中的一般出资人。

本条规定不影响名单所列人员行使对彼此的追偿权。

第七十一条　减资所产生储备金的处理

因减少股本所产生的储备金，除法院依照本条例第六十七条第二款第二项（减资的法院裁定）另有规定外，仅可依照公司章程规定或特别决议授权处理。

第八章　利润分配

第七十二条　分配限制

公司仅可从可分配利润中进行分配。本条所称可分配利润，是指公司累计实现的利润（未经分配或资本化使用）减去累计实现的亏损（未经资本减少或重组注销）后的余额。

公众公司进行分配应同时满足下列条件：

（一）净资产不低于股本与不可分配储备金之和；

（二）分配后的净资产不会减至低于前项规定的数额。

公司是否可进行分配，应依据相关会计报表中的下列事项确定：利润、损失、资产和负债；各类准备金；股本及储备金（包括不可分配储备金）。

本条所称相关会计报表，是指公司最近一年度会计报表，但下列情形除外：

（一）根据上一年度会计报表分配将违反本条规定的，可依据中期会计报表确定；

（二）在公司首个会计年度内或在编制该年度会计报表前进

行分配的，可依据期初会计报表确定。

相关会计报表应符合下列要求：

（一）年度会计报表应是按照本条例第一百三十一条第四款（账目）规定送交股东的报表；

（二）中期会计报表应妥善编制，以便对本条第三款所述项目的金额作出合理判断；

（三）期初会计报表应妥善编制，以便对本条第三款所述项目的金额作出合理判断；公众公司的期初会计报表还应附具审计师关于报表是否符合适当编制的意见。

会计报表不符合本条前款规定的，不得作为分配依据，依据该会计报表进行的分配视为违反本条规定。

本条中下列用语的含义：

（一）审计师，是指依据本条例经注册机关注册的审计人员。

（二）分配，是指公司以现金或其他方式向股东分配资产，但不包括：发行红股；根据本条例及《公司细则》的规定，从股本（包括任何新发行股份的所得款项）或未实现利润中回购或赎回本公司股份；通过免除或减少股东的未缴出资义务，退还已缴出资；公司清算时向股东分配资产减少股本。

（三）不可分配储备金，包括：股份溢价账户；资本赎回储备；未经分配或资本化使用的累计未实现利润超过未经资本减少或重组注销的累计未实现损失的部分；公司章程或者适用阿斯塔纳国际金融中心条例、细则禁止分配的其他储备金。

违反本条规定的，依法处以罚款。

第七十三条　违法分配的法律责任

接受分配时，股东知道或者应知道该分配违反本条例规定的，应返还违法分配的资产；分配财产为非现金形式的，应支付相当于分配时该财产价值的款项。

第九章　董事和董事会秘书

第七十四条　董事

私人公司应设立一名以上董事，公众公司应设立两名以上董事。

有下列情形之一的，不得担任公司董事：

（一）非自然人；

（二）未满十八周岁；

（三）存在下列任一情形：近十年内于任何司法管辖区被判定犯有涉及欺诈或道德败坏的刑事罪行；于任何司法管辖区被认定曾进行内幕交易或类似行为；被任何法院裁定取消董事的任职资格；被金管局取消董事的任职资格；公司章程规定的其他禁止情形；

（四）未获解除破产。

违反本条规定的，依法处以罚款。

第七十五条　董事的选举、任期和罢免

首任董事由公司发起人选举产生。此后的董事由股东大会普通决议选举产生或者依照公司章程规定的其他方式产生，任期由股东大会决定。

董事任期至下列情形之一发生时终止：继任董事就任；死亡或者辞职；经股东大会普通决议罢免；或公司章程规定的其他情形。

（续前款）董事辞职的，应向公司提交书面辞职报告，并通知公司注册机关。

董事因死亡、辞职或者被罢免产生缺额的，可通过下列方式补选：

（一）股东大会普通决议选举产生；

（二）在股东大会未能选举产生的情形下，由其他董事推选。但推选的董事应在下次股东会上经普通决议确认；未获确认的，于股东会结束时自动解任。

公司章程应规定董事人数，且不得低于本条例第七十四条第一款（董事）规定的最低人数。

股东大会选举两名以上董事的，应逐一表决，但全体股东一致同意的其他选举方式除外。

第七十六条　董事义务

董事应遵守本条例第七十七条至第八十三条以及第八十五条的规定，对公司承担董事义务。

原董事离职后仍应：

（一）遵守本条例第八十一条（避免利益冲突义务）关于避免利用任职期间获悉的公司商业秘密、信息及商业机会的规定；

（二）遵守本条例第八十二条（禁止收受不当利益的义务）关于离职前的行为所涉及的不得收受利益的规定。

本条规定的董事义务可并行适用。

公司章程文件不得减免本条规定的董事义务。

第七十七条　基本义务

董事应依照公司章程文件并在职权范围内行使职权。

第七十八条　忠实履职义务

董事应忠实履职，为公司及全体股东的利益行使职权。董事在行使职权时应考虑决策的长远影响、员工的合法权益、与供应商及客户等相关主体的商业关系、公司经营活动对环境和社会的影响、公司商业信誉和公平对待全体股东。

公司宗旨包含股东利益以外的其他目的的，本条第一款中对股东利益的提及应视为包括该等其他目的。

本条规定的义务应当符合适用于公司的法律规定，该法律要求董事在特定情况下考虑或采取符合公司债权人或客户利益的行动。

第七十九条　独立判断义务

董事应独立、客观地作出判断。

有下列情形之一的，不视为违反本条第一款规定的独立判断义务：

（一）按照公司合法设定的决策程序行事；

（二）依照公司章程文件授权的方式行事。

第八十条　勤勉尽责义务

董事应具备与其职责相适应的专业能力，并以谨慎、认真、勤勉的态度履行下列义务：

（一）具备与公司董事职位相匹配的基本知识、技能和经验；

（二）具备履行董事职责所需的基本知识、技能和经验。

第八十一条　避免利益冲突义务

董事不得直接或者间接从事与公司利益相冲突的活动。

本条前款规定适用于董事对公司的财产、信息或商业机会的使用。

符合本条例第八十三条（关联交易的披露义务）或第八十五条（现有关联交易的披露）规定的披露和审批程序的，则本条第一款不适用，允许进行关联交易。

有下列情形之一的，不视为违反避免利益冲突义务：

（一）所涉情形不足以构成利益冲突；

（二）按照公司章程及本条例和《公司细则》规定的程序获得批准。

公司章程可规定其他避免利益冲突的程序，董事按照程序行事并不违反本条规定。

本条所称利益冲突，包括利益与义务的冲突以及不同义务之间的冲突。

第八十二条　禁止收受不当利益的义务

董事不得因其担任董事职责或利用职务便利收受他人财物或者其他利益，除非接受该利益不能合理地被认为可能引起利益冲突。

本条所称利益冲突，包括利益与义务的冲突以及不同义务之间的冲突。

第八十三条　关联交易的披露义务

本条规定适用于董事知悉或理应知悉其与公司拟进行的交易存在利害关系的。

董事应依据本条例第八十五条（现有关联交易的披露）向公司其他董事披露其关联关系的性质和程度。

披露应依据本条例第八十五条（现有关联交易的披露）经适当调整后在交易进行前作出。

第八十四条　违反义务的法律责任

董事违反本条例第七十七条至第八十三条规定的义务的，应承担相应法律责任。

第八十五条　现有关联交易的披露

公司董事知悉在公司或其子公司现有交易中直接或间接拥有利益的，或与公司或其子公司的利益存在实质性冲突的，且未依据本条例第八十三条（关联交易的披露义务）提前披露该利益的，应向董事会披露其关联关系的性质和程度。

董事应及时履行披露义务。

披露可采取下列方式：

（一）在董事会会议上作出声明；

（二）向其他董事发出书面通知。

本条第三款第一项规定的披露应记入会议记录。

本条第三款第二项规定的书面通知应在下次董事会会议上提出并记录。如无法在该次会议上作此类记录，则应在随后最早的董事会会议上作出并记入会议记录。

董事发出的普通通知中声明其在特定人士的交易中拥有利害关系的，视为已就其后与该人士进行的交易履行披露义务。

如本条例第八十三条或本条规定的利益声明被证明是不准确或不完整的，或者因情况变化导致原声明不再准确或完整，董事应以与原声明相同的方式作出补充声明或更正声明。

董事未依本条或本条例第八十三条履行披露义务的，公司、股东或注册机关可向法院提起诉讼，请求：

（一）裁定撤销相关交易或安排；

（二）裁定责令董事向公司说明因有关交易或安排而获得的任何利益、收益或利润。

有下列情形之一的，交易不得撤销，且董事不承担本条第八款规定的责任：

（一）交易或安排已依据本条例第八十六条（关联交易的批准）获得公司批准；

（二）董事在该交易或安排中的利益性质及范围已在股东大会通知中合理详细地说明。

有下列情形之一的，在不限制法院裁定董事说明所获利润、收益或利益的情况下，法院可裁定撤销交易或安排：

（一）撤销将损害善意第三人利益；

（二）交易或安排的作出不符合公司利益且不具备条件公允。

第八十六条　关联交易的批准

本条适用于公司对本条例第八十五条第一款（现有关联交易的披露义务）所述交易或安排的批准。

公司可通过股东大会普通决议批准董事关联交易，但公司章程文件另有规定的除外。

公众公司通过本条前款所述普通决议批准关联交易时，关联董事及其关联人不得参与投票。

本条所称关联人包括：

（一）董事的配偶、子女、继子女或孙子女；

（二）董事单独或与前项规定的近亲属共同控制的法人实体或其他组织，且存在下列情形之一：拥有该法人实体至少百分之二十的股本；拥有该法人实体股东大会百分之二十以上的投票权；董事担任合伙人的合伙企业的其他合伙人；属于《公司细则》规定的其他关联人。

第八十七条　向董事提供财务资助的禁止性规定

除本条第四款另有规定外，公司不得向董事提供下列财务资助：

（一）贷款、债券、信贷等直接财务资助；

（二）为董事贷款、债务等提供担保、保证或赔偿等间接财务资助；

（三）《公司细则》规定的任何其他形式的财务资助：

但是，有下列情形之一的除外：

（一）经出席股东大会的股东（亲自或通过代理）合计持有不少于会议投票股份的百分之九十的股东同意；

（二）全体董事书面证明，提供该财务资助不会对公司及其股东的利益或公司履行到期债务的能力造成重大不利影响：

依据本条第一款提供的任何财务资助应以书面形式记录，

并在提供前，记入公司董事会议记录，由全体董事签字，证明其符合上述要求。

除依本条规定外，不得向董事的关联人提供财务资助。

存在下列情形之一的，本条第一款的禁止不适用：

（一）财务资助为公司按照正常程序向董事支付的薪酬的；

（二）财务资助用于支付董事履行公司职责相关的责任赔偿保险的；

（三）公司正常业务包括提供融资，且该财务资助是在业务正常过程中按照普通商业条款提供的；

（四）财务资助属于《公司细则》规定的免于本条限制的类别的。

本条例第八十一条（避免利益冲突义务）和第八十二条（禁止收受不当利益的义务）不适用于依据本条规定提供的财务资助。

第八十八条　董事行为效力

董事的委任或者资格存在瑕疵的，不影响其以董事身份所为行为的效力。

第八十九条　董事会秘书

公众公司应当设置董事会秘书，董事会秘书不得少于一人。

公众公司董事应当采取一切合理措施确保董事会秘书具备履行职责所需的知识和经验，且符合下列条件之一：

（一）最近五年内具有三年以上公共法人团体秘书工作经验；

（二）担任其他职位或为法人股东，经董事会认定具有相应履职能力。

私人公司可设董事会秘书。

私人公司未设董事会秘书的：

（一）经授权或要求通过董事会秘书发送公司的文件，视为已发送给公司；

（二）由董事或董事会授权人员行使董事会秘书职权。

第九十条　董事及董事会秘书登记簿

公司应建立董事及董事会秘书（如有）登记簿，将登记簿存于公司住所，并载明《公司细则》规定的事项。对于私人公司，私人公司可选择将董事及董事会秘书登记事项委托公司注册机关保管。

（续前款）公司应及时报告登记事项的变更。

在公司住所保存登记簿的，应允许注册机关、公司股东和董事在工作日内免费查阅。

公司可通过章程或股东大会决定的形式，对本条第二款规定的登记簿查阅时间作出合理安排，但每个工作日可供查阅时间不得少于两小时。

公司未依据本条第二款的规定向注册机关、公司股东和董事提供登记簿的，注册机关可书面通知责令公司立即向上述主体提供登记簿。公司应执行注册机关的指示。

违反本条第一款至第四款规定的，依法处以罚款。

私人公司可选择将登记事项委托公司注册机关保管。

根据本条规定，委托保管的决定：私人公司设立前由申请人作出；私人公司设立后由公司作出。

依据本条第七款第二项的规定，私人公司委托保管的决定须经全体股东同意。

私人公司申请委托保管的，应向公司注册机关提交书面申请。

私人公司设立前的申请人作出委托保管决定的，书面申请应与本条例第十三条规定的公司设立申请一并提交，并附具一份声明，载明《公司细则》规定的相关事项。

私人公司设立后申请委托保管的，书面申请应附具全体股东同意的声明并附具一份声明，载明《公司细则》规定的相关事项，相关事项应与私人公司董事和董事会秘书登记簿内的最新信息保持一致。

依据本条第六款作出的委托保管决定自公司注册机关登记之日起生效。

私人公司变更为公众公司或依据本条第十七款发出撤回委托保管的申请的（以在先者为准），委托保管决定不再有效。

在本条第六款规定的选择期间，董事和董事会秘书登记簿登记事项发生变更的，私人公司应按照《公司细则》的规定继续保存董事和董事会秘书登记簿，载明委托保管申请生效前登记簿应载明的所有信息，申请生效后信息变更的，登记簿不再登记更新。

公司注册机关登记簿中所载日期应为相关信息经注册机关登记的日期。

在本条第六款规定的选择期间，董事和董事会秘书登记簿事项发生变更的，私人公司应自变更之日起十四日内书面通知注册机关，并遵守《公司细则》规定的其他要求。

私人公司可向公司注册机关发出撤回委托登记的申请，撤回依据本条第六款作出的委托保管决定，具体情况如下：

（一）撤回自公司注册机关登记起生效；

（二）撤回后，私人公司将继续依据本条第一款的规定保存董事和董事会秘书登记簿；

（三）撤回申请应载明：本条第六款规定委托保管决定已被撤回；撤回的生效时间；有关其董事或董事会秘书的信息不再在公司注册机关保存的登记簿上供公众查阅。

根据本条规定向公司注册机关提交的申请和信息均须以书面形式作出。

违反本条第六款至第十八款规定的，依法处以罚款。

第九十一条　表见董事

与公司进行交易的相对人有权依据公司注册机关的登记信息或公司保存的登记簿认定登记的董事或董事会秘书具有相应的代表权，并可认定其已被正式任命且有权行使类似公司的董事或董事会秘书的职能。

公司在诉讼中不享有对本条前款所作推定的异议权。

当事人明知或有合理理由怀疑该代表权的，不适用本条第一款的规定。

第九十二条　董事资格撤销

注册机关认为必要时，可向法院申请撤销特定自然人的董事资格，或撤销其参与公司管理的资格。

法院认定违反董事义务的（如本条例第七十七至第八十三条和第八十五条），可作出如下裁定：

（一）首次违反董事义务的，可裁定其十五年内不得担任董事；

（二）再次违反董事义务的，可永久限制其担任董事。

不得违反法院依据本条前款作出的裁定。

违反本条前款规定的，依法处以罚款。

第十章　会　议

第九十三条　参加会议

在不违反公司章程规定的情形下，股东可通过电话或其他类似通信方式参加股东大会。若所有与会股东均能听到其他与会股东发言，则视为亲自出席会议。

在不违反公司章程规定的情形下，董事可通过电话或其他类似通信方式参加董事会会议。若所有与会董事均能听到其他与会董事发言，则视为亲自出席会议。

第九十四条　年度股东大会

私人公司无须召开年度股东大会，但公司章程另有规定的除外。

公众公司应在每个财政年度结束后六个月内召开年度股东大会。任何两次连续年度股东大会之间的间隔不得超过十八个月。

违反本条前款规定的，依法处以罚款。

公众公司在召开年度股东大会的通知中应明确说明该会议为年度股东大会。

第九十五条　会议请求

应股东请求，公司董事或董事会秘书（如有）应立即召集股东大会或任何类别股份持有人会议，不受公司章程约束。会议应尽快召开，且在不晚于提出请求之日起两个月内召开。

本条所称股东请求，是指在请求之日持有不少于公司已发行股份百分之五的股东所提出的请求，且该等股份在请求所涉会议上具有表决权。

股东请求应说明会议目的，由提出请求的股东或其代表签署，并送达公司注册地址。请求可由格式相似的多份文件组成，每份文件均应由至少一名提请股东或其代表签署。

若董事或董事会秘书未在请求后二十一日内召集会议，且该会议原应在请求日起两个月内召开，则提出请求的股东或持有全体股东表决权二分之一以上的股东可自行召集会议。该会议应在请求之日起三个月内召开。

依据本条召集的会议应尽可能参照与董事或董事会秘书召

集会议相同的方式进行。

第九十六条　注册机关召集会议的权力

若公司未依本条例第九十四条（年度股东大会）或第九十五条（会议请求）规定召开会议，注册机关可应董事或股东的申请，召开会议或责令公司召开会议。

公司收到本条前款规定的指令后，无正当理由不得拒不执行。违反本款规定的，依法处以罚款。

第九十七条　会议通知

召开私人公司股东大会，应提前至少七日发出书面通知。召开公众公司股东大会（年度股东大会除外），应提前至少十四日发出书面通知。召开公众公司年度股东大会，应提前至少二十一日发出书面通知。

虽未按本条前款规定的期限发出会议通知，但经规定比例的股东同意，该会议的召开仍为有效。

本条前款所称规定比例，是指：

（一）私人公司持有不少于百分之九十表决权股份的多数股东；

（二）公众公司（年度股东大会除外）：持有不少于百分之九十五表决权股份的多数股东；

（三）公众公司年度股东大会须全体股东同意。

股东大会通知应载明：会议的时间和地点；会议审议事项的性质；拟议普通决议或特别决议的意向及具体内容；对于公众公司，还应包括提交股东大会的所有会计报表和审计报告副本。

第九十八条　会议和表决的一般规定

除公司章程另有规定外，下列规定适用于公司股东大会或任何类别股份持有人会议：

（一）会议通知应向每位有权收到通知的股东发出，可采用以下方式之一：送达或邮寄至股东的登记地址；经股东同意的电子形式；在经股东同意的网站上公布；经股东同意的其他方式。

（二）除单一股东公司外，股东大会法定人数为出席或委托代理人出席的两名股东；

（三）涉及变更类别股份权利的会议（延期会议除外），法定人数为持有或代表该类别已发行股份面值三分之一以上的股东；延期会议的法定人数为持有该类别股份的一名股东或其代理人；

（四）会议主席由出席会议的股东选举产生；

（五）表决权：举手表决时，每名亲自出席的股东享有一票表决权；投票表决时，每股股份享有一票表决权；

（六）在切实可行的情况下，可按公司章程规定的其他形式进行表决。

第九十九条　法人股东出席会议的代表

法人股东可通过其董事会或其他管理机构的决议，授权任何人作为其代表出席公司的股东大会、类别股份持有人会议或债权人会议。

依本条前款规定获得授权的代表，可代表法人股东行使其作为公司个人股东或债权人所享有的一切权力。

第一百条　私人公司的书面决议

除公司章程另有限制外，任何可由股东大会通过决议进行的事项（罢免董事或注册审计师的决议除外），均可依本条规定以书面决议方式进行。

经代表当时有表决权的股东总表决权简单多数通过的书面决议，视为普通决议。

书面决议须同时满足下列条件方可视为特别决议：

（一）决议明确表明其为特别决议；

（二）经代表当时有表决权的股东总表决权不少于四分之三的股东通过。

普通决议或特别决议可由多份格式相同的文件组成，每份文件应由一名或多名股东或其代表签署。

书面决议的生效日期为最后一份文件签署之日，但决议另行指定较晚日期的除外。

书面决议所附的任何文件，视为已提交给签署决议的股东会议。

本条例第一百零四条（会议记录及记录查阅）的规定，同样适用于依本条作出的书面决议。

本条规定不影响或限制公司章程中有关私人公司股东或任何类别股东在股东大会以外对任何文件或事项作出同意的有效性规定。

第一百零一条　单一股东决定的记录

具有下列情形之一的，股东应向公司提供决定的书面记录：

（一）公司仅有一名股东；

（二）该股东作出的决定与股东大会决议具有同等效力；

（三）该决定并非以书面普通决议方式作出。

未遵守本条前款规定的，不影响决定的效力。

第一百零二条　股东代理人

有权出席股东大会或任何类别股份持有人会议并享有表决权的股东，有权以书面形式委托他人（无论其是否为股东）作为其代理人，代为出席会议并表决。

代理人享有与委托股东同等的下列权利：

（一）在会议上发言；

（二）在授权范围内投票；

（三）要求投票表决。

公司召开会议的通知中应以明显方式载明：有权出席会议并表决的股东有权委托至少一名代理人（如允许）出席会议并代为表决，代理人无须为公司股东。

第一百零三条　投票表决要求

公司章程中具有下列效力的条款无效：

（一）排除在股东大会或任何类别股份持有人会议上要求就选举会议主席或休会以外事项进行投票表决的权利；

（二）使下列人员提出的投票表决要求无效：不少于五名有表决权的股东；代表不少于总表决权百分之十且有表决权的股东。

委托代理人投票的授权文件应视为包含要求或参与要求投票表决的授权，代理人提出的要求与股东提出的要求具有同等效力。

在股东大会投票表决时，拥有多个表决权的股东可通过不同方式行使其表决权。

第一百零四条　会议记录及记录查阅

公司应将股东大会、各类别股份持有人会议、董事会会议及其专门委员会会议的所有会议记录记入专门簿册。会议记录应载明出席会议的董事姓名。

会议记录经会议主席或下次会议主席签署的，可作为会议程序的证据。

除有相反证据外，依本条规定制作的会议记录足以证明：会议已依法召集和举行且会议的所有程序均已依法进行。

公司应将股东大会或类别股份持有人会议的记录存放在公司注册地址的簿册中，并确保股东在工作时间内可免费查阅。

记录可通过传统方式、电子数据处理系统，或其他能够在合理时间内以清晰书面形式呈现信息的方式保存。

股东可向公司提出书面请求并支付合理费用，要求取得会议记录副本。公司应在收到请求和费用后七日内提供副本。但股东无权获取其非持有类别的股份持有人会议记录副本。

公司违反本条第四款或第五款规定的，注册机关可书面通知责令公司立即改正。公司收到通知后，应立即执行。

第十一章　收购中的少数股东保护

第一百零五条　收购要约

本章所称收购要约，是指向某公司发出的收购该公司全部股份或某一类别全部股份的要约，但不包括要约人在要约之日已持有的股份。要约条款对于要约所涉及的同一类别的所有股份应相同。

本条前款所称股份包括：

（一）要约日前已经分配的股份；

（二）要约条款规定或确定日期之前将予分配的股份；

（三）要约条款规定或确定的日期之前可转换为股份的任何权利。

尽管存在本条第四款规定的例外情形，本条所称要约条款应被视为对于所有股份或某一类别的所有股份相同。

在下列情形下，允许对要约条款作出变更：

（一）阿斯塔纳国际金融中心以外的司法管辖区法律禁止以规定形式接受要约，或者要求要约人遵守其无法遵守或认为过于苛刻的条件；

（二）变更后的条款使被禁止接受原要约的人能够接受实质价值相等的替代要约。

本条第一款中所称要约人已持有的股份，包括要约人依据无条件选择权有权收购的股份。

要约条款规定的修改不构成新要约，原要约承诺视为对修改后要约的承诺。本条所称要约日期指原要约作出之日。

本条中下列用语的含义：

（一）公司，是指其股份是收购要约标的公司。

（二）要约人，是指依据本条例第一百一十一条（联合要约）提出收购要约的人。

第一百零六条　要约人收购少数股东的权利

对于不涉及不同类别股份的收购要约，如要约人因接受要约已取得或合同约定取得不少于要约所涉股份价值百分之九十的股份，可在要约期满后一百二十日内，向其余股份持有人发出收购通知。

对于涉及不同类别股份的收购要约，如要约人因接受要约已取得或合同约定取得某一类别股份价值不少于百分之九十的股份，可在要约期满后一百二十日内，向该类别其余股份持有人发出收购通知。

要约人发出通知应同时满足下列条件：在要约发出之日起四个月内已取得或订立合同取得达到最低要求的股份，且在取得或订立合同取得达到最低要求的股份之日起两个月内发出通知。

要约人首次发出通知时，应向公司提交通知副本及要约人签署的条件满足声明。要约人应有合理理由确信该声明属实。

要约人为法人的，声明应由其董事签署。董事应有合理理由确信该声明属实。

违反本条第四款或第五款规定的，依法处以罚款。

对于违反本条第四款规定的行为，被诉人能够证明已采取合理措施确保遵守规定的，可以此作为抗辩理由。

要约人在要约期间以非接受要约方式收购或订立合同收购相关股份的，适用本条第九款规定。

在下列情形下，要约人应被视为因接受要约而取得或订立合同取得相关股份：

（一）收购价值不超过接受要约可获得的价值；

（二）要约条款经修改后，收购价值不再超过接受修改后要约可获得的价值。

（三）不属于上述情形的，相关股份应被排除在要约范围之外。

第一百零七条　依据第一百零六条发出的收购通知的效力

除本条例第一百一十条（申请法院裁定）规定的情形外，依据本条例第一百零六条（要约人收购少数股东的权利）发出的收购通知具有下列效力。

要约人有权且有义务按照要约条款收购相关股份。

要约条款赋予股份持有人选择支付方式的，通知中应：

（一）说明选择的具体内容，并告知股份持有人可在通知之日起六周内，以书面形式向指定地址发送选择通知；

（二）说明选择后适用的具体支付条款。

不论要约条款规定的选择期限或其他条件是否仍然有效，本条第三款规定均应适用。在下列情形下，付款应视为以等值现金支付：

（一）选择非现金支付方式，但要约人无法履行；

（二）选择由第三方支付，但第三方无付款义务或无力支付；

自通知之日起六周后，要约人应立即：

（一）向公司发送通知副本；

（二）代表相关股份持有人向公司支付对价。

依据本条第五款第一项向公司提交的通知副本应附有由要约人指定人员代表股东签署的股份转让文书。公司收到该文书后，应将要约人登记为相关股份的持有人。

如以要约人发行的证券作为支付方式，本条第五款第二项所称支付，是指代表相关股份持有人向公司发行证券。

公司依据本条第五款第二项收到的款项或其他对价不属于公司财产，应代为持有，直至交付给有权获得相关股份对价的人。

公司依据本条第五款第二项收到的款项应存入单独的银行账户，按适当利率计息，且可依适当通知支取。

第一百零八条　少数股东被要约收购的权利

对于不涉及不同类别股份的收购要约，在要约可接受期限内，同时满足下列条件的：

（一）要约人因接受要约已取得或合同约定取得部分（非全部）相关股份；

（二）要约人已取得或合同约定取得的股份价值不少于公司全部股份价值的百分之九十；尚未接受要约的股份持有人可书面要求要约人收购其股份。

对于涉及不同类别股份的收购要约，在要约可接受期限内，同时满足下列条件的：

（一）要约人因接受要约已取得或合同约定取得某类别部分（非全部）股份；

（二）该等股份价值不少于该类别股份总价值的百分之九十；

尚未接受要约的该类别股份持有人可书面要求要约人收购其股份。

要约人应在不迟于要约可接受期限届满后一个月内，向尚未接受要约的股东发出通知，载明：

（一）股东依据本条第一款或第二款享有的权利；

（二）权利行使的期限；

（三）如要约仍可接受，应说明该情况。

本条第三款规定通知可规定权利行使期限，但不得少于要约期满后三个月。权利应在规定期限内行使。

要约人已依据本条例第一百零六条（要约人收购少数股东的权利）就股份向股东发出通知的，本条第三款不适用于该类股份。

违反本条第三款规定的，依法处以罚款。

要约人为非公司组织的，在因违反本条规定而被提起诉讼时，能够证明已采取合理措施确保遵守规定的，可以此作为抗辩理由。

第一百零九条　第一百零八条规定的股东要求收购的效力

除本条例第一百一十条（申请法院裁定）规定的情形外，股东依据本条例第一百零八条（少数股东被要约收购的权利）行使权利的，具有下列效力。

要约人有权且有义务按照要约条款或其他约定条款收购相关股份。

要约条款赋予股份持有人选择支付方式的，股东可在要求收购时依据本条例第一百零七条第三款（依据第一百零六条发出的收购通知的效力）规定作出选择。

不论要约条款规定的选择期限或其他条件是否仍然有效，本条第三款规定均应适用。在下列情形下，付款应视为以等值现金支付：

（一）选择非现金支付方式，但要约人无法履行；

（二）选择由第三方支付，但第三方无付款义务或无力支付。

第一百一十条　申请法院裁定

要约人依据本条例第一百零六条（要约人收购少数股东的权利）发出通知的，股份持有人可在通知发出之日起六周内向法院申请：

（一）裁定要约人无权收购股份；

（二）裁定变更收购条款。

本条前款规定的申请在本条例第一百零七条第五款（依据第一百零六条发出的收购通知的效力）规定的期限届满时尚未审结的，除法院另有裁定外，本条例第一百零七条的效力中止至申请审结。

股东行使本条例第一百零八条（少数股东被要约收购的权利）规定的权利的，股东或要约人可向法院申请确定适当的收购条款。

法院审理依本条第一款或第三款提出的申请时，不得：

（一）裁定高于要约条款规定的价值，除非股东证明该价值不公平；

（二）裁定低于要约价值。

法院不得判令申请人承担诉讼费用，除非：

（一）申请缺乏必要、不当或无理；

（二）申请人在诉讼中存在其他不当行为。

如收购要约尚未获接受致使要约人有权依据本条第一百零六条第一款或第二款发出通知之程度，法院可应要约人申请作出裁定，授权要约人依据本条第一百零六条第一款或第二款发出通知，但须符合下列条件：

（一）经合理查询后，要约人无法找到持有与要约相关股份之人；

（二）要约人因接受要约而取得或订约取得之股份，与前项所述人士持有之股份合计不少于本条第一百零六条第一款或第二款规定之最低限额；

（三）所提出的条款公平合理。

法院仅在认为作出裁定属公平公正时，方可依据本条前款的规定作出裁定，尤应考虑已找到但尚未接受要约之股东人数。

第一百一十一条　联合要约

收购要约可由至少两人联合提出，在此情况下，本章经下列修改后生效。

本条例第一百零六条（要约人收购少数股东的权利）和第一百零八条（少数股东被要约收购的权利）所规定权利之行使，以联合要约人通过共同（因接受要约而取得）或共同或单独（其他情形）取得或订约取得必要股份为条件。在符合上述规定之前提下，要约人依据上述条款以及本条例第一百零七条（依据第一百零六条发出的收购通知的效力）和本条例第一百零九条（第一百零八条规定的股东要求收购的效力）所享有之权利及承担之义务，分别为联合要约人之共同权利及连带义务。

条款要求或授权联合要约人向他人发出或送达通知或其他文件，且该通知或其他文件已由联合要约人之一发出或送达，即视为已充分遵守条款。但本条例第一百零六条第四款要求之声明须由全体联合要约人作出；如联合要约人为法人，尚须由该法人董事签署。

本条例第一百零五条、第一百零七条第七款及第一百一十二条中所称要约人，指联合要约人或其中任一人。

本条例第一百零七条第四款第一项所称要约人不能付款，指全体联合要约人均不能付款。

本条例第一百零七条第六款所称要约人，是指联合要约人或其所确定的联合要约人代表。

本条例第一百一十条中所称要约人，是指联合要约人；但本条例第一百一十条第三款或第六款规定之申请可由其中任何一方提出。本条例第一百一十条第六款第一项所称要约人未能查找到一名或多名持股人，指全体联合要约人均未能查找到。

第一百一十二条　关联方

本条例第一百零五条第一款（收购要约）规定收购要约须涵盖公司全部股份或某一类别之全部股份，即使要约未涵盖要约人之关联方持有或已订约取得之股份，亦视为符合该要求。关联方持有或已订约取得之股份，无论系在要约发出时或其后取得，在本章所称与收购要约相关之股份时，均不计算在内。

要约接受期间内，如要约人之任何关联方取得或订约取得任何与要约相关之股份，且该等股份符合本条例第一百零六条第九款第一项或第二项（要约人收购少数股东的权利）规定的条件，则该等股份应依据本条例第一百零六条规定视为与要约相关之股份。

本条例第一百零八条第一款第二项和第二款第二项（少数股东被要约收购的权利）所称要约人已取得或订约取得之股份，包括要约人之任何关联公司已取得或订约取得之股份。

本条所称关联方，就要约人而言，是指：

（一）要约人的指定代表；

（二）要约人的控股公司、子公司或同系子公司，以及上述公司的指定代表；

（三）要约人存在重大利益的法人实体。

就本条第四款而言，如两家公司均为同一法人之子公司，但均非另一方之子公司，则该两家公司互为同系子公司。

就本条第四款而言，有下列情形之一的，要约人视为对法人拥有重大利益：

（一）该法人或其董事惯常依要约人之指示或指令行事；

（二）要约人有权在该法人股东大会上行使或控制行使二分之一以上的表决权；或要约人持有该法人百分之二十以上的股本。

如要约人为自然人，其关联方还应包括要约人的配偶及其子女、继子女或孙子女。

第八编　公司合并

第一章　一般规定

第一百一十三条　适用范围及释义

本编规定仅适用于合并方为公众公司的情形。

本编下列用语的含义：

（一）合并方，是指拟与下列一个或者多个实体合并的机构：公司或核准公司；在阿斯塔纳国际金融中心区域外注册成立的公司（核准公司除外）；

（二）合并后实体，是指依本编规定合并后形成的实体，可以是：新设实体，指在阿斯塔纳国际金融中心区域外注册成立的新设公司或其他新设法人实体；存续实体，指在阿斯塔纳国际金融中心区域外注册成立的现存公司或其他现存法人实体；

本编不适用于根据《公司细则》被宣布为排除主体的外国公司。

本条例第七编（私人公司和公众公司）第十一章（收购中的少数股东保护）的规定，不妨碍合并机构通过本编规定的合并方式收购或接管另一合并机构。

公司依据《阿斯塔纳国际金融中心公司破产条例》进行清算的，不适用本编规定。

本编所称集团合并，是指下列主体之间的合并：

（一）控股公司及其全资子公司；

（二）法人实体的全资子公司及该法人实体或该法人实体的

其他全资子公司。

就本编而言，《公司细则》可规定下列事项：

（一）合并各方均为公司的，其合并前的注册程序；

（二）合并后机构非公司的，其合并前的注册程序；

（三）其他情形下的合并前注册程序；

（四）为协助或促进本编所适用的合并而需要规定的其他程序或事项。

第二章　合并要求

第一百一十四条　合并协议

为实施合并，各合并方应订立合并协议。合并协议应载明下列事项：

（一）合并后实体的下列信息：其为存续实体或新设实体的性质；其是否为在阿斯塔纳国际金融中心区域外注册成立的公司、核准公司或其他法人实体；拟任董事、拟任管理人员（无董事时）或下列人员的姓名和住所：

（二）为完成合并及管理合并后实体所需的各项安排；

（三）除本条第二款规定外，拟向合并公司的股东、成员或董事支付的款项；

（四）关于合并公司证券转让的本条第二款规定事项。

就本条第一款第三项和第四项而言，有关合并公司证券转让的具体信息为：

（一）如须将证券转换为合并后实体的证券的转换方式；

（二）在其他情形下，持有人应获得的对价及其交付方式和时间。

合并后实体为新设公司的，合并协议还应载明：

（一）新设公司的章程草案；

（二）若该新设公司依据本条例以合并以外方式设立所须向注册机关提交的其他文件或信息草案。

合并后实体为存续公司的，合并协议还应载明：

（一）拟对存续公司章程作出修改的，修改的具体内容；

（二）因合并导致存续公司董事发生变更的，新任或离任董事的姓名和住所。

合并机构的股份由另一合并机构或其代理人持有，且合并后实体为新设公司的：

（一）合并协议应规定合并完成时注销该等股份，不予资本偿还；

（二）合并协议不得规定将该等股份转换为新设公司证券。

合并协议可约定，在合并完成前的任何时间，经一个或多个合并公司决定即可终止协议，即使该合并已获得全部或部分合并公司的股东或成员批准。

依据本条第六款约定终止合并协议的，本编规定的后续合并程序无须进行。

本条关于合并协议的规定不适用于集团合并。

第一百一十五条　合并决议及证明

公司董事会在依据本条例第一百一十六条（合并的准则）规定发出批准合并协议的股东大会通知前，应作出董事会决议。投票赞成该决议的董事应确认合并符合公司的最佳利益。该决议应包含本条第二款规定的偿债能力声明或第四款规定的声明。

投票赞成决议的董事有合理理由确信可就公司作出偿债能力声明的，决议中应包含其确信的表述。

本条所称偿债能力声明，是指在对公司事务进行全面调查后，作出声明的人合理确信公司现在能够且在合并完成前能够清偿到期债务的声明。

本条第二款规定不适用的，决议应包含声明，说明投票赞成该决议的董事有合理理由相信，依据本条例第一百一十九条（未作出偿债能力声明时的法院许可）规定可获得法院许可。

在本条第一款规定的决议作出后、通知发出前，投票赞成决议的董事应签署证明书，列明依据本条第二款作出偿债能力声明或依第四款作出声明的理由。

本条第七款规定的利害关系人应在发出本条第一款规定的通知前签署证明书，载明：

（一）其认为合并后机构能够自证明书签署之日或合并完成之日起（以较晚者为准）十二个月内持续经营并清偿到期债务；

（二）作出前项意见所依据的理由，并重点说明下列事项：合并后机构的发展前景；合并协议中关于合并后机构业务管理的方案，或拟依据本条例第一百一十六条批准的特别决议中关于该事项的方案；其认为合并后机构可获得的财务资源的规模和性质。

本条前款所称利害关系人，是指下列人员：

（一）在合并协议或集团合并特别决议中被提名的下列人员：担任合并后机构董事的；或合并后机构为无董事制法人实体的，负责管理该机构的；

（二）合并机构的董事均非前项所列人员的，指签署本条第五款规定的证明书或声明的人员。

第一百一十六条　合并的批准

作为公司的各合并方应将合并事项提交股东大会以特别决议批准；公司具有不同类别股份的，还应分别召开类别股东会议，以特别决议批准。

会议通知应附具下列文件：

（一）应附有：合并协议的副本或摘要；合并后实体拟采用

的章程或其他组织章程文件的副本或其主要条款摘要；若该通知附有本款第一项或第二项所述的公司章程及其他章程文件或上述文件摘要，则需载明公司股东可查阅该文件副本的方式说明；依据本条例第一百一十五条第五款和第六款（合并决议及证明）签署的证明书或声明的副本；各合并方的董事及管理人员在合并中的重大利益声明；股东作出合并决定所合理需要的其他信息；

（二）会议通知应告知股东依据本条例第一百一十七条（股东异议权）规定申请法院裁定的权利。

批准集团合并的特别决议应载明下列事项：

（一）合并各方的资本账户并入合并后机构的资本账户；

（二）合并后机构章程的变更内容及其生效时间；

（三）合并后机构拟任董事的姓名和住所；

（四）注销合并各方的股份，不予资本偿还。

第一款规定的特别决议经全部合并公司通过的，合并即获得本条规定的批准。

未依据本条获得批准的，不得完成合并。

第一百一十七条　股东异议权

股东认为合并将不公平损害其利益的，可依据本条例第一百七十五条（股东权益受损害的救济）规定向法院申请裁定 。

有下列情形之一的，股东不得提出申请：

（一）自依据本条例第一百一十六条（合并的批准）规定批准合并之日起超过二十八日；

（二）股东已投票赞成合并。

第三章　债权人

第一百一十八条　债权人通知

合并获得批准后二十八日内，作为公司的各合并方应向其董事经合理查询所知的对公司享有逾五千美元债权的债权人发出书面通知。

通知应载明：

（一）公司拟依本编规定与通知所列的一个或多个实体合并；

（二）债权人可要求公司免费提供合并协议副本和特别决议副本。

本条例第一百一十九条（未作出偿债能力声明时的法院许可）适用的，通知中还应载明：

（一）合并公司已或将依据该条向法院申请许可；

（二）合并机构的债权人可要求申请公司向其发送申请副本；

（三）债权人与申请公司或其代理人的联系方式；本条例第一百一十九条第四款的效力，包括向法院申请的日期（如通知时已确定）。

本条例第一百一十九条不适用的，通知中还应载明公司债权人可：

（一）自依据本条第五款发布通知之日起二十八日内，向公司发出异议通知；

（二）要求公司在其他债权人向法院申请禁止合并或变更合并协议的裁定时通知该债权人。

公司应在指定出版物上或以注册机关批准的其他方式发布通知内容。

通知应于自依据本条例第一百一十六条批准合并之日起二十八日内发布或公司依据本条第一款发出最后一份通知后及时发布（以在先者为准）。

第一百一十九条　未作出偿债能力声明时的法院许可

合并公司的董事依据本条例第一百一十五条第五款（合并

决议及证明）签署的证明书未包含本条例第一百一十五条第三款规定的偿债能力声明的，适用本条规定。

除非法院认定合并不会不公平损害任何合并方的债权人利益而许可合并，否则不得完成合并。

本条第一款所述证明书涉及的合并公司，或所有合并公司共同，应在合并依据本条例第一百一十六条（合并的批准）获得批准后及时：

（一）向法院申请合并许可；

（二）将申请书副本送达下列人员：经董事合理查询所知的对任何合并方享有逾五千美元债权的债权人；任何合并方的其他提出要求的债权人；公司注册机关。

法院不得在申请提交之日起二十八日内审理该申请。

第一百二十条　对偿债能力声明的异议

合并公司的董事依据本条例第一百一十五条第五款（合并决议及证明）签署的证明书均包含本条例第一百一十五条第三款规定的偿债能力声明的，适用本条规定。

合并公司的债权人对合并提出异议的：

（一）可自本条例第一百一十八条第五款（债权人通知）规定的通知公布之日起二十八日内，向公司发出异议通知；

（二）债权未获清偿的，可自向公司发出异议通知之日起二十八日内，向法院申请禁止合并或变更合并协议的裁定。

债权人依本条第二款第二项提出申请的，公司应在收到申请副本后的合理期限内，将申请副本送达下列债权人：

（一）依据本条例第一百一十八条第一款收到通知的债权人；

（二）依据本条例第一百一十八条第三款第二项提出请求的债权人；

（三）依据本条第二款第一项提出异议通知的债权人；

（四）法院裁定应送达的其他债权人。

针对依据本条第二款第二项的申请，法院认为合并将不公平损害申请人或合并公司任何其他债权人利益的，可作出下列裁定：

（一）限制合并；

（二）变更合并协议或特别决议。

法院拟依本条前款第二项作出变更合并协议或特别决议的裁定，而该协议或决议未包含本条例第一百一十四条第六款（合并协议）规定的允许各合并方在变更后终止合并的条款的，适用本条下款规定。

除非符合下列条件，法院不得作出裁定：

（一）该裁定在合并协议或特别决议中增加本条第五款所述条款；

（二）法院确信各合并方将有充分机会重新考虑是否继续进行变更后的合并。

第一百二十一条　非公司合并方的同意程序

合并方中存在非公司主体的：

（一）各合并方应共同向注册机关申请合并同意；

（二）未经注册机关同意并符合同意所附条件的，不得完成合并。

同意申请应在依据本条例第一百一十八条第五款（债权人通知）规定发布最后一次通知后提出。

申请书应附具下列文件：

（一）合并协议副本及依据本条例第一百一十六条（合并的准则）通过的特别决议副本；

（二）合并方为公司的，还应提交下列文件：依据本条例第一百一十五条第一款（合并决议及证明）通过的决议副本，决议未载明的，还应附具投票赞成决议的董事名单；依据本条例第一百一十五条第五款和第六款签署的证明书；

（三）依据本条例第一百一十八条第五款发布的债权人通知副本及其发布日期；

（四）申请时关于股东依据本条例第一百一十七条（股东异议权）向法院提出的任何申请的说明或无人提出申请的，可申请法院裁定的期限的说明。

适用本条例第一百一十九条（未作出偿债能力声明的法院许可）规定的：

（一）申请书还应附具申请时已向法院提出或拟向法院提出申请的相关信息；

（二）申请人应：及时向注册机关报告依该条提出的申请的进展情况；取得法院许可裁定后提供该裁定副本。

适用本条例第一百二十条（对偿债能力声明的异议）规定的，申请书还应附具：申请时关于债权人依据本条例第一百二十条第二款第一项发出的异议通知的说明或无人发出异议通知的，可发出异议通知的期限的说明；足以使注册机关确信合并不会不公平损害作为公司的合并方的任何债权人利益的证据。

合并后实体为公司的，申请书还应附具：

（一）获名义董事同意任职的证明；

（二）拟采用的公司章程副本，但合并后实体为存续公司且其章程未作修改的除外。

合并方中有外国公司的，申请书还应附具向注册机关提交的证据，以证明：

（一）该外国公司注册地法律不禁止：拟议的合并；合并后实体将成为在该司法管辖区内注册成立的新设实体的，该实体因合并而设立；

（二）该等法律或外国公司章程要求批准本条规定的申请或合并的，该批准已经取得；

（三）该外国公司不作为存续公司的，其将在合并完成后适时依其当前注册地法律终止。

合并后实体为外国公司的，申请书还应附具向注册机关提交的证据，以证明合并后实体所在地法律规定：

（一）转让方在合并前享有的财产和权利归属于合并后实体；

（二）合并后实体承继转让方在合并前承担的刑事和民事责任以及合同、债务等其他义务；

（三）转让方在合并前进行的或针对其进行的诉讼程序可由合并后实体继续进行或针对合并后实体继续进行。

除符合下列情形外，本条第十款和第十一款的规定适用：

（一）在依据本条提出申请时，未有股东或债权人对合并提出异议；

（二）提出异议的期限已届满。

申请人应：

（一）将申请后获悉的异议通知公司注册机关；

（二）异议（无论何时提出）处理完毕后，及时将处理结果通知公司注册机关；

（三）应公司注册机关要求，就异议提供相关补充信息或文件。

申请人未遵守本条第十款规定的，公司注册机关：

（一）不得就申请作出决定，但以与异议无关的理由驳回申请的除外；

（二）可就该申请采取作出决定以外的其他行动，或暂不采取进一步行动。

本条第九款至第十一款中所称异议是指：

（一）合并公司的股东依据本条例第一百一十七条向法院申请裁定；

（二）合并公司的债权人依据本条例第一百二十条第二款第一项（对偿债能力声明的异议）发出的异议通知。

第四章　合并完成及意见依据

第一百二十二条　合并完成的效力

合并完成之日起：

（一）合并方依合并协议或特别决议的规定合并并作为合并后实体存续；

（二）被合并公司终止公司法人资格。

合并完成且合并后实体为新设公司的：

（一）新设公司取得各合并方在合并完成前享有的全部财产和权利；

（二）新设公司承继各合并方在合并完成前承担的全部刑事和民事责任以及合同、债务等其他义务；

（三）合并前由各合并方提起的或针对各合并方提起的诉讼程序可由新设公司继续进行或针对新设公司继续进行。

依本编规定在登记簿中作出的记载，据以证明：

（一）各合并方于登记记载的完成日期合并，并以合并后实体的形式存续；

（二）本条例和《公司细则》关于合并的各项要求，包括合并的先决条件和附带事项，已得到完全遵守。

本条规定的实施不构成：

（一）违反合同、违反保密义务或其他民事侵权行为；

（二）违反禁止、限制或规范权利义务转让或转移的合同条款；

（三）合同或其他法律文书的当事人采取救济措施、发生违约、终止合同或解除任何义务或法律关系的事由。

第一百二十三条　意见的合理依据

签署本条例第一百一十三条第七款（适用范围及释义）规定的证明书或本条例第一百一十五条（合并决议及证明）规定的证明书的人员，应对证明书所载意见具有合理依据。

违反本条规定的，依法处以罚款。

第九编　和解与安排

第一百二十四条　公司与债权人和股东的和解权

公司可就下列事项进行和解或安排：

（一）与债权人或某类债权人的和解或安排；

（二）与股东或某类股东的和解或安排。

公司、债权人、股东或清算人可向法院申请召开相关会议。

会议经下列表决通过的，法院可裁定批准和解或安排：

（一）债权人或某类债权人所代表债权价值的四分之三以上同意；

（二）股东或某类股东所持表决权的四分之三以上同意。

法院批准的和解或安排对相关债权人、股东具有约束力。

法院应将裁定告知公司；公司正在清算的，还应告知清算人及出资人。

获得法院裁定的人应自裁定作出之日起七日内向法院书记官提交经证明的裁定副本。

该裁定经向登记官提交证明副本后生效。注册机关收到经证明的法院裁定副本后，应及时将该裁定载入公司章程。

违反本条第五款规定的，依法处以罚款。

第一百二十五条　和解方案的告知

依据本条例第一百二十四条（公司与债权人和股东的和解权）规定召开债权人会议、某一类别债权人会议、股东会议或某一类别股东会议的，适用本条规定。

会议通知应载明：

（一）和解或安排效力的说明；

（二）董事在和解或安排中的重大利益，包括其作为公司高级管理人员、债权人或股东的利益；

（三）公司发行债券的，和解或安排对债券持有人权利的影响；

（四）和解或安排对公司、债权人、股东及债券持有人产生重大影响的其他事项。

以广告方式发出会议通知的，广告应包含本条前款规定的声明，或者告知有权出席会议的债权人或股东获取该声明副本的方式和地点。

以广告方式发出的通知载明债权人或股东可获取本条第二款规定声明副本的，公司应根据债权人或股东的请求免费提供该声明副本。

公司及其高级管理人员应确保本条各款要求得到遵守。

公司或其高级管理人员违反本条前款规定的，依法处以罚款。

第一百二十六条　重组或合并的促成

依据本条例第一百二十四条（公司与债权人和股东的和解权）规定申请批准公司与该条所述主体之间和解或安排的，法院可作出适当裁定促成和解或安排，包括公司重组或与其他公司合并。

本编所称公司，包括在阿斯塔纳国际金融中心区域外注册成立的法人实体。

第十编　会计、报告及审计

第一章　总　则

第一百二十七条　适用范围

依据阿斯塔纳国际金融中心相关法规获得豁免的公司，不适用本编规定。

本编有关会计及审计的规定适用于公司各会计年度。

第一百二十八条　《公司细则》的变通

《公司细则》可针对特定主体或特定类别主体扩大、排除、放弃或变更本编条款的适用范围。

在不违反本条前款规定的情况下，《公司细则》可就下列事项作出规定：

（一）合并公司及其子公司的集团会计事项；

（二）董事会应在会计报表中列明的法定事项；

（三）编制会计报表所适用的会计准则或原则，包括：制定或采用一项或多项会计准则、原则或行为规范；规定特定公司及特定情形下适用的会计准则或原则及其适用方式；会计准则或原则的适用期间；

（四）为便于会计报表同步而对会计年度进行延长或缩短；

（五）审计师的任命、资格、报酬、解聘、辞职、权利及义务；

（六）制定或采用审计准则或实务规范；

（七）豁免审计师编制、审查及出具报告的义务。

本条规定受本条例第一百九十五条（规定的豁免和修改）的约束。

第二章 会计及报告

第一百二十九条 会计账簿

公司应保存能够显示和说明其交易的会计账簿，以便：

（一）随时合理准确地披露公司财务状况；

（二）使董事确保公司依据本编编制的会计报表符合本条例及《公司细则》的要求。

公司会计账簿应：

（一）存放于董事认为适当的场所，但《公司细则》另有规定的除外；

（二）自建立之日起至少保存六年，《公司细则》另有规定期限的，从其规定；

（三）在合理时间内供公司高级管理人员或审计师查阅；

（四）依据规则要求妥善保管和维护。

（续前款）公司因故解散或不再符合本条例规定的公司定义时，董事应确保会计账簿自解散之日起至少保存六年。

公众公司在阿斯塔纳国际金融中心区域外保存会计账簿的，应将其在该中心内开展业务的相关记录留存于中心境内。

违反本条规定的，依法处以罚款。

第一百三十条 会计年度

公司的首个会计年度从公司设立之日起开始，持续时间不超过董事会决定的十八个月。

外国公司依据本条例第一百五十一条（外国公司将注册地转移至阿斯塔纳国际金融中心）成为公司的，董事可选择以该公司在原注册地最近一个会计年度结束之日作为本条例规定的首个会计年度起算日。董事作出该选择的，公司首个会计年度为自起算之日起的十二个月。

公司第二个及以后各会计年度自上一会计年度结束之日起算，期限为十二个月，或经董事会决定可较十二个月增减不超过七日。

第一百三十一条　账目

公司董事应确保公司以符合本条规定的方式编制各会计年度的财务报表。

财务报表应：

（一）依据《公司细则》规定或经注册机关批准的会计原则或准则编制；

（二）真实、公允地反映公司当期损益和期末财务状况；

（三）符合本条例和《公司细则》规定的其他要求。

公司董事应批准财务报表，并由一名以上（含本数）董事代表签署。

公司董事应在会计年度结束后六个月内完成下列事项：编制并批准该年度财务报表；聘请审计师审计并出具报告；公众公司应将财务报表、审计报告及董事会报告提交股东大会讨论，必要时由股东批准；公众公司应将财务报表、审计报告及董事会报告送交向公司登记的股东。此外，本条所称向公司登记的股东，是指：已向公司提供邮寄地址或电子邮件地址用于接收文件的股东；或公司无理由相信向该地址发送的文件无法送达该股东。

公司应在遵守本条第四款规定的财年后十四日内，向注册机关提交该财年的账目和审计报告的副本；公司为公众公司的，还应提交依据本条例第一百三十三条（公众公司董事报告）为该财年编制的董事报告的副本。

私人公司年营业额不超过五百万美元的，除公司章程另有规定外，该公司及其董事无须遵守本条第四款第二项、第五款的规定。

持有本条前款规定的私人公司股本面值百分之十以上的股东，可在任何会计年度开始前至会计年度结束前一个月内以书面形式通知公司，要求公司对会计年度的账目进行审计。公司董事应确保满足该要求。

本条规定要求公司董事履行的义务未按要求完成的，各董事应分别对未履行的行为承担法律责任。

违反本条规定的，依法处以罚款。

第一百三十二条　向股东提供账目副本

公司股东有权在向公司提出书面请求后免费获得下列文件：

（一）适用本条例第一百三十一条第六款（账目）规定的，公司最新账目的副本；

（二）前项规定以外的情形，最新的审计账目和审计报告。

公司应在收到请求之日起七日内提供本条前款规定的文件。

违反本条前款规定的，依法处以罚款。

第一百三十三条　公众公司董事报告

公众公司董事应为公司的每个财年编制董事报告。

财务年度的董事会报告应包括下列内容：

（一）财年内任职董事的姓名；

（二）公司在财年内的主要活动；

（三）董事建议以股息或其他分配方式支付的金额；

（四）业务审查，包括对公司业务的公正评价；公司面临的风险和不确定性的说明；对公司业务的分析；以及了解公司业务发展、业绩和状况所必需的其他信息；

（五）董事关于不知悉审计师未知悉的相关审计信息，并已采取一切合理措施了解此类相关审计信息的声明；

(六)《公司细则》规定的其他事项。

董事报告应由董事或董事会秘书代表董事签署。

公司董事应确保公司每个财年均遵守本条规定。

违反本条前款规定的，依法处以罚款。

第三章　审计师

第一百三十四条　审计师的资格及注册

本编所称审计师，是指根据本章由注册机关注册的人员。

《公司细则》应规定审计师注册和维持注册所应满足的标准，包括申请人的资格、经验和适当性及正当性等要求。

对于申请时受阿斯塔纳国际金融中心以外司法管辖区监管的申请人，注册机关可规定变更本条前款所述要求。

注册机关可：

(一) 批准或者驳回批准审计师注册申请；

(二) 对授予登记施加限制或者条件。

审计师应在注册范围内执业，并遵守注册所规定的禁止和条件。

注册机关可主动或者应审计师请求，以书面形式通知审计师下列事项：

(一) 对审计师的注册施加限制或者条件；

(二) 变更或者撤销对审计师注册施加的限制或者条件；

(三) 暂停或者撤销审计师注册。

注册机关依据本条作出决定时，应遵守相关规则。

第一百三十五条　审计师登记簿

注册机关应保存并公布现任和历任审计师登记簿，包括适用于注册的禁止和条件。具体登记事项由规则规定。

注册机关应在正常办公时间内，免费供公众查阅最新登记簿。

第一百三十六条　审计师的任免

本条例要求公司将账目交由审计师审查并报告的，公司应委任审计师，依据本条例和《公司细则》审查并报告按照本条例第一百三十一条（账目）编制的账目。

非审计师不得有下列行为：

（一）同意被任命为公司审计师；

（二）担任公司审计师；

（三）编制本条例和《公司细则》要求审计师的报告。

违反本条前款规定的，依法处以罚款。

任命公司为审计师的，视为任命该公司的全体合伙人。

公众公司应在每次提交上一财年账目的年度股东大会上任命审计师，任期自该次会议结束时起至提交账目的下一次年度股东大会结束时止。

依据本条例第一百三十一条第六款（账目）规定，私人公司应在财年结束后六个月内或者在将账目送交股东之日前（以较早者为准），任命审计师，任期自该日起至下一个审计师任命期结束时止。

私人公司应依据董事决议任命审计师，但股东大会通过普通决议任命审计师的除外。

公众公司董事可在提交上一财年账目的首次股东大会前任命审计师，任期至该次股东大会结束时止。

公司董事可按照其认为适当的条件填补审计师职位空缺。临时任命的审计师任期如下：

（一）公众公司审计师任期至下次提交上一财年账目的股东大会结束时止；

（二）私人公司审计师任期至下一个审计师任命期结束时止。

公司可通过普通决议确定审计师的报酬，但不得违反本条第九款的规定。

公司任命审计师应同时满足下列条件：

（一）审计师在任命前以书面形式向公司表示同意；

（二）公司经合理查询后未发现任何应阻止审计师依据前项规定给予同意的情况。

有下列情形之一的，审计师不得同意受聘为公司审计师：

（一）存在利益冲突或者可能被合理认为存在利益冲突；

（二）不具备或者可能被合理认为不具备对公司必要的独立性；

（三）审计师或者其在公司、商业机构中的关联方在《公司细则》规定的期间或者频率内曾担任公司审计师。

公司可随时通过决议罢免审计师，不受公司与审计师之间协议内容的限制。

法院可根据注册机关的申请，裁定解除公司审计师职务。

本条规定不影响依据本条被免职的审计师因终止任命而获得补偿或者损害赔偿的权利。

公司及其工作人员应为审计师依据本条例或者规则履行职责提供必要的信息和协助。

第一百三十七条　审计报告

公司审计师应就其审查的账目向公司股东提交报告。

审计报告应包括下列内容：

（一）审计师对账目是否依据本条例及《公司细则》妥善编制的意见；

（二）对账目是否真实、公允地反映公司本财年的利润或者亏损，以及财年末的公司事务状况的特别说明；

（三）本条例或者《公司细则》规定的其他事项或者意见。

违反本条规定的，依法处以罚款。

第一百三十八条　审计师职责

公司审计师在编制账目报告时，应进行必要调查，对下列事项发表意见：

（一）公司是否保存适当的会计记录，是否从审计师未访问的分支机构或者办事处收到足够的审计报表；

（二）公司账目是否与会计记录及报表一致；

（三）公司账目是否符合适用的会计原则或者准则。

违反本条前款规定的，依法处以罚款。

审计师认为公司有下列情形之一的，应在报告中说明：未保存适当的会计记录；未从审计师未访问的分支机构或者办事处收到足够的审计报表；账目与会计记录和报表不一致；账目不符合适用的会计原则或者准则。

审计师有权在合理时间查阅公司记录，要求公司工作人员提供审计所必需的信息和解释。

审计师有权收到股东大会通知、出席股东大会，就与其有关的会议事项发表意见。

审计师未获得其认为审计所必需的信息和解释的，应在报告中说明。

违反本条前款规定的，依法处以罚款。

第一百三十九条　审计师辞职

公司审计师可向公司注册地址提交书面通知和本条第二款规定的声明，提出辞职。除通知中注明更晚的日期外，审计师任期自提交通知之日起终止。公司应向注册机关报送通知副本。

审计师因故停止任职的，应向公司注册地址提交下列文件之一：

（一）关于停止任职不存在应通知公司股东或者债权人情况的声明；

（二）关于前项规定情况的说明。

审计师依据本条第二款第二项提交声明的，公司应在收到声明之日起十四日内，将声明副本送达公司股东和有权收到股东大会通知的人。

审计师因故停止任职的，公司董事应在三十日内依据本条例第一百三十六条第九款（审计师的任免）规定任命替代审计师。

违反本条规定的，依法处以罚款。

第一百四十条　与审计师配合

公司或者其工作人员不得故意或者罔顾后果实施下列行为：

（一）向审计师作出重大虚假或者误导性陈述，提供此类信息；

（二）向审计师在重要事项上提供虚假或者具有误导性的文件；

（三）向审计师隐瞒信息，致使向审计师提供的信息在重要内容方面存在虚假或者误导性，或者可能误导、欺骗审计师；

（四）向审计师隐瞒可能误导或者欺骗审计师的信息。

公司、公司高级管理人员或者依其指示、授权行事的人员，在无合理理由的情况下，明知或者应知道可能导致下列后果的，不得实施相关行为：

（一）妨碍或者阻止审计师履行职责；

（二）致使公司账目或者审计报告的任何部分在重大方面存在虚假或者误导性内容。

本条前款规定的行为包括：

（一）销毁或者隐匿文件；

（二）胁迫、操纵、误导或者不当影响审计师；

（三）未提供审计师所需的信息或者文件；

（四）未向审计师提供其能够提供的信息或者解释；

（五）未向审计师提供其应该且能够提供的与审计有关的协助。

违反本条规定的，依法处以罚款。

第一百四十一条　审计师的披露责任

审计师应履行本条例第一百九十六条（向注册机关披露的义务）规定的披露义务。

审计师仅因下列行为不构成违反其应承担的义务，但不得违反本条例及《公司细则》或注册机关执行的其他法律：

（一）依据本条例第一百九十六条作出披露；

（二）向注册机关提供与披露事项或者相关事项有关的信息或者意见。

第一百四十二条　法院裁定

法院根据注册机关的申请，确认审计师有下列情形之一的：

（一）违反本条例规定；

（二）在阿斯塔纳国际金融中心区域内外未能充分或者适当履行审计师职能；

（三）因其他原因不再适合继续担任注册审计师。

法院可以作出下列裁定：

（一）由注册机关取消或者在特定期限内中止审计师的注册；

（二）对审计师未来行为施加条件或者限制；

（三）要求审计师作为或者不作为；

（四）其他法院认为适当的裁定。

本条规定不影响任何人或者法院依据其他规定享有的权力。

第十一编　其他类型的公司

第一百四十三条　成立特定类型的公司

公司符合阿斯塔纳国际金融中心利益的，可依本编或《公司细则》规定设立为特定类型公司，或将现有公司转变为该类型公司。

《公司细则》可就下列事项作出规定：

（一）公司类型；

（二）公司设立或转变的条件，包括其他监管机构的批准要求；

（三）公司章程或组织形式的要求或限制；

（四）公司设立和管理的形式及程序。

金管局董事会认为必要或适当的，可扩大、排除、免除或变更本条例及其他相关法律的适用范围，但下列规定除外：

（一）第一编总则；

（二）第二编注册机关的任命和职责；

（三）第十四编第一章调查权；

（四）第十四编第三章一般违法行为。

本条例适用于依据本条规定设立的公司，但本条例另有规定的除外。

第十二编　核准公司

第一百四十四条　外国公司

除非外国公司应依据本编注册为核准公司，否则不得作为阿斯塔纳国际金融中心参与者在阿斯塔纳国际金融中心或从阿斯塔纳国际金融中心开展业务。

《公司细则》可规定属于或不属于本编的业务范围。

违反本条第一款规定的，依法处以罚款。

外国公司可依据《公司细则》向注册机关申请注册为核准公司。

核准公司变更登记为公司的，注册机关应取消其作为核准公司的注册。

第一百四十五条　拒绝登记外国公司

注册机关可基于正当理由拒绝将外国公司注册为核准公司。

第一百四十六条　注册为核准公司

注册机关将外国公司注册为核准公司的，应颁发核准证书，为核准公司分配识别号码，并将核准公司的名称输入登记簿。

注册机关发出的核准证书，可证明下列事项：外国公司已注册为核准公司；该注册已符合本条例及《公司细则》及注册机关制定的其他法规的要求。

在不违反本条第一款有关颁发核准证书规定的前提下，注册机关可在《公司细则》规定的情形下就向核准公司颁发核准证书作出其他安排。

【有意省略】

第一百四十七条　核准公司的要求

核准公司应履行下列义务：

（一）任命并保留至少一名获授权代表核准公司接受文件或送达通知，并行使《公司细则》规定职能的人员；

（二）在阿斯塔纳国际金融中心内设立营业地点，以便接收所有通信和通知；

（三）依据《公司细则》规定的形式和方式向注册机关提交下列信息：任命被授权接受核准公司送达的人员；在阿斯塔纳国际金融中心的主要营业地点地址；获授权接受送达人员的详细信息及其在阿斯塔纳国际金融中心的主要营业地点地址；核准公司的股东或成员的详情；核准公司的董事及董事会秘书的详细资料；

（四）在公司注册地管辖区提交年报表或类似文件之日起三十日内，向注册机关提供该管辖区内提交的年报表或类似文件的副本；

（五）遵守《公司细则》规定的其他要求。

《公司细则》规则或注册机关执行的其他法律可规定与本编要求有关的程序，并可排除、放弃或修改本编中有关不同情形的要求。

违反本条规定的，依法处以罚款。

第一百四十八条　核准公司注册资料变更通知

核准公司的注册详细信息发生变更的，应在变更之日起十四日内书面通知注册机关，并遵守《公司细则》中与该变更有关的所有要求。

违反本条规定的，依法处以罚款。

登记详情变更通知应交纳《公司细则》规定的费用。

第一百四十九条　核准公司的会计记录

核准公司应保存足以显示和解释其交易的会计记录，以合理准确地披露核准公司的财务状况，并使董事或经理能够确保核准公司根据本编准备的账目符合条例、规则和注册机关实施的其他法规要求。

核准公司应确保其会计记录符合下列要求：

（一）除《公司细则》另有规定外，存放于董事或经理认为适当的地方；

（二）自创建之日起保存至少六年，或《公司细则》规定的其他期限；

（三）在合理时间内接受核准公司的官员或审计师的检查；

（四）根据《公司细则》的要求另行保存和维护。

违反本条规定的，依法处以罚款。

第一百五十条　检查和补救

第十四编（权力和救济）的规定经必要修改后适用于核准公司。

第十三编　公司转移注册

第一百五十一条　外国公司将注册地转移至阿斯塔纳国际金融中心

外国公司获得原注册成立地法律许可的，可向公司注册机关申请注册地转移存续。

公司转移存续申请应遵守《公司细则》的规定向注册机关提出，并符合下列要求：

（一）由外国公司官员盖章并签字，且经签署申请的官员宣誓或作出其他类似宣誓声明；

（二）附具符合本条例第十四条第一款、第二款和第三款（公司章程）规定的继续经营的公司章程；

（三）附具注册机关要求的其他文件。

转移存续的章程应在外国公司原章程的基础上进行必要修改，使其符合本条例及《公司细则》或注册机关执行的其他法律以及阿斯塔纳国际金融中心的其他现行法律。

第一百五十二条　转移存续许可

注册机关批准外国公司依据本条例第一百五十一条（外国公司将注册地转移至阿斯塔纳国际金融中心）提出的转移存续申请的，应按照注册机关认为适当的条款和条件颁发转移存续许可证，为公司分配识别号码，并将公司名称登记在登记簿内。

注册机关认定应拒绝转移存续申请的，不予颁发许可证。

第一百五十三条　转移存续许可的效力

自外国公司所载明的转移存续日起：

（一）该外国公司成为适用本条例的公司，视同其有依据本条例注册成立；

（二）转移存续章程成为公司章程；

（三）转移存续许可视为公司的经营许可。

第一百五十四条　转移存续许可副本

已获发转移存续的公司提出要求的，注册机关应将转移存续许可副本发送至批准延续申请的司法管辖区的相应官员或公共机构。

第一百五十五条　转移存续后的权利和责任

外国公司根据本条例获准在本中心继续以公司经营的，该公司：

（一）继续拥有转移存续前的财产、权利和特权，并承担延续前的负债、限制和债务；

（二）转移存续前已作为一方当事人开始的任何法律诉讼中，仍为该诉讼的一方当事人。

第一百五十六条　公司从阿斯塔纳国际金融中心向其他管辖区转移

公司经特别决议或注册机关依据《公司细则》规定的方式授权的，可向阿斯塔纳国际金融中心以外的司法管辖区的主管官员或政府机关申请将其注册转移到该管辖区，并作为外国公司申请转移存续。

公司提出本条第一款规定的申请，应符合该管辖区法律关于外国公司的下列规定：

（一）继续拥有转移存续前的财产、权利和特权，并承担延续前的负债、限制和债务；

（二）在延续前已作为一方当事人开始的任何法律诉讼中，仍为该诉讼的一方当事人。

获准转移存续后，公司应向注册机关提交由该管辖区相应官员或公共机构认证的证书或继续存在文书副本，且不再是本条例所定义的公司。

注册机关收到该管辖区的转移存续许可或文书的，应将转出公司从公司登记簿删除。

第一百五十七条　拒绝转移存续

注册机关有权拒绝公司依据本条例第一百五十六条第一款（公司从阿斯塔纳国际金融中心向其他管辖区转移）提出的转移存续申请。

第十四编　权力和救济

第一章　调查权

第一百五十八条　适用范围及释义

本编所称公司，包括核准公司，但另有规定的除外。

本编所称受监管实体，是指依据注册机关执行的法律设立的公司或其他实体，包括：

（一）依据《阿斯塔纳国际金融中心普通合伙公司条例》设立的普通合伙公司或核准合伙公司；

（二）依据《阿斯塔纳国际金融中心非营利性法人组织条例》设立的法人组织；

（三）依据《阿斯塔纳国际金融中心有限责任合伙公司条例》设立的有限责任合伙公司或核准有限责任合伙公司；

（四）依据《阿斯塔纳国际金融中心有限合伙公司条例》设立的有限合伙公司或核准有限合伙公司。

本编所称受监管利害关系人，是指：

（一）受监管实体的董事、高级管理人员、合伙人、成员、雇员或代理人；

（二）受监管实体的现任或原任审计师；

（三）其他参与受监管实体管理的人员。

本条第三款适用于作为公司的受监管实体时，董事和雇员的含义适用附则一的规定。

在不限制注册机关权力的情况下，注册机关可在知悉相关行为或不作为之日起三年内，对下列主体行使本条例及《公司细则》或注册机关执行的其他法律法规规定的权力：

（一）已不再是受监管实体的实体；

（二）曾是受监管实体的受监管利害关系人；

（三）已不再是受监管实体的受监管利害关系人。

注册机关根据掌握的信息能够合理推断违法行为的，视为判断其知悉该行为或不作为的理据。

第一百五十九条　督察的任命

注册机关认为必要或适当的，可任命督察调查受监管实体的事务并提交报告。

经注册机关同意，督察可调查与被调查受监管实体有关联的其他受监管实体的事务并提交报告。

注册机关可任命督察调查涉嫌违反本规章的行为并提交报告。

下列人员可被任命为督察：

（一）注册机关工作人员；

（二）金管局其他部门的工作人员；

（三）独立第三方。

本编规定的调查权由注册机关行使，本编规定不限制注册机关行使该项职权。

第一百六十条　督察的调查权

督察认为某人可能掌握与调查事项有关的信息或文件的，可采取下列措施：

（一）在正常工作时间进入该人员的营业场所，检查、获取和复制相关信息或文件；

（二）要求该人员提供或者安排提供其保管或控制的与调查有关的账簿、记录或其他文件；

（三）要求该人员提供或者安排提供特定的调查相关信息；

（四）要求该人员在指定时间和地点接受询问，回答与调查有关的问题；

（五）要求该人员对调查提供其他必要协助。

督察依本条前款第一项到达相关场所履行职责时，可采取下列措施：

（一）要求相关人员提供场所内可供检查或复制的信息或文件；

（二）要求相关人员将场所内的信息或文件转换为可复制的形式；

（三）免费使用场所内的复制设施。

督察要求某人接受询问的，可就下列事项作出要求：

（一）限制在场人员，要求被询问人单独回答问题；

（二）禁止在场人员向他人透露询问内容；

（三）规定在场人员的询问参与方式；

（四）要求被询问人宣誓或者保证所述内容真实；

（五）要求被询问人回答与调查有关的问题；

（六）要求对询问进行录音或录像。

督察有合理理由怀疑受监管利害关系人单独或与他人共同维持或曾经维持与受监管实体事务相关的银行账户的，可要求该人员提供其保管或控制的所有相关账簿和记录。

任何人应遵守督察依据本条规定提出的要求或作出的指示。

任何人依据本条规定回答督察或其代表提出的问题时，不得有下列行为：

（一）故意或者轻率地作出虚假或者具有误导性的陈述；

（二）隐匿信息致使所提供的信息在重要事项上存在虚假或具有误导性。

督察可对阿斯塔纳国际金融中心区域内外的人员行使本条规定的职权。对于区域外人员，督察应：

（一）通过与该人员所在地有关机关的协议行使职权；

（二）向法院申请裁定，强制该人员提供信息、出示文件、接受询问或者准许督察进入其场所行使职权。

违反本条第五款或第六款规定的，依法处以罚款。

第一百六十一条　调查信息的使用

督察依据本条例第一百六十条（督察的调查权）规定获取的信息或文件，符合诉讼证据规则的，可在诉讼中作为证据使用。

享有律师和客户间信息保密特权的信息或文件，不适用本条例第一百六十条规定的提供义务。督察对信息或文件是否享有律师和客户间信息保密特权存有异议的，可向法院申请裁定要求提供该信息或文件。

督察不得将询问中获取的陈述向执法机关披露用于刑事诉讼，但是有下列情形之一的除外：

（一）陈述人同意披露；

（二）法律规定或者法院裁定要求披露。

督察可在必要期限内保留依据本条例第一百六十条规定获取的信息和文件，用于：

（一）完成调查；

（二）决定是否提起相关程序；

（三）完成相关程序。

任何人不得以对文件享有留置权为由拒绝遵守本条例第一百六十条规定的要求，但该留置权继续有效。

任何人因客观原因不能按照督察要求提供信息或文件的，应如实说明该信息或文件的所在位置以及最后占有、保管或控制该信息或文件的人员。

督察认为披露要求可能妨碍调查的，可要求被调查人员对调查要求及其履行情况保密，但负有律师和客户间信息保密特权的除外。

任何人在调查过程中有权获得律师代理。

第一百六十二条　妨碍调查的法律责任

任何人无正当理由不得实施下列妨碍或阻挠督察执行职务的行为：

（一）销毁或隐匿文件；

（二）拒不提供或出示督察要求的信息或文件；

（三）拒不按时到场接受询问；

（四）作出虚假或具有误导性的陈述；

（五）拒不提供调查所需的协助；

（六）违反督察依据本条例提出的其他要求或作出的指示。

督察可就任何人违反本条例规定的要求或指示的情况向法院出具书面证明。法院可对此进行审查并作出适当裁定。

违反本条第一款规定的，依法处以罚款。

第一百六十三条　调查报告

督察完成调查后，应向注册机关提交符合要求的书面调查报告。

督察应按照注册机关的要求提交阶段性报告。

注册机关收到督察报告后，可采取下列措施：

（一）向相关受监管实体提供报告全部或者部分内容，并可要求其向股东、成员、合伙人或其他特定人员披露；

（二）向可能受报告所涉事项影响的主体提供报告全部或者部分内容；

（三）以适当方式公布报告全部或者部分内容。

第一百六十四条　注册机关的司法救济

注册机关根据本编规定获取的报告、信息或文件，发现存在下列情形之一的，可向法院申请裁定：

（一）受监管实体的事务正在或者已经以违反本条例规定的方式开展，并不当损害受监管实体的股东、成员、合伙人的整体利益或个别利益，或者损害其他主体或类别主体的利益；

（二）受监管实体的实际或拟议行为（包括代表该实体的作为或不作为）违反或将违反本条例规定，或者造成或将造成前项规定的损害。

法院经审查认为申请有理由的，可作出适当的救济裁定。

第二章　公司注册机关其他职权

第一百六十五条　责令遵守注册机关执行的法律

注册机关可责令受监管实体及其利害关系人遵守下列规定：

（一）本条例及《公司细则》或注册机关执行的其他法律规定的要求；

（二）注册机关依据本条例及《公司细则》或其执行的其他法律作出的要求。

注册机关应以书面形式向受监管实体及其利害关系人或其他利害关系人发出通知，要求其在指定期限内遵守相关规定。

受监管实体或利害关系人未按照规定履行义务的，注册机关可向法院申请下列裁定：

（一）责令受监管实体、利害关系人或其他利害关系人在指定期限内遵守相关规定；

（二）责令受监管实体或利害关系人承担注册机关因发出通知、处理违规行为产生的费用；

（三）法院认为必要的其他裁定。

本条规定不影响本条例及相关法律规定的处罚和其他监管措施的实施。

第一百六十六条　信息获取

注册机关有权要求受监管实体或其利害关系人在指定期限内提供特定信息、出示特定文件。

注册机关可要求受监管实体在正常工作时间或双方约定的其他时间允许注册机关进入其场所，查阅、复制相关信息或文件。

注册机关出于履职需要，可行使本条前两款规定的职权。

依据本条规定获得的信息或文件，符合证据规则的，可作为诉讼证据。

享有律师和客户间信息保密特权的信息或文件不适用本条第一款、第二款的规定。

注册机关可向法院申请裁定，要求利害关系人履行本条规定的义务。

第一百六十七条　除名

有下列情形之一的，注册机关可将受监管实体从登记簿中除名：

（一）未开展经营活动或未实际运营；

（二）违反本条例规定；

（三）继续登记将损害阿斯塔纳国际金融中心利益。

受监管实体有下列情形之一的，视为未开展经营活动或未实际运营：

（一）未按照规定期限提交年度报告、年度确认声明或年度账目；

（二）未按期缴纳应向注册机关缴纳的费用，持续十二个月，且受监管实体未回应注册机关相关通知的，注册机关可将其从登记簿中除名。

受监管实体进行债权人自愿清算，有下列情形之一的，注册机关可将其从登记簿中除名：

（一）无清算人履行职责；

（二）清算事务已完结，但清算人连续六个月未提交清算报告。

注册机关决定将受监管实体从登记簿中除名的，应遵守下列规定：

（一）在指定媒体发布除名公告；

（二）受监管实体经金管局许可、注册或认可的，应事先征得该局同意。

受监管实体申请从登记簿中除名的，应符合下列条件：

（一）由管理机构或者占多数的股东、合伙人、成员提出申请；

（二）申请书应符合《公司细则》规定的格式要求。

申请人应自提出申请之日起七日内，将申请书副本送达下列人员：

（一）受监管实体的股东、合伙人或成员；

（二）受监管实体的员工；

（三）受监管实体的债权人；

（四）未参与申请的管理机构成员。

有下列情形之一的，受监管实体不得申请从登记簿中除名：

（一）过去三个月内发生下列情形：变更名称；开展经营活动处置正常经营中的资产或权利；从事与申请除名或履行法定义务无关的活动；

（二）正在进行破产程序。

注册机关收到除名申请的，应在指定媒体发布公告。公告满三个月后，方可作出除名决定。

公告应载明：

（一）注册机关拟将相关实体从登记簿中除名；

（二）利害关系人可提出异议。

受监管实体被除名后，其成员、合伙人、董事和股东的责任继续有效，可依法强制执行。

受监管实体自除名之日起解散。

公众公司被除名的，应自除名之日起六年内保存账簿和记录。

第一百六十八条　恢复登记

法院可依申请作出恢复登记的裁定及其他必要裁定。

下列人员有权申请恢复登记：

（一）注册机关；

（二）受监管实体的原董事；

（三）对受监管实体的财产享有权利或因其义务受益的人；

（四）与受监管实体有合同关系的人；

（五）对受监管实体享有请求权的人；

（六）受监管实体的原股东、合伙人或成员；

（七）受监管实体除名或解散时的债权人；

（八）法院认定的其他利害关系人。

恢复登记的裁定不得与《阿斯塔纳国际金融中心公司破产条例》相抵触。

受监管实体恢复登记的，视为持续存续。但对于除名后至恢复登记前的会计年度，不因未提交账目而受到处罚。

法院可作出必要裁定，使受监管实体及利害关系人尽可能恢复到未被除名和解散前的状态。

申请人应在法院作出裁定后十四日内或法院准许的更长期

限内，将裁定书副本送达注册机关。

注册机关收到法院裁定书副本后，应及时恢复登记。

恢复登记自注册机关收到法院裁定书副本之日起生效。

注册机关认为必要的，可不经法院裁定，直接恢复被除名受监管实体的登记。

第三章 一般违法行为

第一百六十九条 违法情形

有下列情形之一的，构成违反本条例：

（一）实施本条例及《公司细则》和注册机关执行的其他法律所禁止的行为；

（二）不履行本条例及《公司细则》和注册机关执行的其他法律规定的义务；

（三）以其他方式违反本条例及《公司细则》和注册机关执行的其他法律。

总裁、金管局、阿斯塔纳国际金融中心管理局（AIFCA，以下简称中心管理局）或注册机关的作为或不作为，不适用本条前款规定。

第一百七十条 参与违法行为

明知他人违反本条例而参与的，与违法行为人承担相同的法律责任。

公司或其他法人的高级管理人员明知并参与本条例规定的违法行为的，与该法人承担相同的法律责任。

法人由其成员管理的，成员在执行管理职责时的作为或不作为适用本条前款规定。

有下列情形之一的，视为明知并参与违法行为：

（一）帮助、教唆、怂恿或促使他人违法；

（二）以威胁、许诺等方式诱使他人违法；

（三）以作为或不作为的方式，直接或间接参与违法行为；

（四）与他人共谋实施违法行为；

（五）单独或与他人共同实施、企图或策划下列行为：隐瞒违法行为的存在、程度或性质；阻碍阿斯塔纳国际金融中心主管机关发现、调查或者追究违法行为。

本条所称成员，包括公司的股东；所称高级管理人员，包括下列人员：

（一）法人管理委员会成员，不论是否担任董事；

（二）首席执行官、秘书或者类似职务的人员；

（三）实际控制人。

总裁、金管局、中心管理局或注册机关的作为或不作为，不适用本条规定。

第四章　执　行

第一百七十一条　承诺履行

注册机关认为必要或者适当的，可接受当事人作出的书面承诺。

当事人经注册机关同意，可撤回或者变更承诺。

注册机关认为当事人违反承诺的，可向法院申请裁定。此外，注册机关认为适当的，可公布当事人依据本条作出的承诺。

法院认定当事人违反承诺的，可作出下列裁定：

（一）责令当事人履行承诺；

（二）责令当事人将因违约所得的利益支付给有关当事人或注册机关；

（三）责令当事人赔偿他人因其违约所受的损失；

（四）其他必要的裁定。

第一百七十二条　行政谴责

违反本条例或者相关指导的，注册机关可予以谴责。

作出谴责决定的，应遵守法定程序。

注册机关可采取其认为适当的方式实施谴责，包括发布谴责公告。

第一百七十三条　行政罚款

违反本条例规定应处以罚款的，注册机关可处罚款并公布处罚决定。

注册机关作出罚款决定及确定罚款数额时，应遵守法定程序和《公司细则》规定的限额。

第五章　申请法院裁定

第一百七十四条　赔偿裁定

任何人故意、重大过失或过失违反本条例及《公司细则》或注册机关执行的其他法律规定的要求、指示、职责、禁止性规定、责任或义务的，应赔偿因其行为给他人造成的损失或损害，并应使受害人恢复到该行为发生前的状态。

因本条前款所述行为遭受损失或损害的，法院可依据当事人或注册机关代表当事人提出的申请，作出损害赔偿、补偿或财产返还等裁定，或作出法院认为适当的其他裁定。但根据本条例及《公司细则》或阿斯塔纳国际金融中心其他规定免除该损失或损害责任的除外。

本条规定不限制当事人依据其他规定享有的权利，也不限制法院依据其他规定享有的权力。

第一百七十四条（续）　高级管理人员及其他人员的责任

个人的作为或不作为导致法院依据本条例第九十二条（董事资格撤销）作出任职禁止令或依据本条例第一百七十五条

（股东权益受损害的救济）作出赔偿令的，法院认为该作为或不作为系因公司高级管理人员或其他人员的指示，且公司董事通常依照该等人员的指示行事的，可以对该高级管理人员或其他人员作出任职禁止令或赔偿令。

第一百七十五条　股东权益受损害的救济

公司事务的处理方式正在或已经不当损害全体或部分股东利益的，或者公司的实际或拟议的作为或不作为（包括以公司名义的作为或不作为）正在或将会造成此类损害的，法院可依据股东申请作出下列裁定：

（一）规范公司未来事务处理的裁定；

（二）责令特定人员作为或不作为的裁定；

（三）授权以公司名义并代表公司提起诉讼的裁定，并确定相关条件；

（四）责令其他股东或公司购买特定股东权利的裁定；公司购买的，相应减少资本账户；

（五）法院认为适当的其他裁定。

法院依据本条作出的裁定禁止公司修改章程或作出特定修改的，公司未经法院许可不得作出该等修改。

依据本条裁定对公司章程所作的修改，与公司依法作出的特别决议具有同等效力。本条例及《公司细则》及注册机关执行的其他法律适用于修改后的公司章程。

法院依据本条作出修改公司章程的裁定的，公司应自裁定作出之日起十四日内或法院准许的更长期限内，向公司注册机关提交该裁定副本并办理登记。

本条规定不限制当事人依据其他规定享有的权利，也不限制法院依据其他规定享有的权力。

第一百七十六条　强制清算

有下列情形之一的，注册机关可以向法院申请对公司进行清算：

（一）公司正在违反或已经违反本条例规定，或为维护公司股东或债权人利益，需要对公司进行清算；

（二）清算符合公平正义原则并有利于阿斯塔纳国际金融中心利益的，法院可以受理清算申请。公司持有金管局颁发的许可证、登记证或认可文件的，注册机关申请清算前应取得该局同意。

法院可以作出其认为清算所必需或适当的裁定。

本条规定不限制当事人依据其他规定享有的权利，也不限制法院或公司注册机关依据其他规定享有的权力。

第一百七十七条　接管人的委任

本条所称相关要求，是指本条例及《公司细则》及注册机关执行的其他法律规定的要求、职责、禁止性规定、责任或义务。

有下列情形之一的，本条规定应适用：

（一）公司注册机关已指派督察调查公司事务；

（二）注册机关或其他机构因当事人处理公司事务的行为对其提起民事或监管程序；

（三）当事人已实施、正在实施或拟实施违反相关要求的行为。

法院可以根据注册机关或其他人的申请，任命接管人或接管人兼管理人，并赋予其法院认为适当的权力，接管公司全部或部分财产。

公司持有金管局颁发的许可证、登记证或认可文件的，公司注册机关提出本条第三款规定的申请前应取得该局同意。

本条规定不限制当事人依据其他规定享有的权利，也不限制法院或注册机关依据其他规定享有的权力。

第一百七十八条　法院给予救济的权力

针对公司高级管理人员或审计师提起的与违反本条例及

《公司细则》及注册机关执行的其他法律规定的职责、义务、禁止性规定、要求、责任或信托义务相关的诉讼，法院认为该高级管理人员或审计师应该或可能对其行为承担责任，但其系出于诚信实施该行为，且考虑案件全部情况（包括与其任命相关的情况），应对其给予公平免责的，法院可以根据其认为适当的条件，全部或部分免除其责任。

公司高级管理人员或审计师有理由预见可能因违反本条前款规定的义务而被提起诉讼的，可以向法院申请救济。法院对该申请的审理权限，与针对其行为提起诉讼时相同。

本条所称审计师，是指依据本条例经公司注册机关注册的审计师。

第一百七十九条　条文的效力

本章规定不限制本章其他条款的效力，也不限制本条例及《公司细则》及注册机关执行的其他法律规定的行政救济或提起诉讼程序的条款的效力。

第十四编续一　最终受益所有人

第一章　利害关系人的受益所有权

第一百七十九条续一　最终受益所有人的含义

本编所称利害关系人的最终受益所有人，是指下列自然人（不包括仅以专业顾问或专业经理身份行事的人员）：

（一）就公司而言，指具有下列情形之一的自然人：直接或间接持有或控制公司股本中的股份或其他所有权权益达到百分之二十五以上；直接或间接持有或控制投票权达到百分之二十五以上；直接或间接持有或控制任命、罢免董事会多数成员的权利；通过法定权利或其他所有权权益对公司活动具有重大控制或影响力。

（二）就合伙公司而言，指通过法定权利或其他方式对合伙公司活动具有重大控制或影响力的自然人；

（三）就基金会或非营利性法人组织而言，指对其管理机构、管理人员或其他管理安排具有重大控制或影响力的自然人；

（四）就信托而言，适用《阿斯塔纳国际金融中心信托条例》的规定。

受益所有权可通过任何数量的人员或任何形式的安排进行追溯。

两个以上自然人共同持有或控制利害关系人权益的，均视为该权益的所有人或控制人。

利害关系人可以有一个或多个最终受益所有人。

未能按照本条第一款认定最终受益所有人的，利害关系人或其管理机构通常遵照其指示行事的自然人为最终受益所有人。

未能按照本条第一款、第五款认定最终受益所有人的，利害关系人的管理机构中的自然人成员及其法人成员的最终受益所有人均视为该利害关系人的最终受益所有人。

第一百七十九条续二　最终受益所有权信息

利害关系人应采取合理措施，获取、保存其最终受益所有人的完整、准确、最新信息，包括本条例第一百七十九条续九（豁免实体所有权）规定所要求的信息。

利害关系人在申请设立、登记或存续时向注册机关提供的最终受益所有人信息，应予以保存。

利害关系人收到股份转让等所有权变动文件的，应同时收到受让人或其代理人关于下列事项的声明，否则不得办理登记：

（一）本次转让是否导致最终受益所有人变更；

（二）所涉变更的具体内容；

（三）新增最终受益所有人的详细信息。

第一百七十九条续三　最终受益所有权通知

在不影响本条例第一百七十九条续二第一款（最终受益所有权信息）规定的情况下，利害关系人发现最终受益所有人信息登记不准确或不完整的，应依照本条第三款规定向利害关系人发出书面通知。但是，有下列情形之一的除外：

（一）该人员已提供或知悉所需信息；

（二）利害关系人已作出询问且询问期限未满三十日。

书面通知应载明下列事项：

（一）该通知依据本条例发出；

（二）利害关系人已掌握的受益所有权信息，对未知信息预留填写空间；

（三）要求收件人确认是否为最终受益所有人，核实或更正已有信息，补充缺失信息；

（四）告知未在三十日内回复的，将按已知信息登记。

利害关系人可以信赖通知回复的内容，但有合理理由认为回复存在虚假、误导性的除外。

违反本条第一款规定的，依法处以罚款。

就本条通知提供虚假或具有误导性重要信息的，依法处以罚款。

第二章　受益所有权登记

第一百七十九条续四　受益所有权登记簿

利害关系人应建立并维护受益所有权登记簿，记载每个最终受益所有人的信息及依照本条例第一百七十九条续九（豁免实体所有权）规定的信息。利害关系人在知悉信息变更之日起十四日内，应予以记载。

（续前款）私人公司可以选择由注册机关保存应记载于受益所有权登记簿的信息。作出该选择的，不适用本条第一款至第八款的规定。

受益所有权登记簿应存放于利害关系人的注册地址或其书面告知注册机关的其他地址。

本条例生效时已设立的利害关系人应自生效之日起九十日内建立受益所有权登记簿。

本条例生效后设立的利害关系人应自设立或登记之日起三十日内建立受益所有权登记簿。

依据本条例第一百七十九条续九（豁免实体所有权）的规定，受益所有权登记簿应记载下列信息：

（一）最终受益所有人的法定姓名；

（二）住所地址及接收通知的地址（如有不同）；

（三）出生日期和出生地；

（四）国籍；

（五）身份证明文件信息，包括证件号码、签发国、签发日期和有效期；

（六）成为最终受益所有人的日期；

（七）不再是最终受益所有人的日期。

经合理查证，有下列情形之一的，利害关系人应将依照本条例第一百七十九条续一第六款规定视为最终受益所有人的自然人信息记入登记簿：

（一）未能确定最终受益所有人；

（二）对已确定的最终受益所有人身份存在合理怀疑。

利害关系人将自然人登记为最终受益所有人，但该信息并非由其本人提供或知悉的，应自登记之日起三十日内告知被登记人。

违反本条第一款规定，依法处以罚款。

私人公司选择由注册机关保存相关信息的，应遵守下列规定：

（一）选择可由公司申请设立人或设立后的公司作出；

（二）公司作出选择的，应经全体股东同意；

（三）选择应以书面形式通知注册机关；

（四）申请设立人作出选择的，应随设立申请一并提交，并附具规定信息的声明；

（五）公司作出选择的，应附具全体股东同意的声明及规定信息的声明。

选择自注册机关登记之日起生效，至下列情形之一发生时失效：

（一）公司不再是私人公司；

（二）公司撤回选择且经注册机关登记。

选择有效期间，公司应继续保存选择生效前的登记簿信息，但无须更新。

注册机关保存的登记簿以文件登记日期为记载日期。

选择有效期间，公司应在相关信息发生变更后十四日内向注册机关报送变更信息。

公司可以向注册机关申请撤回选择。撤回申请应包括下列内容：

（一）撤回生效时间；

（二）公司继续履行登记簿保存义务的说明；

（三）在登记簿中注明选择撤回及生效时间，并说明选择有效期间的历史信息可在注册机关查询。

向注册机关提交的通知和信息应采用书面形式。

违反本条第十款至第二十一款规定的，依法处以罚款。

第一百七十九条续五　受益所有权登记簿的更正救济

有下列情形之一的，利害关系人可申请法院更正受益所有权登记簿：

（一）无正当理由登记或删除某主体；

（二）应登记而未登记；

（三）登记或删除存在不当迟延。

法院可作出下列裁定：

（一）驳回申请；

（二）责令更正登记，必要时判令赔偿损失。

法院可以对登记或删除的正当性以及更正的必要性作出认定。

本条所称利益相关方包括：

（一）利害关系人的成员；

（二）最终受益所有人；

（三）被登记为最终受益所有人的人。

第三章　名义董事

第一百七十九条续六　名义董事的义务

名义董事应在下列期限内（以较晚者为准）将其名义董事身份及所代表人员的详细信息告知公司：

（一）本条例生效前已设立的公司，自生效之日起六十日内；

（二）本条例生效后设立的公司，自设立之日或成为名义董事之日起三十日内。

本条前款规定信息发生变更的，应自变更之日起三十日内告知公司。

不再担任名义董事的，应自终止之日起三十日内告知公司。

本章所称名义董事，是指依他人指示行事的董事，但不影响其对公司所负的法定义务。

违反本条第一款规定的，依法处以罚款。

第一百七十九条续七　名义董事登记簿

公司应建立并维护名义董事登记簿。私人公司可以选择由注册机关保存应记载于名义董事登记簿的信息。

（续前款）名义董事登记簿应记载下列信息：

（一）被代表人的法定姓名；

（二）住所地址及接收通知的地址（如有不同）；

（三）出生日期；

（四）国籍；

（五）身份证明文件信息，包括证件号码、签发国、签发日期和有效期；

（六）成为名义董事的日期；

（七）不再担任名义董事的日期。

违反本条前款规定的，依法处以罚款。

私人公司选择由注册机关保存相关信息的，应遵守下列规定：

（一）选择可由公司申请设立人或设立后的公司作出；

（二）公司作出选择的，应经全体股东同意；

（三）选择应以书面形式通知注册机关；

（四）申请设立人作出选择的，应随设立申请一并提交，并附具规定信息的声明；

（五）公司作出选择的，应附具全体股东同意的声明及规定信息的声明。

选择自注册机关登记之日起生效，至下列情形之一发生时失效：

（一）公司不再是私人公司；

（二）公司撤回选择且经注册机关登记。

选择有效期间，公司应继续保存选择生效前的登记簿信息，但无须更新。注册机关保存的登记簿以文件登记日期为记载日期。

选择有效期间，公司应在相关信息发生变更后十四日内向注册机关报送变更信息。

公司可以向注册机关申请撤回选择。撤回申请应包括下列内容：

（一）撤回生效时间；

（二）公司继续履行登记簿保存义务的说明；

（三）在登记簿中注明选择撤回及生效时间，并说明选择有效期间的历史信息可在注册机关查询。

向注册机关提交的通知和信息应采用书面形式。

违反本条第三款至第十五款规定的，依法处以罚款。

第四章　豁　免

第一百七十九条续八　豁免对象

本编规定不适用于下列利害关系人：

（一）其证券在认可交易所上市或交易的；

（二）【有意省略】；

（三）经注册机关认定符合同等国际标准，能确保所在司法管辖区所有权信息透明度的核准公司、核准普通合伙公司、核准有限合伙公司或核准有限责任合伙公司；

（四）非营利性法人组织，其主要职能非筹集或分配资金用于慈善、宗教、文化、教育、社会、互助或类似性质的；

（五）由相关司法管辖区政府或政府机构全资所有的；

（六）依据哈萨克斯坦法律设立并履行政府职能的。

第一百七十九条续九　豁免实体所有权

除本编第一章至第三章和第五章规定外，如本条例第一百七十九条续八第一款至第六款（豁免对象）所列主体直接或间接受益所有或控制利害关系人至少百分之二十五的股份，该利害关系人应：

（一）对该实体直接或间接持有的最终受益所有权无须进行进一步调查；

（二）在受益所有权登记簿中记载下列信息：法定名称；注册地址；适用的豁免类别；以及其证券在认可交易所上市或交易的，记载该交易所名称；【有意省略】；其由政府或政府机构全资所有的，记载其名称及相关司法管辖区；其依据哈萨克斯坦坦法律设立并履行政府职能的，记载该法律名称。

第五章　信息报送

第一百七十九条续十　登记簿查阅

利害关系人不得向他人披露或提供实际受益所有权登记簿、名义董事登记簿及其所载信息，但是，有下列情形之一的除外：

（一）本条例另有规定；

（二）阿斯塔纳国际金融中心现行法律要求；

（三）经相关最终受益所有人或名义董事同意。

利害关系人应自本条例施行之日起九十日内向注册机关报送下列人员的最终受益所有人详细信息：

（一）已载入实际受益所有权登记簿的人员；

（二）已载入名义董事登记簿的名义董事。

本条例施行后设立、注册或改制的利害关系人，在申请设立、注册或改制时报送的最终受益所有人详细信息，视为已依照本条例向注册机关报送。

违反本条第二款规定的，依法处以罚款。

第一百七十九条续十一　变更报告

利害关系人变更实际受益所有权登记簿或名义董事登记簿的，应自变更之日起三十日内向注册机关报送变更详情。

注册机关可以依据本条前款和本条例第一百七十九条续十第二款（登记簿查阅）规定，要求报送实际受益所有权登记簿所载最终受益所有人或名义董事登记簿所载名义董事的补充信息。

违反本条第一款规定的，依法处以罚款。

第一百七十九条续十二　注册机关调查权

注册机关可以书面通知利害关系人或其他人员（不影响其

对所提交文件主张的留置权)，要求其按照通知规定的形式、方式、期限及地点：

（一）提供与最终受益所有人或名义董事有关的信息或文件；

（二）出示相关文件供检查；

（三）向出示授权证明的注册机关工作人员提供信息或文件。

注册机关依据本条前款规定要求提供信息或文件的权限包括：

（一）在必要时复制或摘录文件；

（二）文件未被出示的，要求利害关系人尽其所知说明文件所在；

（三）要求利害关系人按时到场说明有关情况并回答问题；

（四）情况紧急时，可不经事先通知，前往利害关系人在阿斯塔纳国际金融中心的营业场所或注册地址，要求立即提供相关信息或文件。

受通知人对享有律师和客户间信息保密特权的信息，无须提供。

任何人依据本条第一款或第二款提出的要求作出的声明，可在下列情形下作为对他不利的证据：

（一）在非刑事诉讼中；

（二）在刑事诉讼中，若由其本人或其代理人提出相关证据或问题的；或涉及下列情形的：违反本条例的；作出与事实不符的陈述，但仅限于证明不符之必要范围；作伪证的；妨害司法的。

利害关系人进行清算或解散的，清算人或负责清理事务的其他人员应自被任命之日起三十日内，向注册机关移交实际受益所有权登记簿和名义董事登记簿或其副本。

利害关系人依据第十四编（权力和救济）第二章规定被除名的，其管理机构成员应自提出除名申请或收到注册机关除名通知之日起三十日内，向注册机关移交实际受益所有权登记簿和名义董事登记簿或其副本。

违反本条第一款、第五款或第六款规定的，依法处以罚款。

第六章　注册机关义务

第一百七十九条续十三　注册机关义务

注册机关获取的最终受益所有人和名义董事信息，仅可用于下列目的：防范阿斯塔纳国际金融中心的洗钱和恐怖主义融资；规制非法组织；监督制裁合规；执行阿斯塔纳国际金融中心现行法律。

除本条前款规定外，注册机关应：不留存或安排安全销毁相关信息。

除经利害关系人同意，注册机关仅可应阿斯塔纳国际金融中心运作法规定的监管机构、执法机构或其他政府机构的请求，向请求机构披露相关信息。

已清算、解散、终止或除名的利害关系人，注册机关应将依据本条例第一百七十九条续十二第五款（注册机关调查权）规定接收的记录，自清算、解散、终止或除名之日起保存六年。

第七章　执　行

第一百七十九条续十四　终止受益所有权

有下列情形之一的，注册机关可以书面通知利害关系人，要求其在指定期限内依法终止利害关系人的最终受益所有权，并依据第五十九条第四款（公众公司了解股份权益的权利）规定处理其持有的股份：

（一）最终受益所有人受到下列主体制裁：政府；代表、构成或隶属于主权国家或其行政区划的实体；依据国际法或两个以上主权国家法律设立的实体。

（二）最终受益所有人因违反哈萨克斯坦法律或注册机关执行的其他法规或损害阿斯塔纳国际金融中心利益而涉及执法、刑事、民事、监管、税务或行政程序，且注册机关认为其作为阿斯塔纳国际金融中心利害关系人的最终受益所有人。

违反本条前款规定的，依法处以罚款。

第一百七十九条续十五　除名

利害关系人未遵守本编规定或相关通知要求的，注册机关可以依照本条例规定的程序将其除名。

第十四编续二　举　报

第一章　释　义

第一百七十九条续十六　释义

本编中下列用语的含义：

（一）受保护报告，是指同时符合下列条件的报告：涉及阿斯塔纳国际金融中心参与者或与其有关的人员；向阿斯塔纳国际金融中心参与者本身或本条例第一百七十九条续十七第一款（受保护报告和受保护报告人）规定的人员提出；向对所报告事项负有职责的机关或官员提出；出于善意作出；报告者合理认为所报告信息表明存在下列情形之一：构成刑事犯罪（无论依据哈萨克斯坦共和国法律或其他司法管辖区法律）；违反法律要求或不履行法定义务；危害个人健康和安全；违反阿斯塔纳国际金融中心参与者的政策和程序（如违反道德行为准则或政策）；或故意隐瞒上述任一情形。

（二）受保护报告人，是指作出受保护报告的工作人员。

（三）劳工，是指下列人员：根据明示或默示的雇佣合同，由他人控制工作细节的在职或离职人员；或根据其他合同（无论明示或默示，口头或书面），承诺亲自为合同相对方从事工作或提供服务，且该相对方不属于该人员从事职业或商业活动的客户的在职或离职人员；虽不属于前项规定情形，但符合下列情形之一的人员：由第三人介绍或提供工作，其工作条件实际由其上级、第三人或双方共同决定；为他人业务目的签订合同或在他人控制或管理范围外工作；正在或曾经参加培训课程或计划或就业培训（不含依据雇佣合同或大学、学院、学校或其他教育机构提供的课程）。

（四）雇主，是指下列人员：就符合“劳工”定义中第一项第一目规定的劳工而言，指其雇主（或前雇主）；就符合“劳工”定义中第二项第一目规定的劳工而言，指实际决定该劳工现在或过去工作条件的人；就符合“劳工”定义中第二项第三目规定的劳工而言，指提供工作经验或培训的人。

第二章　举报人的权利与救济

第一百七十九条续十七　受保护报告和受保护报告人

向下列主体提出的报告应受保护：有关的阿斯塔纳国际金融中心参与者；阿斯塔纳国际金融中心参与者的审计师或审计团队成员；提供法律咨询的法律顾问；检察机关；执法机关；阿斯塔纳国际金融中心机构；阿斯塔纳国际金融中心以外司法管辖区（无论是否在哈萨克斯坦共和国）的监管或政府当局、机构或代理机构，包括负责执行该司法管辖区刑法的机构或官员；根据阿斯塔纳国际金融中心代理法指定的其他人员。

阿斯塔纳国际金融中心参与者收到声称为受保护报告的，应当将举报人视为受保护报告人，将该报告视为受保护报告，直至经合理调查认定该报告不属受保护报告。

阿斯塔纳国际金融中心参与者收到声称为受保护报告的，但未将举报人视为受保护报告人或未将该报告视为受保护报告的，则应告知该报告人，以便报告人有充足的时间向阿斯塔纳国际金融中心法院申请裁定保留其受保护报告人身份以及裁定将该报告为受保护报告。

阿斯塔纳国际金融中心法院可裁定阿斯塔纳国际金融中心

参与者将举报人视为受保护报告人并将其报告视为受保护报告。

第一百七十九条续十八　不受损害的权利

受保护报告人享有下列权利：

（一）不因雇主、其他在职劳工或经雇主授权的代理人的作为或故意不作为而遭受损害；

（二）不得因作出受保护报告而被解雇（包括以此为唯一理由或主要理由）。

受保护报告人因本条前款第二目或第三目所列事由受到损害的，视为由劳工的雇主所为，且就本条前款第二目而言，该行为是否经雇主知情或同意，不影响此种认定。

受保护报告人可以向阿斯塔纳国际金融中心法院提起诉讼，主张其雇主或相关人员违反本条第一款第一项或第一款第二项而致其遭受损害或解雇。

在针对受保护报告人的雇主提起的有关被指控实施本条第一款第一项第二目行为的诉讼中，雇主证明其已采取一切合理措施防止其他劳工实施该行为或类似行为的，可以此作为抗辩事由。

有下列情形之一的，受保护报告人的雇主的其他劳工或代理人不承担本条第一款第一项第二目或第三目规定的责任：

（一）劳工或代理人依据雇主指示作出该行为，且雇主声明该行为不违反本编规定；

（二）劳工或代理人有理由相信该指示。

前项规定不影响雇主依据本条第二款承担的责任。

受保护报告人不因提交受保护举报而承担民事或合同责任，任何人不得因提交受保护举报或由此产生的后果而对受保护报告人强制执行任何合同、民事或其他救济或权利。

违反本条第一款规定的，依法处以罚款。

第一百七十九条续十九　遭受损害的救济

阿斯塔纳国际金融中心法院认定依据本条例第一百七十九条续十八第三款（不受损害的权利）提出的诉讼理由成立的，应当作出声明，并可以裁定由雇主向受害人支付赔偿金。

赔偿金数额应当公正、公平，并考虑下列因素：

（一）诉讼所涉侵权行为；

（二）因违反本条例的行为或不作为造成的任何损失；

（三）受害人为减轻损失所采取的合理措施。

损失包括：

（一）受害人因诉讼所涉作为或不作为而合理产生的任何费用；

（二）非该作为或不作为，受害人可合理预期获得的任何利益之损失。

若阿斯塔纳国际金融中心法院认定诉讼所涉作为或不作为在某种程度上系因投诉人的任何行为所致或促成，则应基于该认定，按相应公正公平的比例扣减赔偿金。

第三章　举报政策

第一百七十九条续二十　举报政策

阿斯塔纳国际金融中心参与者应当制定书面举报政策，该政策应：

（一）经其管理机构批准；

（二）符合本编规定；

（三）适合阿斯塔纳国际金融中心参与者的业务性质、规模和复杂性。

作为分支机构或集团成员的阿斯塔纳国际金融中心参与者，在其总部举报政策或集团范围举报政策基本符合本编规定的情形下，可适用该政策。

第一百七十九条续二十一　举报政策的内容

阿斯塔纳国际金融中心参与者的举报政策应包括下列内容：

（一）提供两个以上独立举报渠道，可包括专用电子邮箱、举报电话、指定接收举报的人员等；

（二）必要时规定使用英语以外的语言作出举报；

（三）明确任何掌握必要信息的人员均可提出举报；

（四）允许匿名举报；

（五）对自愿披露身份的举报人或在调查过程中身份被披露或推断的举报人，尽可能保密；

（六）采取合理措施保护举报人、协助调查人员以及配合调查人员免遭报复或损害；

（七）明确承认举报人向本条例第一百七十九条续十七第一款（受保护报告和受保护报告人）规定的主体进行举报或沟通的权利和义务；

（八）制定举报评估、调查和升级的指导原则和明确程序；

（九）确保举报调查独立于相关个人或业务单位；

（十）及时确认收到举报，并在适当情况下告知举报人调查进展和结果；

（十一）规定对报复行为的报告、监督和调查程序；

（十二）将报复、报复企图、报复威胁以及其他损害举报人或协助调查人员的行为认定为严重不当行为；

（十三）向管理机构和金管局提供关于举报、调查及其结果的适当报告。

举报政策应当以清晰文件形式载明，并确保公司全体官员和员工可以查阅和理解。

举报政策还应当明确说明以下内容：

（一）举报政策对阿斯塔纳国际金融中心参与者的好处；

（二）阿斯塔纳国际金融中心参与者关于举报作出的承诺。

第一百七十九条续二十二　举报政策的实施

阿斯塔纳国际金融中心参与者的管理机构应确保举报政策得到全面实施。

管理机构应采取合理措施，确保举报人、协助调查人员以及配合调查人员免受报复和其他损害。

参与者应当指定适当级别的人员负责监督举报政策的实施。

收到举报后，应当在五个工作日内通知金管局。

管理机构应确保至少每三年由内部审计师或独立、客观的外部审查者对举报政策进行一次审查，并在必要时更新。

参与者应当定期向全体员工提供举报政策及相关程序的培训，尤其应当为负责政策关键要素的员工提供适当的专业培训。

参与者可以将举报政策的实施委托外包。委托外包的，应在外包协议中指定本条第三款规定的负责人并以适当方式规定参与者履行本政策规定义务的具体安排。

第十五编　一般规定

第一章　金管局董事会

第一百八十条　金管局董事会与注册机关的职能

金管局董事会履行下列基本职能：

（一）采取必要或适当的措施，确保注册机关履行职责，实现目标；

（二）审查注册机关的业绩及其资源使用情况；

（三）经与总裁协商后，向注册机关发出书面指示，以实现注册机关目标或规范注册机关职权行使

金管局董事会认为由注册机关行使职能更有效率和效果的，可将其职能（本条第一款规定的职能除外）委托给注册机关。

本条是对金管局董事会其他职能的补充，不构成对职能的禁止，无论该职能是由本条例或《公司细则》直接或间接赋予的。

第一百八十一条　制定规则的权限

金管局董事会可制定《公司细则》规定下列事项：

（一）本条例或任何其他由注册机关执行的法律要求或授权的事项；

（二）为执行或实施本条例、《公司细则》和注册机关执行的法律所必需的事项。

董事会不得制定与阿斯塔纳国际金融中心金融服务和相关业务监管有关的规则。

在不违反本条第一款的前提下，委员会可制定规则，对下列事项作出规定：

（一）与注册处的目标或职能有关的事项；

（二）有利于本条例或注册机关执行的法律实施的事项；

（三）标准公司章程；

（四）关于征收或追缴罚款的程序，包括例外情形；

（五）设定对违反《公司细则》的行为可能施加的罚款和其他处罚的限额；

（六）依据本条例第一百九十五条（规定的豁免和修改）发出的程序；

（七）本条例及《公司细则》所规定的格式、程序和要求；或注册机关执行的任何其他法律规定的格式、程序和要求；公共登记簿和数据库的保存；注册机关及其官员、雇员、代表和代理人行使职能（包括自由裁量职能以及进行调查和听证）的行为规范。

董事会通过的规则可以引用标准和行为准则。除规则另有规定外，被引用的标准或行为准则视同与规则具有同等效力。

董事会可以不将标准或行为准则纳入规则，而是将其作为对参与者的非约束性指导。

在不违反本条第一款规定的情况下，董事会制定的规则可以：

（一）针对不同情况或情形作出不同规定；

（二）包括补充、附带和结果性规定；

（三）制定过渡和保留条款。

董事会依据某一或多项特定权限制定规则的，视为依据制定该规则所依据的全部权限制定。

在董事会依据本条第三款第五项制定规则之前，对违反本规定的行为所处罚款和其他处罚不受限制。

第一百八十二条　规则草案的公布

金管局董事会依据本条例第一百八十一条（制定规则的权限）制定规则前，应依照本条发布通知。

通知应当包括或附具：

（一）规则草案摘要；

（二）规则文本；

（三）关于规则重要条款实质和目的的说明；

（四）规则通过引用方式纳入标准或行为准则的，应当提供该标准或行为准则的摘要和正文，以及其实质性条款的实质和目的说明。

通知应当邀请利益关联人在不少于三十日的期限内对规则草案提出意见。

金管局董事会认为有下列情形之一的，本条第一款至第三款不适用：

（一）遵守这些款项可能导致的任何延误将对金管局的利益造成不利影响；

（二）规则仅对董事会已采用或拟采用的其他规则产生影响；

（三）规则不会改变或显著改变本条例和本规则或其他阿斯塔纳国际金融中心条例或规则拟实施的政策。

第二章　注册机关

第一百八十三条　注册机关的报告

注册机关应按照金管局董事会指示的方式向其报告。

第一百八十四条　记录保存

注册机关应作出适当安排，保存与行使其职能有关的相关记录。

第一百八十五条　利益冲突

本条适用于担任注册机关的官员、雇员、代表、代理人的个人。

上述人员应向其上级报告人披露履行职责时存在的所有重大利益冲突，不得拖延。

上述人员不得参与其存在重大利益冲突事项的决策。

违反本条第三款规定作出的决策，并不导致该决策无效。

第一百八十六条　机密信息

本条所称机密信息，是指符合下列情形的信息：注册机关或其官员、雇员、代表或代理人在执行本条例、《公司细则》及其他法律职能时所获得的信息，且该信息尚未依法向公众公开。

未经保密义务人同意，注册机关及其官员、雇员、代表、代理人或知悉该信息的其他人不得披露机密信息。

注册机关应当根据金管局董事会的指示，在下列情形下披露机密信息：

（一）本条例、《公司细则》或阿斯塔纳国际金融中心其他条例、规则明确要求或允许披露；

（二）其他法律明确要求或允许披露；

（三）为协助金管局履行监管职能而向其披露；

（四）为履行注册机关职责而善意作出的披露。

第一百八十七条　【有意省略】

第一百八十八条　注册机关的年度预算

在金管局每个会计年度结束之前，应向金管局董事会提交下一会计年度的年度收入和支出估算，作为金管局年度预算的一部分。

预算应包括与注册机关（包括其官员、雇员和代理人）的薪酬水平和有权获得费用有关的数字。

金管局董事会可在依据本条第一款收到会计年度预算之日起三十日内：批准该预算；或根据合理理由，拒绝核准。

第一百八十九条　资金和费用

金管局董事会应从金管局的年度预算中向注册机关提供财政资源，以使注册机关能充分行使注册机关职能。

本规则可要求向金管局缴纳以下费用：

（一）注册机关根据本条例及《公司细则》和注册机关执行的其他任何法规所规定的职责，包括接收任何需要向注册机关提供、交付或提交的文件（无论如何描述）；

（二）检查注册机关根据本条例及《公司细则》和注册机关执行的任何其他法律所持有的文件或其他材料；

（三）注册机关根据本条例及《公司细则》和注册机关执行的任何其他法规提供的注册后程序服务。

注册机关可就其提供的服务收取费用，但本条例及《公司细则》和注册机关执行的任何其他法律赋予注册机关的义务以外的服务除外。

如果根据本条规定或对注册机关行使职务或提供服务收取费用，则注册机关在费用缴纳之前无须采取任何行动，且如果费用是在注册机关收到需要向注册机关提供或交付或向注册机关提交的文件（无论如何描述）时缴纳的，则注册机关在费用缴纳之前视为未收到该文件。

第一百九十条　注册机关的账目

注册机关应妥善记录其财务活动，并向金管局董事会提供其可能需要的信息，以使金管局能够满足任何适用的会计和审计要求。

第一百九十一条　【有意省略】

第一百九十二条　【有意省略】

第一百九十三条　责任

无论是注册机关、金管局，还是注册机关或金管局的官员、雇员、代表或代理人，对于注册机关或金管局董事会根据本条例及《公司细则》或注册机关管理的任何其他法律行使或声称行使职能时所做的或不做的事情，均不承担责任。

如果某一行为或不行为被证明是恶意的，则本条第一款不适用于该行为或不行为。

第一百九十四条　注册机关的独立审查

总裁可任命一名独立人士（审查员）审查注册机关在使用注册机关资源方面的效率和效力的任何方面，并向总裁报告。

总裁办公室应承担审查人员进行审查和准备报告所产生的合理费用。

复核人有权在任何合理时间查阅由注册机关的任何官员、雇员或代理人所持有或控制的所有信息，以及复核人为复核目的合理需要的所有信息。

复核人有权合理地要求注册机关以及注册机关的官员、雇员和代理人提供复核人认为为复核目的所必需的信息和解释。

任何人无合理理由不得故意实施妨碍或阻止审核员履行本条所赋予审核员的职责的行为。

第三章　杂　项

第一百九十五条　规定的豁免和修改

本条所称相关规定，是指本条例、《公司细则》或注册机关管理的其他法律规定，以及规则明确规定适用于本条的其他条例和细则。

注册机关可根据申请或经当事人同意，以书面通知方式规定：相关规定不适用于该当事人，或按照通知载明的修改对该当事人适用。

本条前款规定的通知可附加条件。当事人应当遵守通知所附条件。当事人违反条件的，注册机关可向法院申请作出适当裁定，包括责令当事人遵守条件，但不影响注册机关行使其他权力。

注册机关应当以适当方式公布本条第二款规定的通知，使可能受影响的人及可能获得类似通知的人知晓，但注册机关认为不适当或不必要的除外。

注册机关可依职权或根据当事人申请，撤回或变更本条第二款规定的通知。

第一百九十六条　向注册机关披露的义务

受监管实体或其审计师应当向注册机关披露下列事项：

（一）合理表明受监管实体已经或可能违反本条例规定的事项；

（二）本条例、《公司细则》或注册机关执行的其他法规规定的事项。

违反本条前款规定的，依法处以罚款。

本条第一款规定不适用于特权通信。

受监管实体应当建立并维护适当的制度和内部程序，以确保遵守本条第一款规定。

受监管实体与其利害关系人或审计师之间订立的任何协议，不得妨碍任何人促使或协助受监管实体履行本条第一款规定的义务。

任何人因促使或协助受监管实体履行本条第一款规定的义务而遭受损失的，可向法院申请救济。

本条中下列用语的含义：

审计师，包括根据本条例经注册机关注册为审计师的人员。

特权通信，是指因提供专业法律建议或任何其他适用律师和客户间信息保密特权或其他类似关系的建议而享有特权的通信，但不包括仅适用于一般保密义务的通信。

受监管实体，其含义依据本条例第一百五十八条第二款（适用范围及释义）的规定确定。

利害关系人，其含义依据本条例第一百五十八条第三款和第四款的规定确定。

第一百九十七条　向注册机关披露

任何人基于合理理由，为配合注册机关依据本条例、《公司细则》或其他法律行使职权，善意向注册机关提供信息或文件的，不承担任何法律责任，不违反任何义务。

本条前款规定适用于依法应当提供或自愿提供的信息或文件。

第一百九十八条　【有意省略】

第一百九十九条　程序违规

本条中下列用语的含义：程序不规范，包括通知或时间上的缺陷、不规范或不足；程序，包括作出决定、进行听证、发出通知等各类程序，无论是否为法律程序。

依据本条例、《公司细则》和注册机关执行的其他法律进行的程序，不因程序违规而当然无效，但法院宣告无效的除外。

任何人可就下列事项向法院申请裁定：

（一）宣告已完成事项或已启动程序因违反本条例、《公司细则》和注册机关执行的其他法律而无效；

（二）延长或缩短依据本条例、《公司细则》和注册机关执行的其他法律规定的程序性行为期限。

第二百条　提供虚假或误导性信息

任何人不得实施下列行为：

（一）向注册机关在重要事项上提供虚假或具有误导性的陈述或信息，无论采用口头、书面或其他形式；

（二）向注册机关提供含有虚假或误导性内容的文件；

（三）隐瞒可能误导或欺骗注册机关的信息或文件。

违反本条前款规定的，依法处以罚款。

第二百条续一 文件不一致的处理

注册机关发现向其提交的利害关系人相关文件与注册机关留存的该利害关系人其他文件存在不一致的，可向该利害关系人发出书面通知：

（一）说明文件不一致的具体内容；

（二）要求利害关系人自通知发出之日起十四日内，采取合理可行措施消除不一致，包括提供替代或补充文件等方式。

第二百零一条　遵守注册机关的决定

注册机关依据本条例、《公司细则》和其执行的其他法律作出的决定、指示或要求，相关当事人应当遵守。

违反本条前款规定的，依法处以罚款。

第二百零二条　注册机关决定的通知

注册机关根据本条例、《公司细则》或其他法律作出下列决定的，应当及时书面通知受决定影响的人：

（一）根据申请作出的决定，包括拒绝申请的决定；

（二）依职权作出的影响他人利益的决定。

本条前款规定的通知应当载明：

（一）决定的生效时间；

（二）所附条件、限制或约束（如有）；

（三）有效期限（如有）。

通知应当附具决定理由，有下列情形之一的除外：

（一）决定内容与申请人的申请相符；

（二）法律明确规定无须说明理由。

本条规定是对阿斯塔纳国际金融中心条例或规则的补充，不影响其他规定的适用。

第二百零三条　金管局公告

金管局应当及时公布制定的规则和指南。

金管局可以适当形式和方式发布下列信息：

（一）注册机关的实践和程序；

（二）法院的裁判；

（三）其他与阿斯塔纳国际金融中心事务相关的事项。

金管局董事会可决定本条前款规定的公告是否收费。

第二百零四条　公共登记簿

注册机关应当依据《公司细则》的规定保存和公布公司及核准公司的现行和历史注册登记簿。

注册机关应当在工作时间内向公众提供本条前款规定的登记簿的合理更新版本，供免费查阅。

第二百零五条　语言

注册机关可要求以英语进行涉及注册机关的通信，包括依据注册机关执行的其他法律进行的通信。

附则一　释　义

注：请参阅本条例第六条。

第一条　注册机关执行的法律范围

注册机关执行下列法律：

（一）本条例及《公司细则》；

（二）明确规定由注册机关管理的其他阿斯塔纳国际金融中心条例或规则；

（三）赋予注册机关职能或涉及注册机关职能行使的其他阿

斯塔纳国际金融中心条例或规则的相关规定。

第二条　关联企业定义

法人实体（第一法人实体）符合下列情形之一的，构成另一法人实体（第二法人实体）的子公司：

（一）第二法人实体具有下列情形之一：持有第一法人实体的多数表决权；作为第一法人实体的股东，有权任免其董事会或经理层多数成员；作为第一法人实体的股东，通过与其他股东的协议独自控制多数表决权；

（二）第一法人实体是另一法人实体的子公司，而该另一法人实体是第二法人实体的子公司。

法人实体除第二法人实体及其全资子公司或代表其行事的人外没有其他股东的，构成第二法人实体的全资子公司。

一个法人实体是另一法人实体的子公司的，后者是前者的控股公司。

控股公司包括最终控股公司。

控股公司，是指作为公司存在的控股法人。

最终控股公司，是指不属于其他法人实体子公司的控股公司，并且是公司链条中的最上层控股公司。

本条第一款第一项第一目和第三目所称表决权，是指股东就其持有股份享有的权利，或对于无股本的法人实体，是指合伙人就股东大会一切或绝大多数事项享有的表决权。

本条第一款第二项所称任免董事会或经理层多数成员的权利，是指任命或罢免在董事会会议上对一切或绝大多数事项具有多数表决权的董事或经理的权利。本款中：

（一）存在下列情形之一的，法人实体被视为有权任命董事或经理职位：某人被任命为该法人实体的董事或经理，必然导致该人员被任命为该法人实体的董事或经理；或董事或经理职位由法人实体本身担任；

（二）只有在另一人同意或赞同的情形下才可行使的任命或罢免权利不应予以考虑，除非没有其他人有权任命或（视情况而定）罢免董事或经理职位。

特定情形下方可行使的权利仅在以下情形下方可予以考虑：当情况已经出现且持续适用时；或当情况在拥有权利的人的控制范围内时；而那些通常可行使但暂时无法行使的权利则应继续予以考虑。

主体以受托人身份持有的权利应视为不由该人员持有。

主体作为另一人的代理人所持有的权利，应视为由被代理人持有；如果这些权利只能根据另一人的指示或同意或赞同才能行使，则该权利应被视为作为另一人的代理人所持有。

在下列情形下，以担保方式持有的股份所附权利须视为由提供担保的人持有：除为保存担保价值或实现担保价值而行使权利外，该权利只能按照该人员的指示行使；及持有该等股份与发放贷款有关，属正常商业活动的一部分，除为保存担保价值或变现担保价值而行使该等权利外，该等权利仅可为该人员的利益而行使。

如果权利由法人实体的任何子公司持有，则该权利应视为由法人实体持有。

就第本条十二款而言，如果权利可根据法人实体的指示或利益行使，则该权利应视为可根据法人实体的指示或利益行使：第一个法人实体的任何子公司或控股法人实体；或第一个法人实体的控股法人实体的任何子公司。

本条所称，法人实体中的投票权应减少法人实体本身所拥有的任何权利。

在本条第十款至第十三款中，对个人所持有的权利的提及包括根据这些款的任何其他规定视为该人员所持有的权利。

第三条　信息提供

公司可以纸质或电子形式向股东或其他人提供本条例、《公司细则》或注册机关执行的其他法规要求提供的信息，但应确保接收方能够获取该信息。

经股东同意，公司可采用电子方式与股东进行通信。

第四条　定义

本条例中下列用语的含义：

本条例所称会计记录（Accounting Records），是指构成初始和其他会计分录的记录、基础文件和相关支持文件，包括支票、电子转账记录、发票、合同、总分类账、日记账分录、未入账的财务报表和其他调整项目，以及支持成本分配、计算、核对和披露的工作文件。

本条例所称阿斯塔纳国际金融中心现行法律（Acting Law of the AIFC），其含义依据《宪法法规》第四条的规定确定。

本条例所称金管局，是指阿斯塔纳金融服务管理局（Astana Financial Services Authority，英文简写 AFSA）。

本条例所称中心，是指阿斯塔纳国际金融中心（Astana International Financial Centre，英文简写 AIFC）。

本条例所称中心管理局，是指阿斯塔纳国际金融中心管理局（Astana International Financial Centre Authority，英文简写 AIFCA）。

本条例所称阿斯塔纳国际金融中心机构（AIFC Bodies），是指依据《宪法法规》第九条和管理委员会于 2016 年 5 月 26 日通过的《管理委员会关于阿斯塔纳国际金融中心机构架构的决议》规定设立的机构。

本条例所称阿斯塔纳国际金融中心参与者（AIFC Participants)，是指依据《宪法法规》第一条第五款规定确定的主体。

本条例所称阿斯塔纳国际金融中心条例（AIFC Regulations)，是指经管理委员会或行政长官批准的条例，包括本条例。

本条例所称阿斯塔纳国际金融中心规则（AIFC Rules)，是指经金管局董事会、中心管理局董事会或行政长官批准的规则，包括根据本条例制定的规则。

本条例所称配股（Allotment)，是指赋予个人作为股份持有人被列入公司股东登记簿的无条件权利的行为。

本条例所称公司年度股东大会（Annual General Meeting)，是指公司股东依法召集的年度股东大会。

本条例所称年报（Annual Return)，是指本条例第二十六条规定的年度报告。

本条例所称指定公告（Appointed Publications)，是指通过下列方式发布的通知或其他文件：

（一）在注册机关指定的英文网站上公布；

（二）在哈萨克斯坦共和国全国发行的英文报纸或者公司、其他法人实体主要营业地所在国家全国发行的报纸上发布。

本条例所称公司章程（Articles of Association)，是指公司最初制定或依据本条例修订的章程。

本条例所称审计师（Auditor)，适用于本条例第十编（会计、报告及审计)，是指符合本条例第一百三十四条第一款（审计师的资格及注册）规定的具有资格及注册的审计师。

本条例所称授权投资交易所（Authorised Investment Exchange)，其定义适用阿斯塔纳国际金融中心词汇表的规定。

本条例所称实际所有权登记（Beneficial Ownership Register)，是指依据本条例第一百七十九条续四（受益所有权登记簿）规定执行的登记。

本条例所称法人实体（Body Corporate），包括在本中心区域外注册成立的公司及其他法人组织。

本条例所称违约（Breach），包括违反（Contravene）。

条例规定的生效日期（Commencement Date）为2019年3月1日。

本条例所称公司（Company），是指私人公司或公众公司；在第十四编（权力和补救）中，适用本条例第一百五十八条第一款（适用范围及释义）规定的扩展含义。

本条例所称股份有限公司（Company Limited by Shares），是指在阿斯塔纳国际金融中心注册成立的股份有限公司。

本条例所称关联人（Connected Person），适用本条例第八十六条第四款（关联交易的批准）关于现有交易或安排中的利益批准的规定。

本条例所称章程文件（Constitutional Documents），是指公司章程以及本条例第二十八条（特别决议及影响公司章程文件的其他决议和协议的报送）规定的决议和协议。

本条例所称《宪法法规》（Constitutional Statute），是指2015年12月7日通过的《关于阿斯塔纳国际金融中心的宪法法规》。

本条例所称违反（Contravene），包括不履行。

本条例所称违反本条例的行为（Contravenes），适用本条例第一百六十九条（违法情形）规定。

本条例所称法院（Court），是指阿斯塔纳国际金融中心法院。

本条例所称债权人（Creditor），包括现有债权人、预期债权人和附条件债权人。

本条例所称债券（Debt Security），在公司语境中是指证明该公司债务的证券，无论是否构成或受益于该公司资产的押记。

本条例所称决策程序（Decision-making Procedures），是指《公司细则》规定的适用于注册机关作出决定的程序。

本条例所称董事（Director），包括：

（一）担任董事职务的人员；

（二）经任命并实际履行替任董事职责的人员；

（三）未经有效任命但实际履行董事职务的人员。

本条例所称分配（Distribution），适用本条例第七十二条第七款（分配限制）规定。

本条例所称文件（Document），包括传票、通知、声明、申报、账目、裁定等法律文书及各类登记簿。

本条例所称雇员（Employee），是指与公司建立劳动关系并直接提供服务的个人，包括公司高级管理人员。董事是否具有雇员身份由公司确定，确定为雇员的，应当签订劳动合同。

本条例所称员工持股计划（Employee Share Scheme），是指为下列人员持有或获取公司股份而设定的计划：

（一）公司及其子公司、控股公司或控股公司子公司的在职或离职员工；

（二）前项所列人员的配偶、未成年子女和未成年继子女。

本条例所称雇主（Employer），适用本条例第一百七十九条续十六（释义）的规定。

本条例所称股权证券（Equity Securities），包括：

（一）公司普通股；

（二）认购公司普通股的权利或将其他证券转换为公司普通股的权利。

本条例所称履行（Exercise a function），包括履行的情形。

本条例所称未履行（Failure），包括拒绝履行的情形。

本条例所称金融服务监管机构（Financial Services Regulator），是指由金管局不定期指定的监管机构。

本条例所称外国公司（Foreign Company），是指在阿斯塔纳国际金融中心以外司法管辖区注册成立的公司法人。

本条例所称基金（Foundation），适用《阿斯塔纳国际金融中心基金条例》附则一的解释规定。

本条例所称职能（Function），包括权力、职责和权限。

本条例所称股东大会（General Meeting），是指公司股东的会议。

本条例所称管理机构（Governing Body），是指：

（一）公司的董事会；

（二）有限合伙公司的普通合伙人；

（三）非营利性法人组织的董事会；

（四）基金的理事会；

（五）有限责任合伙公司的合伙人；

（六）普通合伙公司的合伙人。

本条例所称总裁（Governor），是指阿斯塔纳国际金融中心总裁。

本条例所称集团合并（Group Merger），适用本条例第一百一十三条（适用范围及释义）关于合并的规定。

本条例所称指导（Guidance），包括：

（一）注册机关依据本条例第十条第四款第二项（注册机关职责）作出的指导；

（二）金管局董事会依据本条例第一百八十一条第五款（制定规则的权限）制定的标准或行为准则。

本条例所称控股公司（Holding Company），适用本附则第二条的规定。

本条例所称发起人（Incorporator），是指在公司设立时认购公司股份的人。

本条例所称督察（Inspector），是指依据本条例第一百五十九条（督察的任命）由注册机关任命的督察人员。

本条例所称明知而参与违反条例的行为（Knowingly Concerned），适用本条例第一百七十条第四款（参与违法行为）的规定。

本条例所称注册机关执行的法律（Legislation Administered by the Registrar），适用本附则第一条的规定。

本条例所称责任（Liability），包括任何债务或义务。

本条例所称管理委员会（Management Council），是指阿斯塔纳国际金融中心管理委员会。

本条例所称管理委员会关于阿斯塔纳国际金融中心机构架构的决议（Management Council Resolution on AIFC Bodies），是指管理委员会于2016年5月26日通过的《管理委员会关于阿斯塔纳国际金融中心机构架构的决议》及其2017年10月9日通过的修正案和补充决议。

本条例所称合并后实体（Merged Body）、被合并公司（Merged Company）、存续实体（Merging Body）、存续公司（Merging Company）和新设公司（New Company），适用本条例第一百一十三条（适用范围及释义）的规定。

本条例所称名义董事（Nominee Director），适用本条例第一百七十九条续六第四款的规定。

本条例所称非营利性法人组织（Non-Profit Incorporated Organisation），是指根据《阿斯塔纳国际金融中心非营利性法人组织条例》注册成立的法人组织。

本条例所称注册机关的目标（Objectives），适用本条例第九条第一款（注册机关任命）的规定。

本条例所称管理人员（Officer），包括董事、董事会秘书、高级管理人员、接管人、联合接管人、债务重组管理人、破产管理人、清算人和临时清算人。

本条例所称普通决议（Ordinary Resolution），是指经出席股东大会的股东所持表决权过半数通过的决议。股东可亲自出席会议行使表决权，也可委托代理人行使表决权。决议事项应当在会议通知中明确载明。按照本条例第一百条（私人公司的书面决议）规定以书面形式通过的决议，视为普通决议。

本条例所称普通股（Ordinary Share），在公司语境下是指公司的股份，但不包括仅在指定金额内有权参与股息或资本分配的股份。

本条例所称所有权权益（Ownership Interest），是指持有人对收益分配或表决权的权益。收益分配比例与表决权比例不一致的，以较高者为准。

本条例所称已缴足款（Paid-up），包括已记入贷方的已缴足款。

本条例所称主体（Person），包括任何自然人、法人或非法人实体，以及公司、合伙公司、非法人协会、政府或国家。

本条例所称个人代表（Personal Representative），是指已故自然人的遗嘱执行人或遗产管理人。

本条例所称注册后程序（Post-Registration Procedures），包括但不限于登记事项变更等注册后的各项法定程序。

本条例所称受保护报告（Protected Report）和受保护报告人（Protected Reporter），适用本条例第一百七十九条续十六（释义）的规定。

本条例所称私人公司（Private Company），是指根据本条例成立为或转变为私人公司的法人实体。

本条例所称公众公司（Public Company），是指根据本条例成立为或转变为公众公司的法人实体。

本条例所称核准公司（Recognised Company），是指依照本条例规定在本中心登记的外国公司。

本条例所称核准交易所（Recognised Exchange），是指获得金管局认可的投资交易所，其遵守与阿斯塔纳国际金融中心相当的公司治理和披露标准。

本条例所称核准普通合伙公司（Recognised General Partnership）、核准有限合伙公司（Recognised Limited Partnership）和核准有限责任合伙公司（Recognised Limited Liability Partnership），适用《阿斯塔纳国际金融中心普通合伙公司条例》附则一的规定。

本条例所称档案（Records），是指以任何形式保存的文件、信息及其他资料。

本条例所称登记簿（Register），是指依据本条例第二百零四条（公共登记簿）保存的公司和核准公司的当前及过去注册的登记簿。

本条例所称登记详情（Registered Details），是指登记簿中记载的公司或核准公司的登记事项。

本条例所称注册机关（Registrar）和公司注册机关（Registrar of Companies），是指金管局公司注册机关及依据本条例第九条（注册机关任命）获任命为公司注册官的个人。

本条例所称名义董事登记（Register of Nominee Directors），适用本条例第一百七十九条续七（名义董事登记簿）的规定。

本条例所称受监管实体（Regulated Entity），适用本条例第一百五十八条第二款（适用范围及释义）的规定。

本条例所称受监管市场（Regulated Market），应当具备下列条件：

（一）由市场运营机构经营或管理；

（二）为证券交易提供交易双方的对接服务；

（三）按照非自由裁量规则运作，确保证券交易合同的达成；

（四）取得金管局的许可并正常运营。

本条例所称受监管利害关系人（Regulated Relevant Person），适用本条例第一百五十八条第三款的规定。

本条例所称相关司法管辖区（Relevant Jurisdiction），是指由哈萨克斯坦或公司注册机关不定期确定的其他司法管辖区。

本条例所称利害关系人（Relevant Person），是指在本中心设立、登记、存续或开展业务的下列组织：

（一）公众公司、私人公司、核准公司；

（二）根据本条例第二部分成立的公司；

（三）基金、核准基金；

（四）非营利性法人组织；

（五）普通合伙公司、核准普通合伙公司；

（六）有限合伙公司、核准有限合伙公司；

（七）有限责任合伙公司、核准有限责任合伙公司；

（八）由注册机关依据阿斯塔纳国际金融中心现行法律创设的其他法人或组织。

本条例所称决议（Resolution），在公司语境下是指公司通过的特别决议或普通决议。

本条例所称规则（Rules），是指金管局董事会依据本条例第一百八十一条（制定规则的权限）制定的规则，适用于本条例的实施或由公司注册机关执行的相关法律。

本条例所称秘书（Secreatry），是指担任法人组织董事会秘书职务的自然人。

本条例所称证券（Security），是指公司发行的可转让凭证，包括股票、债券、认股权证、权益凭证、份额、期权等。

本条例所称股份（Share），在公司语境中是指公司股本中的各类股份。

本条例所称股本（Share Capital），是指公司的各类资本公积金。本条例第七编第七章（减资）规定中的股本适用本条规定。

本条例所称股东（Shareholder），是指在公司股东登记簿中登记为公司股份持有人的主体。

本条例所称特别决议（Special Resolution），是指经出席股东大会的股东所持表决权的百分之七十五以上通过的决议。股东可亲自出席会议行使表决权，也可委托代理人行使表决权。决议事项应当在会议通知中明确载明。按照本条例第一百条规定以书面形式通过的决议，视为特别决议。

本条例所称标准章程（Standard Articles），是指本条例规定的公司章程示范文本。

本条例所称子公司（Subsidiary）的认定标准，适用本附则第二条的规定。

本条例所称存续实体（Survivor Body），适用本条例第一百一十三条（适用范围及释义）的规定。

本条例所称存续公司（Survivor Company），适用本条例第一百一十三条（适用范围及释义）的规定。

本条例所称收购要约（Takeover Offer），适用本条例第十一第一百零五条第一款（收购要约）的规定。

本条例所称公司（The Company），适用本条例第一百零五条第七款（收购要约）的规定。

本条例所称要约人（The Offeror），适用本条例第一百零五条第七款（收购要约）的规定。

本条例所称信托（Trust），是指委托人基于对受托人的信任，将其财产权委托给受托人，由受托人按照委托人的意愿，为受益人的利益或特定目的进行管理或处分的法律关系。

本条例所称最终受益所有人详细信息（UBO Details），适用本条例第一百七十九条续四第五款（受益所有权登记簿）的规定。

本条例所称最终受益所有人（Ultimate Beneficial Owner），适用本条例第一百七十九条续一（最终受益所有人的含义）的规定。

本条例所称全资子公司（Wholly-Owned Subsidiary），适用本附则第二条的规定。

本条例所称劳工（Worker），其含义依据本条例第一百七十九条续十六（释义）的规定确定。

本条例所称文书（Writing），包括：

（一）经营资格、法律文件、通知等，是指以可复制形式保存并可实物形式（包括电子形式）体现的文件；

（二）通信文书，是指以可复制形式记录并可实物形式（包括电子形式）体现的通信内容。

《阿斯塔纳国际金融中心公司细则》（2017年）

（细则编号：GR0004）
（2024年9月22日修订，2025年1月1日起生效）

批准日期：2017年12月29日
生效日期：2018年1月1日
哈萨克斯坦阿斯塔纳

第一章　总　则

第一条　名称

本细则名称为《阿斯塔纳国际金融中心公司细则》（2017年）（以下简称《公司细则》）。

第二条　生效时间

本细则自2018年1月1日起生效。

第三条　制定机关

本细则由阿斯塔纳金融服务管理局（AFSA，以下简称金管局）董事会依据《阿斯塔纳国际金融中心公司条例》（以下简称《公司条例》）第一百八十一条（制定规则的权限）的规定制定。

第四条　适用范围

本细则适用于阿斯塔纳国际金融中心（AIFC，以下简称本中心或中心）的管辖范围。

第五条　释义

附则四（释义）载有本细则中使用的术语。

本细则中使用的术语（附则四中的术语除外）与《公司条例》或条例相关规定中术语的定义相同，另有说明的除外。

注：有关适用于本细则的《公司条例》中的定义，请参阅该条例附则一。该附则中与本细则相关的定义包括以下内容：

会计记录（Accounting Records）

阿斯塔纳金融服务管理局（AFSA）

阿斯塔纳国际金融中心管理局（AIFCA）

阿斯塔纳国际金融中心条例（AIFC Regulations）

阿斯塔纳国际金融中心细则（AIFC Rules）

公司股份分配（Allotment, of Shares in a Company）

公司年度股东大会（Annual General Meeting, of a Company）

公司章程（Articles of Association, of a Company）

法人团体（Body Corporate）

违约（Breach）

公司（Company）

违反（Contravene）

法院（Court）

债权人（Creditor）

董事（就公司或其他法人团体而言）（Director, in relation to a Company or another Body Corporate）

分配（就公司而言）（Distribution, in relation to a Company）

文档（Document）

履行（Exercise）

未履行（Fail）

金融服务监管机构（Financial Services Regulator）

外国公司（Foreign Company）

职能（Function）

公司股东大会（General Meeting, of a Company）

公司（或拟成立公司）的发起人（Incorporator, of a Company or proposed Company）

注册机关执行的法律（Legislation Administered by the Registrar）

责任（Liability）

注册机关的目标（Objectives, of the Registrar）

公司或其他法人团体的管理人员（Officer, of a Company or another Body Corporate）

公司的普通决议（Ordinary Resolution, of a Company）

已缴足项（Paid-up）

主体（Person）

个人代表（Personal Representative, in relation to an individual who has died）

私人公司（Private Company）

公众公司（Public Company）

核准公司（Recognised Company）

注册详情（Registered Details）

公司注册机关（或注册机关）（Registrar of Companies or Registrar）

公司决议（Resolution, of a Company）

公司或其他法人团体的秘书（Secretary, of a Company or another Body Corporate）

公司证券（Security, of a Company）

公司股份（Share, in a Company）

公司股东（Shareholder, of a Company）

公司特别决议（Special Resolution, of a Company）

子公司（Subsidiary）

文书（Writing）

第六条　执行

本细则由公司注册机关执行。

第二章　公司设立和登记

第一条　公司设立

申请设立公司应使用公司注册机关规定的表格。

公司秘书为法人的，应在本中心成立、设立或者注册；公司秘书为合伙企业的，应在本中心注册或者成立。

公司发起人是在本中心以外的司法管辖区成立且未在本中心注册的法人的，公司设立申请应附具该司法管辖区出具的公司设立或者注册证书副本，或者由该司法管辖区相关机构认证的具有同等效力的文件。申请所附文件应经公司注册机关认可。

非英文文件应附具经公司注册机关认可的英文译文。

第二条　公司章程

本细则附则一规定的标准章程包括：

（一）私人公司标准章程，见附则五；

（二）公众公司标准章程，见附则六。

公司设立申请所附章程未全部采用标准章程的，依据《公司条例》第十四条第二款第三项的规定，应载明下列事项：

（一）以公司注册机关规定形式列明的信息；

（二）经营范围；

（三）各类股份所附权利和义务；

（四）股份转让方式及限制；

（五）公众公司年度股东大会召开要求；

（六）公众公司股东大会议事规则，包括表决记录要求；

（七）公众公司向股东提供财务会计报告等资料的时限；

（八）董事会成员人数上限；

（九）董事选任、辞职、资格终止和罢免程序；

（十）董事会职权；

（十一）董事会议事规则；

（十二）董事会秘书任职要求（设立董事会秘书的）；

（十三）各类会议记录保管要求，包括股东大会、各类别股东会、董事会及其专门委员会会议；

（十四）股东与董事会之间的权限分配；

（十五）新股发行程序；

（十六）股份转让限制（有限制的）；

（十七）公司解散和清算程序。

第三条　登记住所

公司应在设立登记申请书或者变更登记申请书中载明其住所。

住所登记应包括下列事项：

（一）建筑物名称或者门牌号；

（二）建筑物所在楼层。

实际经营场所与通信地址不一致的，应分别载明。

第三条续一 电子邮箱

公司应在设立登记申请书或者变更登记申请书中载明其电子邮箱。

登记的电子邮箱应确保其有效性。

电子邮箱应确保公司及时收到注册机关发送的各类通知。

变更电子邮箱的，公司应提交说明，确认新地址符合本条前款规定。

第四条　公司名称

申请人可向注册机关申请预先核准公司名称。

经核准的公司名称，注册机关应保留三十日。

公司名称应符合下列规定：

（一）使用规范汉字及阿拉伯数字，符合注册机关规定的其他要求；

（二）不得使用可能对他人构成误导或者欺骗的文字，不得与其他企业名称相同或者近似；

（三）未经有关部门批准，不得使用可能与政府机构相关的字号或者用语；

（四）未经金融监管部门批准，不得使用“银行”“保险”“信托”等字样，不得使用暗示公司从事银行、保险或者信托业务的用语，不得使用其他可能暗示具有金融业务资质的用语；

（五）未经相关方书面同意，不得使用他人的姓名、名称或者暗示与他人存在特定关系的用语；

（六）不得含有其他不适宜的内容。申请预先核准企业名称，应按照规定缴纳费用。

第五条　公司秘书

担任公司秘书的机构，应是依法设立并在本辖区注册的法人。

担任公司秘书的合伙公司，应是依法设立并在本辖区注册的合伙公司。

第三章　核准公司设立和登记

第一条　预先审查

外国公司申请认定登记前，应接受注册机关的预先审查。

注册机关可约请外国公司进行面谈。

外国公司应向注册机关提交下列材料：

（一）在原注册地有效的注册证明文件或者经该地主管机关认证的同等效力文件；

（二）经公司秘书或者董事认证的公司章程；

（三）最近一期财务报表；

（四）公司存续证明或者具有同等效力的文件；

（五）如外国公司受原注册地或者其他地区金融监管机构监管，且该机构支持其申请认定登记的，应提交相应证明文件。

本条前款规定的文件应经注册机关认可。

非英文文件应附具经注册机关认可的英文译本。

第二条　预审要素

注册机关预先审查时，应考虑下列因素：

（一）申请人的背景和历史（本章第三条）、所有权结构（本章第四条）和资源状况（本章第五条）；

（二）申请人是否接受金融监管；

（三）申请材料的完整性；

（四）注册机关认为应考虑的其他事项。

预先审查应符合下列要求：

（一）外国公司应证明其适格性；

（二）外国公司应证明其主要管理人员具备相应任职资格；

（三）注册机关应审查可能损害本辖区金融市场声誉的事项；

（四）注册机关应评估外国公司的经营活动及相关风险；

（五）注册机关可综合考虑多个因素，即使单个因素不足以对公司适格性产生质疑。

注册机关可要求外国公司提供其认为必要的补充材料。

第三条　背景历史审查要素

注册机关可考虑下列事项：

（一）影响外国公司行为适当性的任何事项，不论该行为是否导致构成刑事犯罪、违法或者引发任何性质的法律或者纪律处分程序；

（二）外国公司是否曾受到政府机构或者部门或者任何自律组织或者其他专业机构的纪律处分；

（三）许可、注册或者其他许可的业务或者职业的权利是否被拒绝或者受到限制；

（四）外国公司是否受到任何监管机构、任何官方指定的调查机构或者任何其他金融服务监管机构的谴责、纪律处分、公开批评或者成为法院命令的对象。

第四条　所有权和集团审查要素

注册机关可考虑下列事项：

（一）其他监管机构提供的与外国公司或者其集团内任何实体有关的信息；

（二）外国公司与其控制人的关系；

（三）外国公司或者其集团是否受到源自其注册成立地管辖区或者其控制人注册成立地管辖区的任何不利影响。

考虑本条前款第三项所述事项时，注册机关还可考虑相关司法管辖区的监管监督类型和级别、监管基础设施以及对国际公约和标准的遵守情况。

第五条　资源审查要素

注册机关可考虑外国公司是否具备下列资源：

（一）具有充足且适当的系统和程序，能够以健全且审慎的方式支持、监控和管理其事务、资源和监管义务；

（二）具有适当的反洗钱和打击恐怖主义融资程序和系统，

确保完全遵守相关法律，包括确保所有相关工作人员了解其义务的安排；

（三）具有足够数量且具备适当技能和经验的人员，能够以稳健和审慎的方式理解、经营和管理公司事务；

（四）具有健全的人力资源政策，确保在开展活动中遵守高标准的行为和诚信要求。

第六条　申请注册为核准公司

外国公司向公司注册机关申请注册为核准公司应使用注册机关规定的表格。

申请书应载明下列事项：

（一）在本中心的主要营业地点地址和电子邮件地址；

（二）拟在本中心或者从本中心开展的业务性质；

（三）授权代表公司接收文件或者通知送达人员的姓名和地址；

（四）外国公司董事的下列信息：全名、国籍和地址；有曾用名的，应载明曾用名；出生、成立、组建或者注册的日期和地点；地址；

（五）注册办事处的地址；原籍地法律不要求设立注册办事处的，应载明其在原籍地的主要营业地点地址。

申请应附具本章第一条第二款规定的文件。

外国公司已依据本章第一条向公司注册机关提供信息或者文件的，注册机关可免除其依据本条规定提供相应信息或者文件。

注册机关可要求外国公司提供其认为与作出决定相关的其他信息或者文件。

注册机关作出决定时，可考虑依据本章对外国公司是否适合注册为核准公司所作的评估以及为此获得的信息或者文件。

本款规定不限制注册机关可考虑的其他事项。

第七条　核准公司的地址

本条适用于外国公司或者核准公司在注册申请或者注册信息变更通知中载明的下列地址：

（一）在本中心的主要营业地点地址；

（二）授权代表公司接收文件或者通知送达人员的地址；

（三）电子邮件地址。

地址应包括下列适用的详细信息：

（一）建筑物的名称或者编号；

（二）建筑物的楼层。

地址应由实际经营场所与通信地址组成；两者不同的，应分别载明。

第四章　私人公司和公众公司

第一条　董事和秘书登记簿

依据《公司条例》第九十条（董事及董事会秘书登记簿）的规定，董事登记簿应包含现任或者曾任公司董事人员的必要信息，并按姓名字母顺序排列。

依据《公司条例》第九十条（董事及董事会秘书登记簿）的规定，秘书登记簿应包含现任或者曾任公司秘书人员的必要信息，并按姓名字母顺序排列。

本条所称必要信息，是指下列信息：

（一）姓名；

（二）曾用名；

（三）出生、成立、组建或者注册的日期和地点；

（四）现有地址；

（五）过去五年内的原地址；能够确保接收注册机关发送邮

件的电子邮件地址；

（六）担任董事或者秘书的日期；

（七）不再担任董事或者秘书的日期。

第二条　证券所有权证明

除公司章程另有规定外，依据《公司条例》第五十四条（股票和债券的转让与登记）及第五十八条（股票证明）的规定，股票所有权可在无书面转让文书的情况下证明和转让，但应符合下列规定：

（一）公司在以书面文书以外的方式证明所有权转让后，需要变更股东登记簿的，应向原股东和新股东发出书面通知；

（二）公司股东登记簿中股东信息发生变更的，应书面通知该股东；

（三）公司已发行股票的，应要求退回并注销股票；

（四）公司对第三方对已发行股份主张权利不予承认。

债券所有权可在无书面转让文书的情况下证明和转让，但应符合下列规定：

（一）公司在以书面文书以外的方式证明所有权转让后，需要变更债券持有人登记簿的，应向原持有人和新持有人发出书面通知；

（二）公司债券持有人登记簿中持有人信息发生变更的，应书面通知该持有人；

（三）公司对第三方对已发行债券主张权利不予承认。

公司在无书面文件的情况下证明其股份所有权的，适用下列规定：

（一）股东登记簿中与相关人员有关的记录可证明：股东身份；持有的股份数量；持有的股份类别及各类别股份数量；成为股东的日期。

（二）公司股份的转让应按照下列规定进行：公司股份获准列入上市证券登记簿的，适用相关交易所和结算所的规则；其他情形，适用公司章程的规定。

公司不得将信托通知（无论明示、暗示或推定）视作信托，也不得将任何信托通知记录在依据《公司条例》第五十二条（股东登记簿）保存的股东登记簿中。

第三条　股份分配

公司分配股份的，应自分配之日起十四日内书面通知公司注册机关。

第五章　公司转移注册

第一条　外国公司将注册地转移至阿斯塔纳国际金融中心

外国公司依据《公司条例》第一百五十一条（外国公司将注册地转移至阿斯塔纳国际金融中心）向公司注册机关申请注册地转移存续的，申请应附上以下文件：

（一）在原注册地司法管辖区（相关法域）的有效注册证书或者其副本，或者由该司法管辖区相关部门认证的具有同等效力的文件；

（二）经公司秘书或者董事认证的现行公司章程副本；

（三）能够证明下列事项的材料：已获得相关司法管辖区的法律授权；可依据另一司法管辖区的法律继续经营；已遵守相关司法管辖区法律规定的所有要求；

（四）已获得相关司法管辖区内所有必要同意的证明材料；

（五）最新财务报表副本；

（六）公司良好存续证明或者具有同等效力的文件；

（七）受金融服务监管机构监管的外国公司，该监管机构支持其注册为核准公司的，应提交相关支持文件；

（八）外国公司董事依据本章第一条第五款作出的声明。

本条前款规定的文件应经公司注册机关认可。

非英文文件应附具经公司注册机关认可的英文译本。

公司注册机关可要求外国公司提供其认为与作出决定有关的其他信息或者文件。

本章第一条第一款第八项规定的外国公司董事声明应包括下列内容：

（一）外国公司有能力偿还到期债务；

（二）不存在无力偿还到期债务的合理可能性；

（三）流动资产价值超过流动负债金额；

（四）不存在向法院提出下列申请：将外国公司清算；解散外国公司；宣告外国公司破产或者无力偿债；任命接管人或者行政接管人接管外国公司财产。

外国公司是授权公司、授权市场机构、辅助服务提供商或者基金的，未经阿斯塔纳金管局书面许可，公司注册机关不得批准申请。

外国公司是基金的，公司注册机关认为其不符合投资公司相关规定的，不得批准申请。

公司注册机关批准申请并向外国公司颁发转移存续许可后，公司应向注册机关提交原注册地法律规定的证明公司不再依据该法律成立的证书或者其他文件。

第二条　转移存续许可

公司登记机关为外国公司签发的存续证明应载明下列事项：

（一）公司名称；

（二）公司识别号码；

（三）公司转移存续的声明；

（四）公司是私人公司或者公众公司的声明；

（五）延续日期。

第三条　公司从阿斯塔纳国际金融中心向其他管辖区转移

公司依据《公司条例》第一百五十六条第一款（公司从阿斯塔纳国际金融中心向其他管辖区转移）的规定向公司登记机关申请将注册地转移至本中心以外司法管辖区（域外）并继续作为外国公司经营的，应提交下列文件：

（一）能够证明下列事项的材料：公司能够转让其设立登记并依据其他司法管辖区法律继续经营；其他司法管辖区的法律符合《公司条例》第一百五十六条第二款规定的要求；

（二）公司是投资公司、授权公司、授权市场机构或者辅助服务提供商的，应提交金管局的书面许可；

（三）公司董事依据本条第三款作出的声明。

公司登记机关可要求公司提供其认为与作出决定有关的其他信息或者文件。

公司董事声明应包括下列内容：

（一）公司有能力偿还到期债务；

（二）依据《阿斯塔纳国际金融中心公司破产条例》（以下简称《破产条例》）第五十条的规定，公司不存在无力偿债的可能性；

（三）流动资产价值超过流动负债金额；

（四）不存在向法院提出下列申请：将公司清算；解散公司；依据《破产条例》宣告公司无力偿债；任命接管人或者行政接管人接管公司财产。

公司申请转移注册的，应在提出申请前六十日内，在一份或者多份报纸或者其他适当出版物上以清晰易懂的方式发布通知，使可能受转让影响的人知晓拟议的转移注册。

第六章　投资公司

第一条　法定地位

投资公司是《公司条例》第十一编（其他类型的公司）规定的公司类型之一。

第二条　法律适用

依据《公司条例》第一百四十三条第二款第二项（成立特定类型的公司）规定，对第七十四条（董事）的规定作如下修改：投资公司可由一名董事管理，该董事可为法人。

本章是对本中心现行规章和细则的补充，该等规章和细则包括《公司条例》《金融服务框架条例》《集体投资计划细则》《破产条例》和《破产细则》等，适用于投资公司的设立、变更、经营、事务及清算。

本章不限制金管局依据《金融服务框架条例》《集体投资计划细则》或其他受其执行法律所享有的权力。

第三条　设立和变更

在符合《公司条例》及《公司细则》其他规定的前提下：

（一）可依据《公司条例》第一百四十三条（成立特定类型的公司）的规定设立投资公司；

（二）现有公司经公司章程授权并经特别决议，可依据该条规定变更登记为投资公司。

投资公司应为开放式投资公司或封闭式投资公司。

公司有下列情形之一的，不得设立或变更注册为投资公司，不得经营投资公司：

（一）公司设立和经营的目的不是专门从事基金业务；

（二）未取得金管局的事先书面许可。

申请设立投资公司或将现有公司变更注册为投资公司时，

应附具金管局依据前款规定出具的许可文件副本。

投资公司使用其名称时，应在名称后标注：

（一）封闭式投资公司，标注“封闭式投资公司”字样或英文缩写“CEIC”；

（二）开放式投资公司，标注“开放式投资公司”字样或英文缩写“OEIC”。

本条前款规定的相关字样或缩写应取代投资公司依据《公司条例》第三十七条（私人公司名称）或第三十八条（公众公司名称）规定应在其名称后标注的任何字样或缩写。

本条规定不影响《公司条例》第二十一条（名称限制）关于禁止使用误导性、欺骗性或冲突性公司名称的规定。

开放式投资公司的章程应载明其为可变资本开放式投资公司。

除章程另有规定外，股东有权要求基金管理人按照基金财产净值并依据章程及金管局相关规定的时间间隔赎回其股份。

投资公司章程除应符合《公司条例》及《公司细则》的规定外，还应包括：

（一）投资公司的经营宗旨，包括：拟投资财产种类的详细信息；旨在通过投资于该类财产分散投资风险或投资于单一财产，使其股东从该财产管理中获益的声明；

（二）《集体投资计划细则》或金管局要求纳入公司章程的其他事项。

封闭式投资公司的章程应载明其为固定资本封闭式投资公司。

投资公司的章程应符合本章、《集体投资计划细则》及金管局的相关规定。

投资公司可通过特别决议修改章程以符合本章、《集体投资计划细则》及金管局的相关规定。

第四条　经营范围和经营许可

公司及其运营机构向金管局申请许可时，应按照金管局要求的形式提交申请，并提供所需信息及文件。

金管局出于维护中心利益的目的，可决定拒绝许可。

金管局拒绝许可，应在作出决定后及时书面通知申请人，并应申请人要求说明理由。

第五条　撤销经营许可

金管局出于维护中心利益的目的，可随时自行决定撤销已给予投资公司的许可。

撤销许可前，金管局应考虑是否已依据《破产条例》采取下列必要措施：

（一）任命投资公司接管人或行政接管人；

（二）对投资公司进行清算。

金管局作出撤销决定的，应及时书面通知投资公司及基金管理人，并按其要求说明理由。

投资公司及基金管理人收到撤销通知后，应立即书面通知：

（一）撤销前与该许可相关的各司法管辖区监管机构；

（二）投资公司全体股东。

本条前款规定的通知可由投资公司与基金管理人共同发出。

第六条　金管局指令

金管局可为维护中心利益向投资公司或其董事发出指令。

本条前款规定的指令可包括：

（一）要求投资公司停止发行或赎回（或同时停止发行及赎回）公司股份或某类股份；

（二）要求投资公司或其董事依据《破产条例》或《破产细则》向法院申请：任命公司接管人或行政接管人；或对公司

进行清算；

（三）要求以司法救济之外的方式清算投资公司事务。

金管局撤销对投资公司的许可，不影响撤销时已生效的指令；撤销时有效的指令仍可继续发出。

法院已就投资公司作出任命接管人、管理人的命令或清算令的，不得再向其发出指令。

金管局认为为维护中心利益确有必要时，可主动或应投资公司或基金管理人申请撤销已发出的指令。

指令自下列时点生效：

（一）通知载明立即生效的，自通知发出时；

（二）通知指定日期的，自该日期起。

金管局拟发出指令或已发出立即生效的指令时，应向被指令人发出书面通知；向投资公司董事发出通知的，还应向公司发出书面通知。

向投资公司或其董事发出的通知应包括：

（一）指令的详细内容；

（二）指令的生效时间；

（三）发出指令及确定生效时间的理由；

（四）告知其可在指定期限内向金管局提出意见。

金管局考虑投资公司或董事在指定期限内提出的意见后，作出下列决定的：

（一）按原计划发出或不发出指令；

（二）以其他方式发出指令；

（三）撤销或维持已发出的指令；应及时书面通知相关方，并应其要求说明理由。

第七条　股份和股东登记簿

投资公司经章程授权可发行碎股。

金管局可依据《金融服务框架条例》规定投资公司股票的形式、内容及交付方式。

本条前款规定不妨碍投资公司以电子形式发行股票。

在符合金管局相关规定的前提下，投资公司可在发布新闻公告、通知股东、在网站公布及（如基金上市）通知交易所后，关闭股东登记簿，每次关闭时间不超过三十日。

基金管理人发现股东（违约股东）未就股份的设立、出售或转售向其支付应付款项或转移财产，且收到相关股票的，应注销或修改股票，并对股东登记簿作相应删除或变更。

在本条前款情形下，基金管理人有权持有已从登记簿中删除的违约股东股份，直至注销或转售该等股份并将受让人登记入册。

开放式投资公司的基金管理人或其他人未在股东登记簿登记为股份持有人的，视为持有该股份。

投资公司应按照下列规定保存股东登记簿：

（一）《集体投资计划细则》第七条第十款的规定；

（二）《公司条例》第七编第五章的规定，但与前项规定不相冲突的。

第八条　股份转让及赎回

投资公司章程可就《公司条例》或《公司细则》未规定的股份转让事项作出规定。

投资公司的股份转让给公司的，公司应注销该股份。

股份转让违反公司章程规定或与招股说明书规定不符的，投资公司可拒绝登记。

除章程另有规定外，开放式投资公司应按照章程及金管局相关规定的时间间隔，以基于公司财产净值的价格赎回其股份。《公司条例》第七编（私人公司和公众公司）第五章（股东、债券持有人登记簿及股份证书）和第六章（股份的赎回和回购）不适用于开放式投资公司的股份赎回。

封闭式投资公司不得购买其发行的任何类别股票，但在金管局批准的交易设施或其他公开市场上购买的除外。

第七章　杂　项

第一条　公共登记簿

公司注册机关应依据《公司条例》第二百零四条第一款（公共登记簿）的规定，保存和公布现有及过往的公司登记簿、《公司细则》第九编规定的限制范围公司登记簿以及《阿斯塔纳国际金融中心特殊目的公司细则》规定的特殊目的公司登记簿，并记录下列信息：

（一）现用名称；

（二）识别号码；

（三）注册日期；

（四）公司类型；

（五）曾用名称；

（六）名称变更登记日期；

（七）现住所地址；

（八）原住所地址；

（九）住所变更登记日期；

（九续）注册电子邮箱；

（十）现任董事姓名；

（十一）现任董事就任日期；

（十二）曾任董事姓名；

（十三）曾任董事就任及离任日期；

（十四）现任秘书姓名，联合秘书的，各联合秘书姓名；

（十五）现任秘书就任日期，联合秘书的，各联合秘书就任日期；

（十六）曾任秘书姓名，联合秘书的，各曾任联合秘书姓名；

（十七）曾任秘书就任及离任日期，联合秘书的，各曾任联合秘书就任及离任日期；

（十八）已发行股份或会员权益的数量及类别、股份面值及实缴股本金额；

（十九）公司股东或成员姓名，公众公司的，持股最多的二十名成员姓名；

（二十）核准公司的注册成立地；

（二十一）核准公司在本中心现有或最后登记的主要营业地点地址；

（二十二）核准公司在本中心原登记的主要营业地点地址；

（二十三）核准公司在本中心主要营业地点变更登记日期；

（二十三续）核准公司的注册电子邮箱；

（二十四）核准公司现有或最后登记的接收法律文书送达授权代表的姓名和地址；

（二十五）核准公司原登记的接收法律文书送达授权代表的姓名和地址；

（二十六）核准公司接收法律文书送达授权代表变更登记日期；

（二十六续一）公司财务年度终止日期；

（二十六续二）公司清盘计划、接管或清算的开始和终止日期；

（二十六续三）下列人员的姓名和地址：《破产条例》规定的自愿安排提名人或监督人；《破产条例》规定的管理人；

（二十六续四）前项所列人员就任及离任日期，管理人为接管人、行政接管人或清算人的，应予说明；

（二十六续五）公司解散日期；

（二十六续六）公众公司及其他适用公司依据《公司条例》第一百三十一条第五款提交的年度账目。

看似由公司注册机关处长或其代表签署并载明登记册所记载事项的证明，可作为该事项的证据。

法院应接受本条前款规定的证明作为其所述事项的证据，但有相反证据的除外。

看似为公司注册证书或核准公司认可证书副本并经公司注册机关认证的文件，可作为其所述事项的证据。

法院应接受前款规定的文件作为其所述事项的证据，但有相反证据的除外。

第二条　表格

公司注册机关依据《公司条例》《公司细则》或其执行的其他法律规定发布或规定某种表格（核准表格）用于特定目的的，应使用该表格。

金管局颁发或规定某种表格（核准表格）用于《公司条例》或《公司细则》规定的特定目的的，应使用该表格。

实质符合已批准表格要求的，可使用。

表格应符合下列强制性要求：

（一）使用国际 A4 尺寸的白纸填写；

（二）清晰打印或用黑色书写，且永久有效并可通过摄影或电子方式复制；

（三）表格应包含相关人员的原始签名及签名日期；

（四）涉及相关人员的，应注明其全名及身份证号码（如有）；

（五）有附件的，应在附件上注明“本附件为（表格名称）的附件，涉及（相关人员姓名），日期为（表格日期）”；

（六）以英语填写。

在不限制本条前款规定的情况下，经批准的表格可规定下列要求为强制性要求：

（一）表格的签署、见证方式或两者兼有；

（二）表格或其附带信息、文件应采用特定格式；

（三）表格应包含特定信息或附带特定文件；

（四）表格、所含信息或附带文件应以特定方式验证。

第三条　注册机关的决策程序

注册机关依法作出决定（包括拒绝作出决定）的，适用附则二（公司注册机关决策程序）规定的程序，但与《公司条例》《公司细则》或其他规定相抵触的除外。

附则二规定的程序适用于《公司条例》附则一（释义）及注册机关执行的其他法律中关于决策程序的规定。

附则二不适用于公司注册机关依该附则规定不应作出的决定。

附则二不妨碍公司注册机关建立审查机制，由未参与决定的金管局工作人员、雇员、代理人或具备审查能力的独立第三方对依据该附则作出的决定进行审查。

第三条续一　文件保留

注册机关应自提交之日起保存所有向其提交的文件至少六年，不受相关公司状态变化的影响。

第四条　罚款限额

公司注册机关对违反附则三（罚款限额）表格第二栏所列《公司条例》规定的行为，可处以该表格第四栏规定的最高罚款。

第八章　受保护单元公司

第一条　法定地位

受保护单元公司是《公司条例》第十一编（其他类型公司）规定的公司类型之一。

第二条　法律适用

《公司条例》第一百四十三条第二款第二项（成立特定类型的公司）规定：

（一）《公司条例》第七十四条（董事）针对受保护单元公司的适用进行了修改，受保护单元公司可由一名董事管理，该董事可是法人；

（二）《公司条例》第十三条第四款已修改，设立受保护单元公司的申请应声明其将作为受保护单元公司设立；

（三）《公司条例》第十六条第一款第一项已修改，受保护单元公司的注册证书应注明其作为受保护单元公司注册成立。

本章规定是对适用于受保护单元公司设立、转换、经营、清算的其他规定的补充，包括《公司条例》《金融服务框架条例》《集体投资计划细则》《破产条例》和《破产细则》的规定。

本章规定不限制金管局依据《金融服务框架条例》或其执行的其他法律享有的权力。

伞式基金作为受保护单元公司成立的，本细则中的用语依附则四第四条第三款（释义）解释。

第三条　设立和变更

在遵守《公司条例》及《公司细则》其他规定的前提下：

（一）可依据《公司条例》第一百四十三条（成立特定类型的公司）设立受保护单元公司；

（二）现有公司经公司章程和特别决议授权，可转换为受保护单元公司。

公司设立为受保护单元公司或转换为受保护单元公司，应符合下列条件：

（一）公司设立和经营的主要目的是开展金管局管理的法律明确允许的业务；

（二）已获得金管局事先书面许可。

依据本条规定，申请人应向金管局提出许可申请，申请应符合金管局要求的形式，包含其要求的信息和文件。

金管局确信申请人符合本章或其执行的其他适用法律要求的，方可给予许可。金管局拒绝给予许可的，应及时书面通知申请人，并应申请人要求说明理由。

金管局根据申请人就受保护单元公司拟议活动或目标的陈述作出是否给予许可的决定，未经金管局事先书面许可，受保护单元公司不得从事与该陈述相反的活动。

受保护单元公司使用名称时，应在名称后标注“受保护单元公司”字样或英文缩写“PCC”。

本条第六款规定的字样或缩写替代《公司条例》第三十七条（私人公司名称）或第三十八条（公众公司名称）规定的字样或缩写。

本条第六款规定不限制《公司条例》第二十一条（名称限制）关于禁止使用误导性、欺骗性或冲突性公司名称的规定。

受保护单元公司的各单元应具有独特的名称。

受保护单元公司的章程应载明其为受保护单元公司。

受保护单元公司可通过特别决议修改公司章程，以符合本章及金管局的要求。

受保护单元公司是单一法律实体，受保护单元公司创建单元的，该单元并不构成与公司分离的独立法人。

第四条　撤销经营许可

金管局认为必要或适当的，可随时撤销依据本章第三条（设立和变更）给予受保护单元公司的许可，该撤销不具有追溯效力。

金管局撤销同意前，应考虑是否已采取必要、适当措施确保依据《破产条例》：

（一）任命单元接管人；

（二）任命公司接管人或行政接管人；

（三）进行公司清算。

金管局作出撤销决定的，应及时书面通知受保护单元公司，并应其要求说明理由。

受保护单元公司收到撤销通知后，应立即书面通知：

（一）撤销前与该许可相关的各司法管辖区监管机构；

（二）受保护单元公司全体股东。

第五条　金管局指令

金管局可为维护中心利益向投资公司或其董事发出指令。

本条前款规定的指令可包括：

（一）要求受保护单元公司停止发行或赎回股份；

（二）要求受保护单元公司或董事依据《破产条例》和《破产细则》向法院申请：针对单元颁布接管令；任命公司接管人或行政接管人；进行公司清算；

（三）要求以司法救济之外的方式清算公司事务。

撤销许可不影响已发出指令的执行效力。金管局可对被撤销许可的公司发出新的指令。

法院已对公司颁布单元接管令、任命接管人或行政接管人、或清算令的，不得发出指令。

金管局认为必要或适当的，可主动或应公司申请撤销已发出的指令。

指令生效时间：

（一）通知载明立即生效的，立即生效；

（二）通知指定日期的，自该日期起生效。

金管局向相关人员发出指令前，应书面通知。向董事发出通知的，应同时通知公司。

向受保护单元公司或其董事发出的通知应载明：

（一）指令详情；

（二）生效时间；

（三）发出指令和确定生效时间的理由；

（四）可在指定期限内向金管局提出陈述。

金管局考虑相关陈述后作出决定的，应及时书面通知公司或董事，并应其要求说明理由。

第六条　股份和股本

除上下文另有要求外，《公司条例》和《公司细则》中关于股份的规定适用于单元股份，关于股东的规定适用于单元股份持有人。

受保护单元公司可针对其任何单元创建和发行单元股份。单元股本应包含在发行单元股份的单元资产中。

受保护单元公司发行的非单元股份收益应包含在公司的非单元资产中。

受保护单元公司可就单元股支付股息。

单元股股息仅可参考该单元的资产、负债、利润和亏损支付，确定可分配利润时无须考虑：

（一）其他单元的利润、损失、资产、负债；

（二）非单元资产、负债、利润、损失。

第七条　股份和股东登记簿

除本条第四款规定外，受保护单元公司应就下列情形准备单元股份所有权证书：

（一）发行新股份；

（二）股东将部分股份转让给公司后的剩余股份；

（三）向公司以外的人转让单元股份的：受让人的单元股份；转让人保留的单元股份；

（四）已发出的证书因丢失、被盗、销毁、损坏或磨损需要更换的。

在本条第一款第四项情形下，公司收到下列材料后方可准备证书：

（一）新证书申请；

（二）原证书（如有）；

（三）公司要求的赔偿；

（四）公司要求的合理费用。

证书应载明下列事项：

（一）与单元股份相关的单元；

（二）股份证书所证明的股份数目；

（三）若受保护单元公司拥有多类单元股，则以证书证明其所有权的单元股类别；

（四）持有人的名称。

《公司细则》不要求公司在下列情形下出具证书：

（一）公司章程允许以非实物形式发行股票证明书；

（二）股东已书面向公司表示不愿收取证书；

（三）金融中心的适用法律对证明股份权利另有规定的。

受保护单元公司应保存股东登记簿，该登记簿应：

（一）载有能便于在股东登记簿中查询该股东账户的足够

信息；

（二）指明与该股东账户相关的特定单元；

（三）可通过股东账户或单元索引查询；

（四）与股东登记簿存放于同一处；

（五）于股东登记簿变更之日起十四日内予以更新。

本条第一款至第五款的规定不免除受保护单元公司依据《公司条例》识别、获取和维护其股东最终实际所有权信息的义务，以及金管局获取该信息的权力。

第八条　股份转让

受保护单元公司的章程可就《公司条例》或《公司细则》未规定的股份转让事项作出规定。

依据《公司条例》第五十四条（股票和债券的转让与登记）的规定，如转让将导致违反受保护单元公司章程规定，公司可拒绝登记该转让。

第九条　单元资产和非单元资产

受保护单元公司的资产分为单元资产和非单元资产。

受保护单元公司的单元资产包括归属于公司单元的资产。

受保护单元公司单元的资产包括：

（一）由单元股本收益和储备金代表的资产，包括归属于单元的保留收益、资本储备金和股本溢价；

（二）归属于该单元的所有其他资产。

受保护单元公司的非单元资产包括不归属于任何单元的公司资产。

受保护单元公司所拥有或获取的、不属于任何单元的收入、收据和其他财产或权利应归入公司的非单元资产。

第十条　单元间交易的禁止

受保护单元公司非经法院命令授权，不得：

（一）将归属于其中一个单元的单元资产转移到另一个单元；

（二）将公司的一个单元与公司的一个或多个其他单元合并或整合。

法院在审理本条前款所述的转让、合并或整合申请时，可：

（一）要求申请人提供下列证据：对相关单元资产享有追索权的债权人同意该转让、合并或整合，或其利益不会因此受到不当损害；受保护单元公司及各相关单元的股东同意该转让、合并或整合，或其利益不会因此受到不当损害；

（二）听取金管局的意见。

法院审理本条申请时，可作出附条件或无条件的临时命令或延期审理的命令。

第十一条　资产分离

本条所称管理人员，是指：

（一）《公司条例》规定的管理人员；

（二）依据《破产细则》规定的破产管理人；

（三）参与作出影响受保护单元公司全部或主要业务决策的人员；

（四）受保护单元公司董事通常按其指示行事的人员，但不包括该人员依其专业能力提供的建议或基于其与董事或受保护单元公司之间的业务关系履行职责时所作的指示。

受保护单元公司的董事和高级管理人员应：

（一）区分单元资产与非单元资产，使其可单独识别；

（二）区分各单元的单元资产，使其可单独识别。

有下列情形之一的，不构成违反本条前款规定的义务：

（一）通过受益人或其股份、权益可能构成单元资产或非单元资产或两者组合的公司持有单元资产和非单元资产；

（二）对单元资产或非单元资产或两者组合进行集合投资或由投资经理集中管理，但该等资产仍可单独识别。

违反本条第二款规定的，适用下列规定：

（一）违反规定的董事和高级管理人员应对因此造成的损失或损害承担个人责任；

（二）董事或高级管理人员有权就非单元资产获得赔偿，但其存在欺诈、重大过失或故意不当行为的除外。

本条前款规定受本章第十三条第一款的制约。

第十二条　交易披露

受保护单元公司应向交易相对人披露下列事项：

（一）其受保护单元公司的身份；

（二）交易所涉及的单元，但交易不涉及特定单元的除外；

（三）在交易涉及特定单元时，告知该单元的单元资产是偿付该单元义务和责任的唯一来源。

违反本条前款规定，且交易相对人不知道亦无合理理由知道该等情形的，适用下列规定：

（一）董事和高级管理人员应对该交易承担个人责任；

（二）董事和高级管理人员有权就非单元资产获得赔偿，但其存在欺诈、重大过失或故意不当行为的除外。

本章第三十条第一款规定受本条前款制约。

第十三条　个人责任的减免

在不违反本章第十一条第四款及第十二条第二款的前提下，法院可在下列情形下解除董事或高级管理人员的全部或部分个人责任：

（一）其不知情导致承担责任的情况，且该不知情不存在欺诈、重大过失或故意不当行为；

（二）其明确表示反对，并已行使其作为董事或高级管理人员所享有的表决权等权利，以防止导致承担责任的情况发生。

法院依本条前款解除董事或高级管理人员个人责任的，可责令以下列资产承担相关责任：

（一）相关单元的资产；

（二）受保护单元公司的非单元资产。

受保护单元公司章程或其他合同中旨在规避董事或高级管理人员个人责任，或就导致其丧失获得非单元资产赔偿权利的行为进行赔偿的条款无效。

第十四条　债权人权利和默示条款

受保护单元公司债权人的权利应符合本章有关责任的规定。

除本条及本章其他条款规定的权利外，债权人不享有其他权利。

受保护单元公司的交易应默示包含下列条款：

（一）任何人不得通过诉讼或其他方式寻求使用任何单元的单元资产清偿非该单元的债务；

（二）任何人成功使用任何单元的单元资产清偿非该单元的债务的，应向受保护单元公司支付与其获得利益等值的款项；

（三）任何人成功扣押、查封或以其他方式强制执行任何单元的单元资产以清偿非该单元的债务的，应以受托人身份为受保护单元公司持有该等资产或其收益，并将其分别保管。

受保护单元公司因本条前款第三项所述义务收回的款项，应计入本条前款第二项规定的债务。

受保护单元公司依据本条第三款第二项或第三项规定或通过其他方式收回的资产或款项，在扣除追偿成本后，应用于补偿受影响的单元。

任何归属于单元的单元资产因非该单元的债务被扣押、查封、征收或以其他方式执行，且该等资产或相关补偿无法以其他方式返还给受影响单元的，受保护单元公司应：

（一）委托其审计师以专家身份评估受影响单元损失的资产价值；

（二）从造成债务的单元资产或非单元资产中向受影响的单元转移足够的资产或款项，以弥补其损失。

如依据本条第三款第二项规定，受保护单元公司负有从单元资产中进行转移或支付的义务，而该等资产不足以履行义务的，公司应尽可能从其非单元资产中弥补不足。

第十五条　单元资产的使用

在不影响本章第十四条和第十六条规定的前提下：

（一）特定单元的单元资产仅可用于清偿该单元债权人的债权，并应免受其他债权人和股东的追索；

（二）非特定单元的单元资产不得用于清偿该单元的任何债务。

第十六条　单元债务的清偿

归属于特定单元的债务，适用下列规定：

（一）应以该单元的单元资产清偿；

（二）该单元的债权人不得对其他单元的单元资产或非单元资产行使追索权。

不归属于特定单元的债务，适用下列规定：

（一）仅可以非单元资产清偿；

（二）相关债权人不得对任何单元的单元资产行使追索权。

第十七条　单元债务争议的解决

法院可应受保护单元公司或其债权人的申请，在不影响任何人的其他权利或救济的情况下，就下列事项作出裁定：

（一）相关权利是否针对特定单元；

（二）债权人是否为特定单元的债权人；

（三）债务是否归属于特定单元；

（四）债务的限额。

第十八条　单元资产的转移

本条所称单元转移令，是指法院作出的授权将任何单元的单元资产（不包括非单元资产）转移给其他人的命令，不论该人员的住所或注册地在何处，亦不论其是否为受保护单元公司。

除依据单元转移令并遵守其条款和条件外，不得转移归属于受保护单元公司单元的单元资产。

受保护单元公司在正常经营过程中对单元资产进行投资、变更投资或进行支付、转移的，无须获得法院通过单元转移令作出的授权。

在审理单元转移令申请时，法院可采取下列措施：

（一）要求申请人证明：对该单元资产享有追索权的债权人同意转移；或该等债权人的利益不会因转移受到不当损害；

（二）听取金管局的意见。

法院可就单元转移令申请作出附条件或无条件的临时命令或延期审理的命令。

法院可对单元转移令附加其认为适当的条件，包括解除债权人对该单元资产追索权的条件。

已任命接管人、行政接管人、清算人或单元接管人的，不影响法院作出单元转移令。

依据单元转移令进行的单元资产转移本身不赋予受保护单元公司的债权人对受让人资产的追索权。

本条规定不影响受保护单元公司依据本章规定从单元资产向权利人进行支付或转移的权力。

第九章 限制范围公司

第一条 法定地位

限制范围公司是《公司条例》第十一编（其他类型的公司）规定的公司类型之一。

第二条 法律适用

本章是对中心条例和细则的补充，该等规定适用于限制范围公司的注册、运营、事务及清算，包括《公司条例》《金融服务框架条例》《破产条例》和《破产细则》的规定。

本章规定不限制金管局依据《金融服务框架条例》或其他法律所享有的权力。

第三条 设立条件

公司应满足下列条件之一，方可设立或注册为限制范围公司：

（一）是私人公司，且为负责编制和公布集团账目的法人的子公司；

（二）由下列主体直接或间接全资持有：一人；或同一家庭成员，包括父母、配偶和子女（含继子女）；

（三）是依据哈萨克斯坦共和国总统令设立的企业法人的子公司。

限制范围公司未经金管局授权，不得开展《金融服务框架条例》规定的金融服务活动。

第四条 资格撤销

有下列情形之一的，应撤销限制范围公司资格：

（一）不再符合本章第三条第一款规定的条件；

（二）公司申请撤销其限制范围公司资格。

公司注册机关在依据本条前款第一项撤销资格前，应书面通知限制范围公司：

（一）注册机关正在考虑撤销其限制范围公司资格；

（二）公司可在规定期限内，按照规定方式提出陈述。

公司注册机关应考虑限制范围公司依据本条前款规定提出的陈述。

公司注册机关撤销限制范围公司资格的，该公司不再作为限制范围公司注册，本章规定不再适用，但仍为私人公司。

公司注册机关撤销限制范围公司资格的，应依据《公司细则》和《公司条例》对登记簿作相应变更。

第五条　公司设立

限制范围公司章程应载明其限制范围公司的性质。公司注册机关认为章程修订不当的，可予以反对。

申请人申请将私人公司设立为限制范围公司，符合注册条件的，公司注册机关应予以设立。

公司注册证书应载明公司注册为限制范围公司。

公司注册机关除应依据《公司条例》第十六条第一款第三项（设立效力）将公司名称登记在公司登记簿外，还应将其登记在限制范围公司登记簿中。

私人公司申请注册为限制范围公司的，公司注册机关应：

（一）确认其符合注册条件后予以注册；

（二）颁发注册证书；

（三）将公司名称登记在限制范围公司登记簿中。

公司注册机关应设立并公布限制范围公司登记簿，记载下列信息：

（一）现用名称；

（二）识别号码；

（三）注册日期；

（四）公司类型；

（五）曾用名及其变更登记日期；

（六）现有注册办事处地址；

（七）原注册办事处地址及其变更登记日期；

（八）电子邮件地址。

除本条前款规定外，注册机关不得公开或向公众提供与限制范围公司有关的任何信息。

限制范围公司应使用登记簿中登记的公司名称，并应在使用该名称时在其后紧接“受限有限公司”字样。为避免疑义，本条规定优先适用于《公司条例》第三十七条第一款的规定，但不影响《公司条例》其他规定的适用。

第六条　《公司条例》和《公司细则》部分规定的除外适用

依据《公司条例》第一百四十三条第二款第二项（成立特定类型的公司）规定：

（一）《公司条例》第五十六条（登记簿查阅）的规定对限制范围公司的适用作如下修改：限制范围公司无须确保其股东登记簿和债务证券持有人登记簿可供任何人查询。股东或债务证券持有人可分别申请查询股东登记簿和债务证券持有人登记簿，该申请应符合《公司条例》第五十六条第三款的规定，但限制范围公司可决定拒绝该申请；

（二）《公司条例》第九十五条（会议请求）的规定不适用于限制范围公司；

（三）《公司条例》第一百三十一条第五款（账目）关于会计的规定不适用于限制范围公司。

限制范围公司不适用《公司条例》和《公司细则》中关于核准公司、向中心转移公司注册、受保护单元公司和投资公司的规定。

附则一 【有意省略】

附则二 公司注册机关决策程序

第一条 适用范围

公司注册机关作出下列决定的，适用本附则：

（一）撤回指示、命令、禁令或要求；

（二）关于授权、许可、注册或其他许可的条件、限制或约束；

（三）利害关系人已申请、请求或书面同意作出该决定的。

公司注册机关为执行法院对某人作出的裁定（包括事实认定），本附则不适用于公司注册机关为实施法院裁定而作出任何决定的情形。

第二条 决策前的意见陈述

公司注册机关拟对特定当事人（受影响方）作出决定的，应向其提供：

（一）依据本条第二款规定发出的书面通知（初步通知）；

（二）亲自或以书面形式向注册机关陈述意见的机会。

初步通知应载明：

（一）拟作出的决定；

（二）拟作出决定的理由，包括相关事实认定；

（三）作出拟议决定时考虑的相关材料副本；

（四）当事人可就拟议决定向公司注册机关提出陈述的告知；

（五）提出陈述的方式和期限。

关于本条第二款第三项规定的材料，公司注册机关：

（一）对当事人已持有或可公开获取的材料，可采用引述方

式代替提供副本;

(二)无须提供律师和客户间信息保密特权相关的材料。

公司注册机关收到符合初步通知要求的陈述的,应在作出决定时予以考虑。

公司注册机关考虑陈述后决定不作出拟议决定的,应书面通知当事人。

公司注册机关认为遵守本条规定可能导致延误,并损害金融服务用户利益或中心利益的:

(一)本条规定不适用于该决定;

(二)注册机关应在作出决定后,给予当事人依据本附则第三条规定陈述意见的机会。

第三条　决定后的意见陈述

因适用本附则第二条第六款规定未能适用本附则第二条(决策前的意见陈述)规定的,本条适用于公司注册机关对特定当事人(受影响方)作出的决定。

公司注册机关应:

(一)在当事人依据《公司条例》第二百零二条(注册机关决定的通知)收到书面决定通知之日起十四日内或注册机关允许的其他期限内,给予其亲自或以书面形式向注册机关陈述意见的机会;

(二)在通知中告知当事人可对该决定提出陈述,并说明陈述的方式和期限;

公司注册机关在规定期限内收到陈述的,应予以考虑,并决定是否确认、撤回或变更原决定。

为避免疑义,本附则第二条不适用于依据本条第三款作出的决定。

附则三　罚款限额

注：参见本细则第七章第四条。

第一条　罚款限额表

下表规定了针对违反《公司条例》特定行为可处以的最高罚款金额：

序号	条款	相关章节标题	最高罚金
1	第七条	参与者注册要求	50,000
2	第八条第二款	经营许可	25,000
3	第十七条	变更登记	2,000
4	第二十条	股东获取章程	10,000
5	第二十一条	名称限制	15,000
6	第二十二条第一款、第二款	名称变更	15,000
7	第二十三条第三款	强制变更名称	25,000
8	第二十四条第一款、第三款、第二十四条续一	住所及经营、电子邮箱	25,000
9	第二十五条	通信要求	5,000
10	第二十六条第一款、第三款	年报	10,000
10-1	第二十六条续一	年度信息确认	10,000
11	第二十八条第三款	特别决议及影响公司章程文件的其他决议和协议的报送	5,000
12	第三十七条	私人公司名称	10,000
13	第三十八条	公众公司名称	15,000

续表

序号	条款	相关章节标题	最高罚金
14	第四十四条第三款	股本变更	10,000
15	第四十六条第五款、第六款	公众公司非现金出资	10,000
16	第四十八条	股东优先认购权	25,000
17	第五十条第一款	公开发行的禁止	30,000
18	第五十二条第三款、第十七款	股东登记簿	10,000
19	第五十三条	债券持有人登记簿	10,000
20	第五十四条	股票和债券的转让与登记	10,000
21	第五十五条、第五十五条续一	登记簿保存、分册	10,000
22	第五十六条第一款、第五款	登记簿查阅	10,000
23	第五十七条第四款	登记簿更正	10,000
24	第五十八条	股票证明	10,000
25	第六十条第五款	公司发行可赎回股份	10,000
26	第六十一条	公司回购股份	10,000
27	第六十三条	禁止为收购股份提供财务资助	15,000
28	第六十四条第六款	减资方式	15,000
29	第六十五条第三款	私人公司减资的偿付能力声明	10,000
30	第六十六条第七款	减资特别决议的法院确认	10,000
31	第七十二条	分配限制	20,000

续表

序号	条款	相关章节标题	最高罚金
32	第七十四条、第九十条	董事及董事会秘书登记簿	15,000
33	第九十二条第四款	董事资格撤销	25,000
34	第九十四条第二款	年度股东大会	30,000
35	第九十六条第二款	注册机关召集会议的权力	15,000
36	第一百零六条第四款、第五款	要约人收购少数股东的权利	10,000
37	第一百零八条第三款	少数股东被要约收购的权利	10,000
38	第一百二十三条	意见的合理依据	25,000
39	第一百二十四条第五款	公司与债权人和股东的和解权	25,000
40	第一百二十五条第五款	和解方案的告知	15,000
41	第一百二十九条	会计账簿	25,000
42	第一百三十一条	账目	10,000
43	第一百三十二条第二款	向股东提供账目副本	5,000
44	第一百三十三条第四款	公众公司董事报告	10,000
45	第一百三十六条第二款	审计师的任免	15,000
46	第一百三十七条	审计报告	15,000
47	第一百三十八条第一款、第六款	审计师职责	10,000
48	第一百三十九条	审计师辞职	15,000

续表

序号	条款	相关章节标题	最高罚金
49	第一百四十条第二款	与审计师配合	5,000
50	第一百四十四条第一款	外国公司	50,000
51	第一百四十七条	核准公司的要求	15,000
52	第一百四十八条	核准公司注册资料变更通知	15,000
53	第一百四十九条	核准公司的会计记录	25,000
54	第一百六十条第五款、第六款	督察的调查权	25,000
55	第一百六十二条第一款	妨碍调查的法律责任	15,000
56	第一百九十六条第一款	向注册机关披露的义务	10,000
57		【有意省略】	
58	第二百条	提供虚假或误导性信息	50,000
59	第二百零一条	遵守注册机关的决定	25,000
60	第一百七十九条续三第五款	最终受益所有权通知	10,000
61	第一百七十九条续三第六款	就最终受益所有权提供虚假或误导性信息	50,000
62	第一百七十九条续四第八款、第二十一款	受益所有权登记簿	10,000
63	第一百七十九条续六第五款	名义董事的义务	10,000

续表

序号	条款	相关章节标题	最高罚金
64	第一百七十九条续七第二款、第十五款	名义董事登记簿	10,000
65	第一百七十九条续十第四款	登记簿查阅	10,000
66	第一百七十九条续十一第三款	变更报告	10,000
67	第一百七十九条续十二第七款	注册机关调查权	10,000
68	第一百七十九条续十八第七款	不受损害的权利	30,000

附则四　释　义

注：参见本细则第一章第五条。

第一条　金管局执行的法律

金管局执行下列法律：

（一）《金融服务框架条例》及其实施细则；

（二）明确规定由金管局管理的中心条例和细则；

（三）赋予金管局职能或涉及金管局职能行使的中心条例和细则的规定。

第二条　定义

在本细则中下列用语的含义：

本细则所称行政接管人（Administrative Receiver），是指《破产条例》附则三规定的公司行政接管人。

本细则所称辅助服务提供商（Ancillary Service Provider），是指金管局执行的法律规定的辅助服务提供商。

本细则所称授权公司（Authorised Firm），是指依据《金融服务框架条例》授权的公司。

本细则所称授权市场机构（Authorised Market Institution），是指依据《金融服务框架条例》授权的市场机构。

本细则所称单元公司（Cell），是由受保护单元公司创建的单元，其设立目的是按照本细则第八章（受保护单元公司）规定的方式隔离和保护单元资产。

本细则所称破产管理人（Cell Receiver），其定义适用《破产细则》的规定。

本细则所称单元接管令（Cell Receivership Order），其定义适用《破产细则》的规定。

本细则所称单元股本（Cell Share Capital），包括单元股份发行的收益。

本细则所称单元股份（Cell Shares），是由受保护单元公司依据本细则第九章的规定针对其一个单元创建和发行的股份，其发行收益，即单元股本，应包含在归属于该单元的单元资产中。

本细则所称单元转移指令（Cell Transfer Order），其定义适用本细则第八章第十八条的规定。

本细则所称单元资产（Cellular Assets），包括依据本细则第八章第九条归属于公司单元的受保护单元公司的资产。

本细则所称单元股息（A Cellular Dividend），是受保护单元公司针对单元股份支付的股息。

本细则所称非单元资产（Non-Cellular Assets），是受保护单元公司的资产，但不属于单元资产。

本细则所称封闭式投资公司（Closed-Ended Investment Company），是指非开放式投资公司的投资公司。

本细则所称交易设施（Exchange Facility），是指依据《金融服务框架条例》，由授权市场机构管理的用于开放式投资公司股份转让的设施。

本细则所称金融服务（Exchange Facility），其定义适用《金融服务框架条例》的规定。

本细则所称基金和基金经理（Fund and Fund Manager），其定义适用阿斯塔纳国际金融中心词汇表赋予的含义。

本细则所称集团（Group），是指一组实体，包括：

（一）法人实体（第一实体）；

（二）第一实体的母公司；

（三）第一实体的母公司的子公司（直接或间接）。

本细则所称个人识别码（Individual Identification Number），是由授权机构分配给个人的唯一号码。

本细则所称投资公司（Investment Company），是指依据本细则第六章（投资公司）设立为或变更为投资公司的公司。

本细则所称金管局执行的法律（Legislation Administered by the AFSA），其定义适用本附则第四章第一条赋予的含义。

本细则所称清算人（Liquidator），就公司而言，其定义适用《破产条例》附则三（释义）的规定。

本细则所称开放式投资公司（Open-Ended Investment Company），是指其章程规定为具有可变股本的开放式投资公司，且符合本细则第六章（投资公司）规定的投资公司。

本细则所称受保护单元公司（Protected Cell Company），是指依据本细则第八章（受保护单元公司）合并为或转变为受保护单元公司的公司。

本细则所称接管人（Receiver），其定义适用《破产条例》附则三（释义）的规定。

本细则所称限制范围公司（Restricted Scope Company），是

指依据本细则第九章（限制范围公司）成立为限制范围公司的公司。

本细则所称子基金（Sub-Fund），其定义适用阿斯塔纳国际金融中心词汇表赋予的含义。

本细则所称伞式基金（Umbrella Fund），其定义适用阿斯塔纳国际金融中心词汇表赋予的含义。

第三条 伞式基金

本细则中，伞式基金作为受保护单元公司成立的，除另有规定外，相关用语含义如下：

（一）单元，是指子基金。

（二）单元股本，是指发行子基金单位所得款项。

（三）单元股份，是指子基金发行的单位。

（四）单元资产，是指子基金的基金财产。

（五）单元股息，是指子基金应付的股息。

（六）受保护单元公司董事，是指伞式基金基金经理董事。

（七）非单元资产，是指不属于任何特定子基金单元资产的受保护单元公司资产。

（八）受保护单元公司，是指伞式基金。

（九）股东，是指子基金的份额持有人，但另有规定的除外。

附则五 私人公司标准章程

第一条 释义

本章程所称下列用语的含义：

（一）公司法规，是指阿斯塔纳国际金融中心公司法规，包括《公司细则》。

（二）董事，是指公司现任董事，包括任何担任董事职务的自然人。

（三）首席执行官，是指公司首席执行官，由股东或董事任命，应为自然人并具有身份证号码。

（四）公司，是指私人公司。

（五）普通决议，是指在股东大会上，由有表决权的股东或其代理人以简单多数通过的决议，且该决议已依法发出通知。包括依据《公司条例》第一百条（私人公司的书面决议）通过的书面普通决议。

（六）特别决议，是指在股东大会上，由有表决权的股东或其代理人以不少于百分之七十五的多数通过的决议，且该决议已依法发出通知。包括依据《公司条例》第一百条（私人公司的书面决议）通过的书面特别决议。

（七）董事登记簿，是指《公司条例》规定的公司董事登记簿。

（八）股东登记簿，是指《公司条例》规定的公司股东登记簿。

（九）股东，是指在股东登记簿中登记为公司股份持有人的人。

（十）秘书，是指公司秘书，包括联席秘书、助理秘书或副秘书。

（十一）股份，是指公司的股份。

（十二）继承人，是指因股东死亡、破产或依法有权获得股份的人。

（十三）本章程，是指本公司章程。

本章程使用的术语与《公司条例》规定的含义相同，但不包括在本章程对公司具有约束力时尚未生效的法定修改。

本章程中，单数包括复数，复数包括单数。

本章程中，表示性别的词语包括全部性别。

本章程中，“可”表示权利或权力。

本章程中，“应”表示义务或责任。

本章程所称“书面”，是指能以有形形式在任何媒介（包括电子方式）复制的清晰信息。经股东同意，公司可通过电子方式与该股东沟通。

本章程所称规章或细则，是指金管局的条例或细则及其修订，但另有规定的除外。

依据《公司条例》的规定，通过特别决议可实现普通决议的目的。

第二条　公司名称

公司名称为【申请书中指定的名称】。

第三条　注册地址

公司注册地址位于哈萨克斯坦共和国努尔苏丹阿斯塔纳国际金融中心，具体地址载于公共登记簿。

第四条　经营范围

公司的经营范围包括：

（一）【申请书所载业务】；

（二）《公司条例》规定的其他合法活动。

第五条　股东责任

股东以其认缴的出资额为限对公司承担责任。

第六条　注册资本

公司的注册资本为【申请书所载数额】。

第七条　股份

公司可通过普通决议，在不影响现有股份所附权利的前提下，确定所发行股份的权利和限制。

公司可依据《公司细则》发行可赎回股份或将现有股份转换为可赎回股份，具体事项由董事决定。

除本章程或《公司细则》另有规定外，公司不承认任何人以信托方式持有股份，亦不受任何股份权益的约束。

第八条　股权凭证

除股份分配条件另有规定外，股东享有下列权利：

（一）免费获得其持有的每一类别股份的股权凭证一份；

（二）免费获得向其转让的每一类别股份的股权凭证一份；

（三）其向他人转让所持股份后剩余股份的股权凭证。

股东有权取得额外股权凭证，但应支付董事会确定的合理费用。

股权凭证应载明：股份数量和类别；识别号码（如有）；实缴金额。

对于联名持有的股份，公司向其中一人交付股权凭证即为有效送达。

股权凭证遗失或毁损的，股东可请求补发，但应：

（一）退还原有股权凭证（如有）；

（二）提供董事会要求的证据；

（三）支付合理费用；

（四）遵守董事会规定的其他条件。

第九条　股份转让

股份转让应采用董事会批准的格式文件，由转让人或其代表签署。

有下列情形之一的，公司可拒绝登记股份转让：

（一）转让文书未备案；

（二）股票证书未提交；

（三）未提供董事会要求的其他证据。

董事会拒绝登记股份转让的，应在十四日内通知当事人。

董事会可暂停股份转让登记，每年暂停期限不得超过三十日。

公司可就转让登记收取合理费用。

受让人登记为股东前，转让人仍为股东。

公司应保存股份转让的相关文件。

第十条　股份继承

继承人取得股份所有权的，公司应承认其为股份的合法所有人。

股东死亡的，公司应承认其个人代表为该股份的合法所有人；若死亡股东为联名持有人的，公司应承认其他联名持有人为该股份的合法所有人。

他人因股东死亡或破产而依法取得股份的，经通知公司后，可登记为股东并享有与其他同类股份股东相同的权利。

第十一条　股本变更

在遵守《公司条例》规定的前提下，公司可通过普通决议：

（一）通过设立相同面值的新类别股份或适当面值的新类别股份增加股本；

（二）将股本合并并分割为面值大于现有股份面值的股份；

（三）将股份细分为面值低于现有股份面值的股份。

股份合并产生的碎股，董事可代表股东出售，并将净收益按比例分配给股东。

公司可依据《公司条例》的规定减少其股本。

第十二条　公司回购股份

公司可在遵守《公司条例》规定的前提下回购其股份。

第十三条　股东大会

股东大会由董事会召集。

股东依据《公司细则》第九十五条请求召开股东大会的，董事会或秘书应在两个月内召开。

第十四条　会议请求及通知

依据《公司条例》的规定，股东大会应提前七日发出通知。

股东大会通知应载明会议时间、地点。年度股东大会通知应载明该次会议为年度股东大会。

公司可决定是否召开年度股东大会。

经所需多数股东同意，可按照《公司条例》第九十七条规定在较短期限内召开股东大会。

因未能及时向有权接收会议通知的人发出通知，或该人员未能收到会议通知，不影响股东大会程序的有效性。

第十五条　股东大会程序

公司仅有一名股东的，该股东应以书面形式作出决议；在其他情形下，股东大会有法定人数出席方可召开。法定人数为两名有表决权的股东。

股东大会在通知载明的开始时间后三十分钟内未达法定人数的，会议应休会，休会的地点和时间由董事会决定。会议进行中出现未达法定人数的，亦同。

董事会指定主席的，主席应出席且愿意担任时主持股东大会。有下列情形之一的，应推选一名董事或股东担任会议主席，且会议主席的任命应为会议首项议题：

（一）董事会未指定主席；

（二）主席不愿主持会议；

（三）主席在会议开始时十五分钟内未到场。

本条所称会议主席，是指主持会议的人。

董事有权出席股东大会及公司任何类别股份的股东单独会议并发言，无论其是否为股东或该类别股份的股东。

会议主席经多数票同意可休会。休会前未能讨论的事项，不得在休会后的会议上讨论。休会不超过十四日的，无须重新发出会议通知；休会十四日或以上的，应提前至少七日发出通知。通知应载明休会后会议的时间、地点、待讨论事项的一般性质以及已正式通知的提案决议。

决议表决通常采取举手方式，但下列人员可要求投票表决：

（一）会议主席；

（二）至少一名有表决权的股东。

除非要求投票表决，会议主席可宣布决议以特定多数票通过或未通过。会议记录中记载的该声明是决议结果的确凿证据。

会议主席可同意撤回投票要求。

投票应按照会议主席指示的方式进行，投票结果即为该次会议对该议题的决议。

关于选举会议主席或休会问题的投票表决应立即进行；其他问题的投票表决应按照会议主席的指示进行，但不得超过提出投票要求之日起三十日；投票表决不影响会议继续审议其他事项。

投票表决未能在会议上进行的，应至少提前七日通知表决的时间和地点，但会议上已宣布表决时间和地点的除外。

可依据《公司条例》的规定通过书面决议进行表决。

第十六条　股东表决权

举手表决时，出席会议的股东（包括法人股东代表）各有一票表决权；投票表决时，股东就其持有的每一股份享有一票表决权，但应遵守股份所附的权利或限制规定。

联名股东共享一票表决权或每股一票表决权。联名股东投票超过一票的，仅计算在公司股东名册上登记在先的联名股东的投票。

因身体或精神残疾而指定个人代表的股东，其代表可行使股东的表决权，但应在会议或表决前，在提交代理文书的期限内，向董事会提交授权证明。

表决权异议由会议主席裁决。主席的裁决为终局裁决，除非异议涉及主席本人。

股东可委托代理人投票表决。

代理投票的委托书应采用公司批准的书面格式，并随会议通知或表决通知一并发送。委托书格式应包含使股东可指示代理人如何行使表决权的内容。

代理人委托书应在股东大会召开前四十八小时送达公司住所。对于会后进行的投票表决，委托书可在表决时由会议主席、秘书或任何在场董事接收，或在表决前的任何时间送达公司住所。

委托人撤销代理权的，代理人已作出的投票或投票要求仍然有效，但公司在投票或要求投票前收到撤销通知的除外。

第十七条　董事人数

公司应至少设一名董事，且董事应为自然人并持有本国公民身份证件。

第十八条　董事职权

依据《公司条例》和本章程的规定，公司业务由董事会管理，或由股东会或董事会任命的首席执行官管理。

股东会或董事会可从其成员中或董事会外任命首席执行官，首席执行官应为哈萨克斯坦共和国的居民和自然人。首席执行官在董事会明确保留权力的约束下，有权在公司主要业务活动范围内以公司名义行事。首席执行官代表公司对外联系。

董事会可任命公司代理人。

第十九条　股东保留权力

股东可通过特别决议指示董事会采取或者不采取特定行动。该特别决议不影响决议通过前董事会已经采取的行动。

第二十条　董事会权力的授权

董事会可在其认为适当的范围内、事项上、地域内以及条件下将其职权授予董事总经理、执行董事或董事委员会。

经董事会授权，获得授权的人员或委员会可进一步转授董事会的职权。

董事会可全部或部分撤销授权，或者变更授权条件。

第二十一条　董事任命

凡愿意担任董事且符合《公司条例》规定的人员，可通过下列方式被任命为董事：

（一）通过普通决议；

（二）经董事会决定。

如董事总人数未超过《公司条例》或本章程规定的最高人数，股东会或董事会可任命额外董事。董事会可暂时任命额外董事，但该任命应经股东大会普通决议确认。

因股东死亡导致公司无股东和董事的，最后死亡的股东的法定代理人有权以书面通知方式任命一人担任董事。

就本条前款而言，两名或两名以上股东死亡且无法确定死亡先后的，年龄较小的股东视为后死亡。

第二十二条　董事资格丧失和免职

董事有下列情形之一的，其职位自动出缺：

（一）被《公司条例》禁止担任董事；

（二）破产；

（三）因精神或身体残疾而无法履行董事职责；

（四）连续三次缺席董事会会议，但经董事会批准请假的除外；

（五）向公司提交书面辞职报告；

（六）经普通决议免职。

第二十三条　董事薪酬及费用

董事有权获得公司决议确定的薪酬，并有权报销因履行职责而合理支出的费用。

第二十四条　董事会议事规则

在不违反本章程的前提下，董事会可自行决定议事方式。

董事会可决定会议时间和地点。

董事会会议的议案经出席董事（包括本人出席或由他人代为出席）多数表决通过。表决票数相等时，会议主席有权投第二票或决定票。

董事会会议有法定人数出席方可进行。董事会会议的法定人数由董事会决议确定。

因利益冲突而不得对某项决议投票的董事，不计入该决议的法定人数。

董事人数不足法定人数时，在任董事只能为补选董事或召集股东大会的目的行使职权。

无人担任董事长、董事长不愿主持会议或在指定时间十五分钟后仍未出席（包括由他人代为出席）的，出席会议的董事可推选一名出席董事主持会议。

当有表决权的董事以任何方式相互表示对某事项意见一致时，可作出董事会决议。该决议可采用书面形式，由每位有表决权的董事签字，或者由每位有表决权的董事以其他书面方式表示同意。本条所称有表决权的董事是指：如该事项在董事会会议上提出决议，该董事有权对该事项投票且构成法定人数。

董事以通过任何使所有与会者能够在会议期间互相听见对方声音并交谈的方式参加董事会会议。以此种方式参加会议的董事视为亲自出席，计入法定人数并有表决权。此类会议视为在参会人数最多的地点举行，如无法确定，则视为在主席所在地举行。

对于无表决权的决议，董事不计入出席会议的法定人数。

主席认为需要董事会决定的事项紧急的，可将该事项提交董事审议。只要构成正式会议法定人数的董事同意下列方式之一，即可作出决议，并在两日内通知未参与决议或缺席会议的董事：

（一）同意解决该事项的建议；

（二）在董事意见不一致时，按照构成法定人数的多数董事的决定解决该事项。

在不限制《公司条例》规定的董事职责的情况下，董事不得对其具有直接或间接利害关系的事项参与表决。就本款而言，董事的利害关系包括与其有关联关系的人的利益。

就本条规定：

（一）向董事发出一般通知，说明董事在公司所涉及的任何交易或安排中被视为具有通知所列性质和范围的利益的，该通知视为充分披露；

（二）董事不知情且不应合理知情的利益不视为董事的利益。

依据《公司条例》的规定，公司可通过决议中止或放宽本章程中禁止董事在董事会会议上投票的规定。

对于任何人在会议上的投票权，仅可在董事会会议上提出异议。会议主席应对异议作出裁决，但异议与会议主席有关的除外。会议主席的裁决为最终决定。

第二十五条　秘书

依据《公司条例》的规定，秘书由董事会任命和解聘，任命条件、薪酬和待遇由董事会决定。

第二十六条　会议记录

董事会应确保保存下列会议记录：

（一）董事会任命的所有高级管理人员；

（二）股东大会、公司任何类别股份持有人会议、董事会会议和董事委员会会议的所有程序。

会议记录应包括出席会议的董事姓名。

第二十七条　股息

依据《公司条例》的规定，公司可通过普通决议按照股东各自的权利宣布分配股息，但股息不得超过董事会建议的数额。

依据《公司条例》的规定，董事会可在其认为公司可分配利润足以支付的情况下支付中期股息。如股本分为不同类别，在优先股股息拖欠的情况下，不得对递延或非优先股份支付中期股息。董事会善意行事的，对于因合法支付递延或非优先股份中期股息而使优先股股东遭受的损失不承担责任。

董事会可建议且股东大会可宣布以分配资产的方式支付全部或部分股息。分配发生困难的，董事会可决定解决方式。

除股份所附权利另有规定外，公司股份的股息或其他应付款项不计利息。

股息或其他应付款项自到期之日起十二年内无人认领的，董事可决定没收。董事决定没收任何股息或其他款项后，公司不再负有给付义务。

第二十八条　查阅会计记录

公司股东无权查阅公司的会计记录、其他账簿或文件，但《公司条例》赋予股东该权利或经董事会或公司普通决议授权查阅的除外。

第二十九条　通知

依据本章程发出的通知应采用书面形式。

公司可采用下列方式向股东发出通知：

（一）面交；

（二）以预付邮资的信封邮寄至股东的登记地址或留存于该

地址；

（三）以电子形式发送至股东指定的地址，该通知在发送时视为送达；

（四）股东与公司约定的其他方式。

对于股份的联名持有人，所有通知应发送给在公司股东名册中与联名持有有关的最先登记的联名持有人，如此发出的通知对所有联名持有人均为有效通知。

出席会议的人员，无论亲自出席还是委托他人出席，均视为已收到会议通知。

任何取得公司股份权利的人均受与该股份有关的通知约束。

证明装有通知的信封已正确写明地址、预付邮资并寄出的，即为该通知在寄出后四十八小时内送达的确证。通知在信封寄出后届满四十八小时视为送达。

以电子方式发送的证据即为通知在发送时已送达的确证。

公司可向因股东死亡或破产而取得（或声称取得）股份权利的人发出通知，通知方式为邮寄或留存于其向公司提供的地址。在其向公司提供地址之前，公司以按照未发生死亡或破产时可能采用的方式就股份发出通知。

第三十条　章程修改

本章程可通过特别决议修改。

附则六　公众公司标准章程

第一条　释义

本章程所称下列用语的含义：

（一）董事会，是指公司董事会。

（二）公司法规，是指阿斯塔纳国际金融中心公司法规，包括《公司细则》。

（三）公司，是指公众公司。

（四）董事长，是指董事会主席。

（五）首席执行官，是指公司首席执行官，由股东或董事任命，应为自然人并具有身份证号码。

（六）董事，是指公司现任董事，包括任何担任董事职务的自然人。

（七）普通决议，是指在股东大会上，由有表决权的股东或其代理人以简单多数通过的决议，且该决议已依法发出通知。

（八）董事登记簿，是指《公司条例》规定的公司董事登记簿。

（九）股东登记簿，是指《公司条例》规定的公司股东登记簿。

（十）股东，是指在股东登记簿中登记为公司股份持有人的人。

（十一）特别决议，是指在股东大会上，由有表决权的股东或其代理人以不少于百分之七十五的多数通过的决议，且该决议已依法发出通知。

（十二）秘书，是指担任公司秘书职务的人员。

（十三）股份，是指公司的股份。

（十四）本章程，是指本公司章程。

本章程使用的术语与《公司条例》规定的含义相同，但不包括在本章程对公司具有约束力时尚未生效的法定修改。

本章程中，单数包括复数，复数包括单数。

本章程中，表示性别的词语包括全部性别。

本章程中，“可”表示权利或权力。

本章程中，“应”表示义务或责任。

本章程所称“书面”，是指能以有形形式在任何媒介（包括电子方式）复制的清晰信息。经股东同意，公司可通过电子方式与该股东沟通。

本章程所称规章或细则，是指金管局的条例或细则及其修订，但另有规定的除外。

依据《公司条例》的规定，通过特别决议可实现普通决议的目的。

第二条　公司名称

公司名称为【申请书中指定的名称】

第三条　注册地址

公司注册地址位于哈萨克斯坦共和国努尔苏丹阿斯塔纳国际金融中心，具体地址载于公共登记簿。

第四条　经营范围

公司的经营范围包括：

（一）【申请书所载业务】；

（二）《公司条例》规定的其他合法活动。

第五条　注册资本

公司的注册资本为【申请书所载数额】。

第六条　股东责任

股东以其认缴的出资额为限对公司承担责任。

第七条　股份

公司可通过普通决议，在不影响现有股份所附权利的前提下，确定所发行股份的权利和限制。

公司可依据《公司细则》发行可赎回股份或将现有股份转换为可赎回股份，具体事项由董事决定。

除本章程或《公司细则》另有规定外，公司不承认任何人以信托方式持有股份，亦不受任何股份权益的约束。

第八条　股权凭证

除股份分配条件另有规定外，股东享有下列权利：

（一）免费获得其持有的每一类别股份的股权凭证一份；

（二）免费获得向其转让的每一类别股份的股权凭证一份；

（三）其向他人转让所持股份后剩余股份的股权凭证。

股东有权取得额外股权凭证，但应支付董事会确定的合理费用。

股权凭证应载明：股份数量和类别；识别号码（如有）；实缴金额。

对于联名持有的股份，公司向其中一人交付股权凭证即为有效送达。

股权凭证遗失或毁损的，股东可请求补发，但应：

（一）退还原有股权凭证（如有）；

（二）提供董事会要求的证据；

（三）支付合理费用；

（四）遵守董事会规定的其他条件。

股权凭证遗失或毁损的，公司可在收到股东退还原有股权凭证及支付所需合理费用后，予以补发。

第九条　股份转让

股份转让应采用董事会批准的格式文件，由转让人或其代表签署。

有下列情形之一的，公司可拒绝登记股份转让：

（一）转让文书未备案；

（二）股票证书未提交；

（三）未提供董事会要求的其他证据。

董事会拒绝登记股份转让的，应在十四日内通知当事人。

董事会可暂停股份转让登记，每年暂停期限不得超过三十日。

公司可就转让登记收取合理费用。

受让人登记为股东前，转让人仍为股东。

公司应保存股份转让的相关文件。

第十条　股份继承

股东死亡的，公司应承认其个人代表为该股份的合法所有人；若死亡股东为联名持有人的，公司应承认其他联名持有人为该股份的合法所有人。

他人因股东死亡或破产而依法取得股份的，经通知公司后，可登记为股东并享有与其他同类股份股东相同的权利。

第十一条　股本变更

在遵守《公司细则》规定的前提下，公司可通过普通决议：

（一）通过设立相同面值的新类别股份或适当面值的新类别股份增加股本；

（二）将股本合并并分割为面值大于现有股份面值的股份；

（三）将股份细分为面值低于现有股份面值的股份。

股份合并产生的碎股，董事可代表股东出售，并将净收益按比例分配给股东。

公司可依据《公司条例》的规定减少其股本。

第十二条　公司回购股份

公司可在遵守《公司条例》规定的前提下回购其股份。

第十三条　股东大会

董事会可召集股东大会。

股东依据《公司细则》第九十五条请求召开股东大会的，董事会或秘书应在两个月内召开。

第十四条　会议请求及通知

年度股东大会应提前二十一日发出书面通知。

其他股东大会应提前十四日发出书面通知。

股东大会通知应载明会议时间、地点。年度股东大会通知应载明该次会议为年度股东大会。

因未能及时向有权接收会议通知的人发出通知，或该人员未能收到会议通知，不影响股东大会程序的有效性。

第十五条　股东大会程序

股东大会应有法定人数方可进行。除公司仅有一名股东外，两名股东亲自出席或委托代理人出席构成法定人数。

股东大会在通知载明的开始时间后三十分钟内未达法定人数的，会议应休会，休会的地点和时间由董事会决定。会议进行中出现未达法定人数的，亦同。

董事长主持会议，董事长在通知载明的开始时间后十五分钟内未出席或不愿担任会议主席的，由出席董事推选一人主持；无董事出席或愿意主持的，由出席股东推选一人主持。

董事有权出席股东大会及公司任何类别股份的股东单独会议并发言，无论其是否为股东或该类别股份的股东。

会议主席经多数票同意可休会。休会前未能讨论的事项，不得在休会后的会议上讨论。休会不超过十四日的，无须重新发出会议通知；休会十四日或以上的，应提前至少七日发出通知。通知应载明休会后会议的时间、地点、待讨论事项的一般性质以及已正式通知的提案决议。

决议表决通常采取举手方式，但下列人员可要求投票表决：

（一）会议主席；

（二）至少两名有表决权的股东；

（三）代表全体有表决权股东表决权总数百分之五以上的股东。

除非要求投票表决，会议主席可宣布决议以特定多数票通过或未通过。会议记录中记载的该声明是决议结果的确凿证据。

会议主席可同意撤回投票要求。

投票应按照会议主席指示的方式进行，投票结果即为该次会议对该议题的决议。

关于选举会议主席或休会问题的投票表决应立即进行；其他问题的投票表决应按照会议主席的指示进行，但不得超过提出投票要求之日起三十日；投票表决不影响会议继续审议其他事项。

投票表决未能在会议上进行的，应至少提前七日通知表决的时间和地点，但会议上已宣布表决时间和地点的除外。

第十六条　股东表决权

举手表决时，出席会议的股东（包括法人股东代表）各有一票表决权；投票表决时，股东就其持有的每一股份享有一票表决权，但应遵守股份所附的权利或限制规定。

联名股东共享一票表决权或每股一票表决权。联名股东投票超过一票的，仅计算在公司股东名册上登记在先的联名股东的投票。

因身体或精神残疾而指定个人代表的股东，其代表可行使股东的表决权，但应在会议或表决前，在提交代理文书的期限内，向董事会提交授权证明。

表决权异议由会议主席裁决。主席的裁决为终局裁决，除非异议涉及主席本人。

股东可委托代理人投票表决。

代理投票的委托书应采用公司批准的书面格式，并随会议通知或表决通知一并发送。委托书格式应包含使股东可指示代理人如何行使表决权的内容。

代理人委托书应在股东大会召开前四十八小时送达公司住所。对于会后进行的投票表决，委托书可在表决时由会议主席、秘书或任何在场董事接收，或在表决前的任何时间送达公司住所。

委托人撤销代理权的，代理人已作出的投票或投票要求仍然有效，但公司在投票或要求投票前收到撤销通知的除外。

第十七条　董事人数

公司应至少设两名董事，且董事应为自然人并持有本国公民身份证件。

第十八条　替任董事

公司董事会主席或其他董事（以下称“委任人”）可任命其他董事或经董事会批准的其他人员作为委任人的替任人（以下称“被任命人”），并可随时撤销任命。被任命人可行使委任人作为董事的所有职能，如委任人为董事会主席，则可行使主席职能，但无权获得报酬。

委任人和被任命人均应收到委任人有权收到的所有董事会议通知。

被任命人有权出席董事会会议并投票，如委任人缺席，被任命人可计入法定人数。

被任命人不是委任人的代理人，委任人对被任命人的作为或不作为不承担责任。

被任命人的任期与委任人担任董事的任期相同，但委任人可随时撤销任命。

委任人应就被任命人的任命及任何撤销任命事项向公司发出通知。

第十九条　董事职权

依据《公司条例》和本章程的规定，公司业务由董事会管理，或由股东会或董事会任命的首席执行官管理。

股东会或董事会可从其成员中或董事会外任命首席执行官，首席执行官应为哈萨克斯坦共和国的居民和自然人。首席执行官在董事会明确保留权力的约束下，有权在公司主要业务活动范围内以公司名义行事。首席执行官代表公司对外联系。

董事会可任命公司代理人。

第二十条　股东保留权力

股东可通过特别决议指示董事会采取或者不采取特定行动。

该特别决议不影响决议通过前董事会已经采取的行动。

第二十一条　董事会权力的授权

董事会可在其认为适当的范围内、事项上、地域内以及条件下将其职权授予董事总经理、执行董事或董事委员会。

经董事会授权，获得授权的人员或委员会可进一步转授董事会的职权。

董事会可全部或部分撤销授权，或者变更授权条件。

第二十二条　董事任命和卸任

凡愿意担任董事且符合《公司条例》规定的人员，可通过公司普通决议或经董事会决定被任命为董事。

除轮值退任的董事外，任何人选非经董事或股东推荐且其详细信息未包含在会议通知中，不得在股东大会上被任命为董事。前述详细信息应至少包括该人员被任命后将记载于公司董事登记簿中的信息。

董事总人数未超过《公司条例》或本章程规定的最高人数，股东会或董事会可任命额外董事。

本条前款所述的董事任期至下次年度股东大会时届满，且应在该次会议上卸任，但可依据本章程重新被任命。

公司首次年度股东大会上，全体董事应卸任。此后每次年度股东大会上，三分之一或最接近三分之一数额的董事应轮值卸任。

如董事愿意继续任职，且公司在该董事轮值卸任的会议上决定不填补空缺，则该董事可继续任职。

第二十三条　董事资格丧失和免职

董事有下列情形之一的，其职位自动出缺：

（一）被《公司条例》禁止担任董事；

（二）破产；

（三）因精神或身体残疾而无法履行董事职责；

（四）连续三次缺席董事会会议，但经董事会批准请假的除外；

（五）向公司提交书面辞职报告；

（六）经普通决议免职。

第二十四条　董事薪酬及费用

董事有权获得公司决议确定的薪酬，并有权报销因履行职责而合理支出的费用。

公司可支付董事出席下列会议的合理费用，包括：

（一）董事会会议或董事委员会会议；

（二）股东大会；

（三）公司任何类别股份或债务证券持有人的单独会议；

（四）与行使公司权力和履行职责有关的其他事务。

第二十五条　董事任命

依据《公司条例》的规定，董事会可任命一名或多名董事担任董事总经理或公司其他高管职务。任命条件由董事会确定。董事担任高管职务的任命因其不再担任董事而终止。董事总经理和担任其他高管职务的董事无须轮值退任。

第二十六条　董事会议事规则

董事可依据本章程，按其认为适当的方式制定议事规则。

董事会应在其确定的时间和地点召开会议。

董事可召集董事会会议，秘书应董事要求召集董事会会议。

董事会会议的议案应由出席会议的董事（含替任董事）以多数票作出决定。如票数相等，会议主席有权投决定票。

董事会会议须达到法定人数方可进行。法定人数为二人，或董事会另行确定的人数。董事因利益冲突被要求回避表决的，在确定该决议的法定人数时不计入。

如董事人数低于法定人数，在任董事仅可为填补空缺或召集股东大会而行使职权。

董事会应任命一名董事担任董事会主席，并可随时解除其职务。

董事会主席应主持其出席的所有董事会会议。如无董事担任主席，或主席不愿主持会议，或在会议指定时间后五分钟内未亲自或由他人代为出席，出席的董事可推选一名出席董事主持会议。

除董事会另有决定外，全体董事（或其替任董事）签署的书面决议与董事会会议通过的决议具有同等效力。决议可由多份格式相同的文件组成，每份文件由一名或多名董事（或其替任董事）签署。

在不限制《公司条例》规定的董事职责的情况下，董事不得就其存在直接或间接利害关系的事项参与董事会决议表决。本款所称董事的利害关系包括与其有关联关系的任何人的利益。

公司可通过决议中止或放宽本章程中关于禁止董事在董事会议上投票的规定。

对任何人在会议上的投票权提出的异议，仅可在董事会会议上提出。会议主席应对异议作出裁决，但异议与会议主席有关的除外。会议主席的决定为终局决定。

第二十七条　秘书

依据《公司条例》的规定，秘书由董事会任命和解聘，任命条件、薪酬和待遇由董事会决定。

第二十八条　会议记录

董事会应确保保存下列会议记录：

（一）董事会任命的所有高级管理人员；

（二）股东大会、公司任何类别股份持有人会议、董事会会议和董事委员会会议的所有程序。

会议记录应包括出席会议的董事姓名。

第二十九条　股息

依据《公司条例》的规定，公司可通过普通决议按照股东各自的权利宣布分配股息，但股息不得超过董事会建议的数额。

依据《公司条例》的规定，董事会可在其认为公司可分配利润足以支付的情况下支付中期股息。如股本分为不同类别，在优先股股息拖欠的情况下，不得对递延或非优先股份支付中期股息。董事会善意行事的，对于因合法支付递延或非优先股份中期股息而使优先股股东遭受的损失不承担责任。

董事会可建议且股东大会可宣布以分配资产的方式支付全部或部分股息。分配发生困难的，董事会可决定解决方式。

公司支付的股息或其他款项可通过支票支付。

款项支付给单个利害关系人的，应将支票邮寄至其登记地址，或其以书面指定的地址。如两个以上利害关系人为股份的联名持有人或共同享有人，应将支票邮寄至公司股东登记簿中登记在先者的地址，或其书面指定的地址。

支票应支付给利害关系人或其指定人，或利害关系人书面指定的其他人。

支票付款即视为公司已履行给付义务。

任何联名持有人或共同享有公司股份的其他人均可就股息或其他应付款项出具有效收据。

除股份所附权利另有规定外，公司股份的股息或其他应付款项不计利息。

股息或其他应付款项自到期之日起十二年内无人认领的，董事可决定没收。董事决定没收任何股息或其他款项后，公司不再负有给付义务。除非股份所附权利另有规定，公司股份的股息或其他应付款项不计利息。

第三十条　查阅会计记录

公司股东无权查阅公司的会计记录、其他账簿或文件，但《公司条例》赋予股东该权利或经董事会或公司普通决议授权查阅的除外。

公司应任命审计师审查账目并依据公司章程出具报告。

第三十一条　利润资本化

董事可依据公司决议的授权，采取下列措施：

（一）在不违反本章程的前提下，决定将公司未分配利润（无论是否可供分配）或公司股份溢价账或资本赎回储备金中的余额资本化；

（二）按相同比例将资本化金额分配给在以股息方式分配时有权获得该等资本的股东，并代表其将该等金额用于配发任何未发行的全额缴足股份或公司债务证券，或用于支付任何股份或债务证券的未付金额，或经相关股份或债务证券持有人同意用于支付部分缴足的股份或债务证券；

（三）以现金或董事决定的其他方式支付依据本章程可分配的股份或债务证券；

（四）授权任何人代表所有相关股东与公司订立具有约束力的协议，规定向其分别分配其在资本化时有权获得的任何股份或债务证券，并以全额缴足的股款记入账户。

就本条前款第二项而言，股份溢价账、资本赎回储备及任何不能用于分配的利润只可用于分配未发行给全额缴足股份的股东的股份。

第三十二条　通知

依据本章程发出的通知应采用书面形式。

公司可采用下列方式向股东发出通知：

（一）面交；

（二）以预付邮资的信封邮寄至股东的登记地址或留存于该地址；

（三）以电子形式发送至股东指定的地址，该通知在发送时视为送达；

（四）股东与公司约定的其他方式。

对于股份的联名持有人，所有通知应发送给在公司股东名册中与联名持有有关的最先登记的联名持有人，如此发出的通知对所有联名持有人均为有效通知。

出席会议的人员，无论亲自出席还是委托他人出席，均视为已收到会议通知。

任何取得公司股份权利的人均受与该股份有关的通知约束。

证明装有通知的信封已正确写明地址、预付邮资并寄出的，即为该通知在寄出后四十八小时内送达的确证。通知在信封寄出后届满四十八小时视为送达。

以电子方式发送的证据即为通知在发送时已送达的确证。

公司可向因股东死亡或破产而取得（或声称取得）股份权利的人发出通知，通知方式为邮寄或留存于其向公司提供的地址。在其向公司提供地址之前，公司以按照未发生死亡或破产时可能采用的方式就股份发出通知。

第三十三条　章程修改

本章程可通过特别决议修改。

《阿斯塔纳国际金融中心特殊目的公司细则》（2017年）

（细则编号：GR0001）

（2019年7月5日修订，2019年7月5日起生效）

批准日期：2017年12月10日

生效日期：2018年1月1日

哈萨克斯坦努尔苏丹

第一章　总　则

第一条　名称

本细则名称为《阿斯塔纳国际金融中心特殊目的公司细则》（2017年）（英文简写SPCoR）。

第二条　生效时间

本细则自2018年1月1日起生效。

第三条　制定机关

本细则由阿斯塔纳金融服务管理局（AFSA，以下简称金管局）董事会依据《阿斯塔纳国际金融中心公司条例》（以下简称《公司条例》）第一百八十一条（制定规则的权限）和《阿斯塔纳国际金融中心破产条例》（以下简称《破产条例》）第九十二条（条例相关细则）的规定制定。

第四条　法定地位

特殊目的公司是《公司条例》第十一编（其他类型的公

司）规定的公司类型之一。

第五条 适用范围

本细则适用于阿斯塔纳国际金融中心（AIFC，以下简称本中心或中心）的管辖范围。

本细则与金管局执行的其他法律规定不一致的，适用金管局执行的其他法律规定。但各项规定均可同时遵守的，不得仅因规定对象相同而认定存在不一致。

第六条 释义

本细则所使用的定义见附则一。

本细则所使用的定义（附则一中的定义除外）与《公司条例》和《公司细则》保持一致，但附则一另有规定的除外。

注：有关适用于本细则的《公司条例》中的定义，请参阅该条例附则一。

《公司条例》与本细则相关的定义包括：

阿斯塔纳金融服务管理局（Astana Financial Services Authority，英文简写 AFSA，中文简称金管局）

阿斯塔纳国际金融中心（Astana International Financial Centre，英文简写 AIFC，中文简称中心或本中心）

《公司条例》（AIFC Regulations）

阿斯塔纳国际金融中心规则（AIFC Rules）

年度股东大会（Annual General Meeting）

公司章程（Articles of Association）

公司（Company）

股份有限公司（Company Limited by Shares）

违反（Contravene）

董事（Director）

履行（Exercise）

职能（Function）

发起人（Incorporator）

主体（Person）

注册机关（Registrar）

证券（Security）

股份（Share）

股东（Shareholder）

子公司（Subsidiary）

文书（Writing）

除本条第二款另有规定外，本细则使用的术语（除附则一或《公司条例》中定义的术语外）与《破产条例》的含义相同，但附则一另有规定的除外。

注：有关适用于本细则的《破产条例》中的定义，请参阅该条例附则三。

《破产条例》与本细则相关的定义包括：

自愿清盘决议（Resolution for Voluntary Winding Up）

第七条　执行

本细则由公司注册机关执行。

第二章　特殊目的公司的宗旨和活动

第一条　经营范围

特殊目的公司的章程应规定公司经营范围仅限于开展豁免活动。

特殊目的公司不得从事豁免活动以外的活动。

违反本条前款规定的，处五千美元以下罚款。

第二条　禁止开展的业务

特殊目的公司禁止作为：

（一）投资信托的受托人；

（二）投资合伙公司的普通合伙人；

（三）投资公司。

特殊目的公司未经金管局授权，禁止开展阿斯塔纳国际金融中心《金融服务框架条例》规定的金融服务活动。

第三条　资格撤销

出现下列情形之一的，公司注册机关应撤销特殊目的公司资格：

（一）从事豁免活动以外的活动；

（二）除本细则第四章第一条第二款规定的主体外的人成为公司股东，但本细则第四章第一条第三款规定的情形除外；

（三）公司申请撤销其特殊目的公司资格。

注册机关依据本条前款第一项、第二项撤销资格的，应事先书面通知特殊目的公司下列事项：

（一）注册机关正在考虑撤销其特殊目的公司资格；

（二）公司可在规定期限内按照规定方式提出陈述意见。

注册机关应考虑特殊目的公司依据本条前款提出的陈述意见。

注册机关撤销特殊目的公司资格的，该公司不再作为特殊目的公司存续，但仍作为股份有限公司存续，本细则不再适用于该公司。

注册机关撤销特殊目的公司资格的，应依据本细则和《公司条例》对登记簿进行相应变更。

第三章　特殊目的公司的设立和注册

第一条　设立主体

申请设立特殊目的公司的主体，应是公司发起人、公司服务提供商、律师事务所或会计师事务所。

申请设立特殊目的公司的，发起人应确认公司仅开展豁免活动。

特殊目的公司的初始股本无最低限额要求。

第二条　公司章程

注册机关应制定并公布特殊目的公司章程示范文本。

申请设立特殊目的公司时，若存在章程示范文本的，公司应采用该示范文本作为初始章程。

发起人可修改章程示范文本。注册机关认为修改不适合特殊目的公司性质及其获准开展的活动的，可否决该修改。

特殊目的公司修改章程的，应报注册机关批准。注册机关认为修改不适合特殊目的公司性质及其获准开展的活动的，可否决该修改。

第三条　设立登记

尽管《公司条例》第十五条第一款（设立申请决定）有所规定，但如果申请主体依据《公司条例》提出成立特殊目的公司的申请，注册机关确认申请人具备特殊目的公司设立条件的，应当将其设立为特殊目的公司。

依据《公司条例》第十六条第一款第一项（设立效力）为特殊目的公司颁发的设立登记证书应当载明其特殊目的公司性质。

在特殊目的公司设立并登记其公司章程时，注册机关除了依据《公司条例》第十六条第一款第三项将特殊目的公司登记于公司登记簿外，还应将其登记于特殊目的公司登记簿。

依据《公司条例》第二百零四条第一款（公共登记簿），注册机关应设立并公布特殊目的公司登记簿，记载存续和过往特殊目的公司登记信息（以下简称特殊目的公司登记簿）。

第四条　业务展开

特殊目的公司应接受公司服务提供者提供的公司管理服务。特殊目的公司可接受第三方资产管理服务提供者提供的资产管理服务。

【有意省略】

《公司条例》第二十四条第三款（住所及经营）的规定不适用于特殊目的公司。

第四章　股　份

第一条　股东和股份

特殊目的公司应至少有一名股东。

依据本细则第四章第一条第三款规定，下列主体可成为特殊目的公司股东：

（一）交易的发起人或其他参与者；

（二）其他特殊目的公司；

（三）以信托方式全权持有特殊目的公司股份的名义持有人，其受益人全部或主要为第一项所列主体。

公司服务提供者、律师事务所或会计师事务所可以成为其申请设立的特殊目的公司的股东。但在其持有的全部股份转让给本条第二款规定的主体前，该特殊目的公司禁止开展任何业务。

《公司条例》第六编（类别股份权利）的规定不适用于特殊目的公司。

第五章　会　议

第一条　会议

《公司条例》第七编（私人公司和公众公司）第十章（会议）的规定不适用于特殊目的公司。

第六章　董　事

第一条　董事

特殊目的公司应至少有一名董事。特殊目的公司的董事可以是个人或法人团体。作为个人的特殊目的公司董事无须居住在哈萨克斯坦。

第七章　会计和审计

第一条　会计与审计

《公司条例》第十编（会计、报告及审计）的规定不适用于特殊目的公司。但出现下列情形之一的，公司应当进行审计：

（一）特殊目的公司发行的证券在证券交易所上市；

（二）特殊目的公司是公众公司的子公司且发布合并账目，该合并账目不包括特殊目的公司的账目。

第八章　年　报

第一条　年报

《公司条例》第二十六条（年报）的规定不适用于特殊目的公司。

第九章　变更登记

第一条　变更登记

特殊目的公司应于每年一月向注册机关提交书面确认，证明自公司设立或上次确认以来，章程未发生应报送而未报送的变更。

特殊目的公司发生下列变更的，应自变更之日起三十日内向注册机关报告：

（一）注册办事处或联系方式变更；

（二）股东变更；

（三）名称变更；

（四）主要经营活动变更。

本细则不免除特殊目的公司遵守上市监管机构或评级机构关于交易报告要求的义务。

第十章　破产法规

第一条　破产法规的适用

特殊目的公司无未偿还债务的，方可通过自愿清算决议。

特殊目的公司在破产程序中不享有优先债权。

《破产条例》第六十七条关于有偿财产的规定不适用于特殊目的公司豁免活动产生的合同和其他财产。

《破产条例》第九条、第九十七条、第九十九条关于暂停偿债、优先权、无效担保权益的规定不适用于特殊目的公司。

第十一章　其他条款的适用

第一条　其他规则的适用

《公司条例》下列规定不适用于特殊目的公司：

（一）第十二编（核准公司）的规定；

（二）第十三编（公司转移注册）关于外国公司迁入登记的规定。

《公司条例》中有关核准公司、外国公司向本中心转移注册、受保护单元公司以及《公司细则》中有关投资公司的规定不适用于特殊目的公司。

附则一　释　义

第一条　金管局执行的法律

金管局执行下列法律：

(一)《金融服务框架条例》及其实施细则;

(二) 明确规定由金管局管理的中心条例和细则;

(三) 赋予金管局职能或涉及金管局职能行使的中心条例和细则的规定。

第二条 定义

在本细则中下列用语的含义:

本细则所称公司服务提供者(Corporate Service Provider),是指经金管局或公司注册机关批准在本中心或其他司法管辖区内开展公司服务业务的主体。

本细则所称豁免活动(Exempt Activity),包括以下传统或伊斯兰方式开展的活动:为交易目的收购、持有和处置有形或无形资产;为交易目的获得融资、设立担保、提供赔偿或订立对冲安排;为发起人或其他特殊目的公司融资;担任交易参与者的受托人或代理人;经注册机关书面批准的其他活动;与前述活动相关的附属活动。

本细则所称发起人(Initiator),是指为交易设立特殊目的公司的人。

本细则所称投资公司(Investment Company),是指依据《公司条例》设立的投资公司。

本细则所称投资合伙公司(Investment Partnership),是指依据《阿斯塔纳国际金融中心有限合伙公司条例》专为集体投资目的设立的有限合伙公司。

本细则所称投资信托(Investment Trust),是指依据金管局执行的法律为集体投资目的而设立的信托。

本细则所称金管局执行的法律(Legislation Administered by the AFSA),具有本附则第一条赋予的含义。

本细则所称受托人(Nominee),是指经金管局或公司注册机关批准在本中心或其他司法管辖区内开展信托或受托业务的个人。

本细则所称特殊目的公司（Special Purpose Company），是指以特殊目的公司形式设立的股份有限公司。

本细则所称交易（Transaction），就特殊目的公司而言，是指为发起人利益进行的伊斯兰或传统结构性融资交易，包括证券化等资本市场交易。

《关于中心条例细则特定条款受公司条例第一百九十五条约束的特别规则》（2018年）

（特别规则编号：FR0037）

（2018 年 12 月 2 日修订，2018 年 12 月 2 日起生效）

批准日期：2018 年 6 月 15 日

生效日期：2018 年 6 月 15 日

第一章　总　则

第一条　名称

本细则名称为《关于中心条例细则特定条款受公司条例第一百九十五条约束的特别规则》。

第二条　生效时间

本细则自 2018 年 6 月 16 日起生效。

第三条　制定机关

本细则由阿斯塔纳金融服务管理局（AFSA，以下简称金管局）董事会依据《阿斯塔纳国际金融中心公司条例》（以下简称《公司条例》）第一百八十一条（制定规则的权限）的规定制定。

第四条　适用范围

本细则适用于阿斯塔纳国际金融中心（AIFC，以下简称本中心或中心）的管辖范围。

第五条　释义

本细则所称特定条款，其定义适用《公司条例》第一百九十五条第一款的规定。

第二章　受《公司条例》第一百九十五条约束的条例细则特定条款

第一条

附则一规定的条款受《公司条例》第一百九十五条（规定的豁免和修改）的约束。

第二条

如相关条款依据《公司条例》第一百九十五条获得豁免或修改，引用该条款的其他条款应作相应调整以确保豁免或修改的效力。

示例：如获豁免遵守《公司条例》第一百四十七条第一款第二项关于认可公司应在中心设立营业场所的规定，则该条第一款第三项第二目关于向注册机关申报中心内主要营业场所地址的规定应理解为允许该公司申报中心外主要营业场所地址。

附则一

下列条款受《公司条例》第一百九十五条约束：

《公司条例》第二十四条第一款，第一百四十七条第一款第二项；

《阿斯塔纳国际金融中心普通合伙公司条例》第十六条第一款；

《阿斯塔纳国际金融中心有限合伙公司条例》第十六条第一款，第四十六条第二项；

《关于中心条例细则特定条款受公司条例第一百九十五条约束的特别规则》
（2018 年）

《阿斯塔纳国际金融中心有限责任合伙公司条例》第十五条第一款，第三十七条第二项；

《阿斯塔纳国际金融中心非营利性法人组织条例》第十二条第一款。

参考文献

一、著作

[1] Campbell-Holt, C. （ed.）, *A Vision of the AIFC Court*, Nulsutan: AIFC Court, 2019.

二、论文

[1] [哈] Botagoz Zhumabekova:《成为首都：哈萨克斯坦首都阿斯塔纳的城市规划》，沙永杰、徐洲译，载《上海城市规划》2016年第6期。

[2] 蔡鑫:《阿斯塔纳国际金融中心法院司法制度研究》，载李双元主编:《国际法与比较法论丛》（第二十八辑），武汉大学出版社2022年版。

[3] 陈伟光、郭晴:《中国对“一带一路”沿线国家投资的潜力估计与区位选择》，载《宏观经济研究》2016年第9期。

[4] 方慧、宋玉洁:《东道国风险与中国对外直接投资——基于“一带一路”沿线43国的考察》，载《上海财经大学学报》2019年第5期。

[5] 郭锐、王登凯:《哈萨克斯坦油气合作的法律风险与防控》，载《国际石油经济》2019年第12期。

[6] 胡鞍钢等:《“丝绸之路经济带”：战略内涵、定位和实现路径》，载《新疆师范大学学报（哲学社会科学版）》2014年第2期。

[7] 赖晨野:《哈萨克斯坦国际商事仲裁法律制度评析》，载《新疆大学学报（哲学·人文社会科学版）》2016年第1期。

[8] 李建民:《俄、哈、乌、吉、塔五国公共投资市场准入法律体系比较研究》，载《欧亚经济》2014年第1期。

[9] 刘国胜:《哈萨克斯坦共和国外商投资法述评》，载《伊犁师范学院学报（社会科学版）》2007年第3期。

[10] 刘鑫瑶:《"一带一路"背景下中亚五国绿色金融法律制度的建立与完善》,载《中阿科技论坛(中英文)》2022年第6期。

[11] 宋非非:《哈萨克斯坦外贸管理体制》,载《建筑机械》2008年第13期。

[12] 宋利芳:《中哈"丝路经济带"战略与"光明之路"新经济政策的对接》,载《中国流通经济》2016年第9期。

[13] 王林彬、郭婷婷:《哈萨克斯坦矿业投资税费法律制度研究》,载《新疆社会科学》2010年第2期。

[14] 王青松、苏超:《国际金融中心司法制度研究——以阿斯塔纳国际金融中心法院为视角》,载《伊犁师范大学学报》2023年第2期。

[15] 王青松、苏超:《哈萨克斯坦国际商事仲裁制度研究——以阿斯塔纳国际金融中心仲裁制度为视角》,载《国际商务研究》2022年第3期。

[16] 王炜:《阿斯塔纳国际金融中心建设的经验启示与货币合作机遇》,载《西部金融》2020年第2期。

[17] 王晓峰、王林彬:《丝绸之路经济带背景下哈萨克斯坦投资壁垒及中国的对策研究》,载《国际商务研究》2016年第4期。

[18] 王新平、陈锐:《中哈金融合作与制度安排——对中哈本币结算的探讨》,载《俄罗斯中亚东欧市场》2008年第11期。

[19] 徐伟金:《哈萨克斯坦国企改革对中哈经贸关系的影响》,载《金融发展评论》2019年第1期。

[20] 杨临萍:《"一带一路"国际商事争端解决机制研究——以最高人民法院国际商事法庭为中心》,载《人民司法》2019年第25期。

[21] 杨陶、李庭均:《阿斯塔纳国际金融中心法院司法制度探析》,载《伊犁师范大学学报》2024年第3期。

[22] [哈]伊万·沙拉法诺夫、任群罗:《"丝绸之路经济带"背景下哈萨克斯坦产业投资环境研究》,载《俄罗斯研究》2017年第1期。

[23] 袁胜育、汪伟民:《丝绸之路经济带与中国的中亚政策》,载《世界经济与政治》2015年第5期。

[24] 张述存:《"一带一路"战略下优化中国对外直接投资布局的思路与对策》,载《管理世界》2017年第4期。

[25] 周五七:《"一带一路"沿线直接投资分布与挑战应对》,载《改革》2015年第8期。
[26] 左正龙:《阿斯塔纳国际金融中心崛起对中国的影响及监管对策——基于系统性金融风险视角》,载《伊犁师范大学学报》2023年第1期。

附录一：《阿斯塔纳国际金融中心私人公司标准章程》（英文版）

STANDARD ARTICLES OF ASSOCIATION FOR PRIVATE COMPANIES

1. INTERPRETATION

1. 1. In these Articles, unless the contrary intention appears:

Companies Regulations means the AIFC Companies Regulations and includes the AIFC Companies Rules.

Directors means the current Director (s) of the Company and includes any natural person occupying the position of director, by whatever name called.

*Chief Executive Officer*means the chief executive officer of the Company, who is a natural person and has an Individual Identification Number, appointed by the Shareholders or Directors.

Company means a Private Company.

Ordinary Resolution means a resolution passed by a simple majority of the votes of the Shareholders (or the Shareholders of the relevant class of Shares) who (being entitled to do so) vote in person or, if proxies are allowed, by proxy, at a General Meeting for which notice specifying the intention to propose the resolution has been duly given, and includes an Ordinary Resolution in Writing passed under section 100 (Resolution in writing of Private Companies) of the Companies Regulations.

Register of Directors means the Register of Directors of the Company under the Companies Regulations.

Register of Shareholders means the Register of Shareholders of the Company under the Companies Regulations.

*Shareholder*means a Person entered in the Register of Shareholders as the holder of a Share in the Company.

Special Resolution means a resolution passed by at least 75% of the votes of the Shareholders (or the Shareholders of the relevant class of Shares) who (being entitled to do so) vote in person or, if proxies are allowed, by proxy, at a General Meeting provided that notice specifying the intention to propose the resolution as a Special Resolution has been duly given, and includes a Special Resolution in Writing passed under section 100 (Resolutions in writing of Private Companies) of the Companies Regulations.

*Secretary*means the secretary of the Company, if any, or any other person appointed to perform the duties of the secretary of the Company, including a joint, assistant or deputy secretary.

*Shares*means shares in the Company.

Transmittee means a person entitled to a Share by reason of the death or bankruptcy of a Shareholder or otherwise by operation of law.

these Articles means these Articles of Association.

1.2. Terms used in these Articles have the same meanings as they have, from time to time, in the Companies Regulations, or the relevant provisions of the Companies Regulations, unless the contrary intention appears, but excluding any statutory modification thereof not in force when these Articles become binding on the Company.

1.3. In these Articles, words in the singular include the plural and words in the plural include the singular, unless the contrary intention appears.

1. 4. In these Articles, words indicating gender include every other gender, unless the contrary intention appears.

1. 5. In these Articles, the word may, or a similar term, used in relation to a Function indicates that the Function may be Exercised or not Exercised, at discretion.

1. 6. In these Articles, the word must, or a similar term, used in relation to a Function indicates that the Function is required to be Exercised.

1. 7. References in these Articles to "Writing", in relation to any document, instrument, certificate, notice, register or communication means a legible form of the information that is capable of being reproduced in tangible form, in any medium (including electronic means). For the avoidance of doubt, the Company may, with the consent of a Shareholder, communicate with that Shareholder by electronic means.

1. 8. In these Articles, a reference to Regulations or Rules is a reference to Regulations or Rules of the Astana International Financial Centre and, unless the contrary intention appears, a reference to particular Regulations or Rules includes a reference to those Regulations or Rules as amended from time to time.

1. 9. For these Articles, if an Ordinary Resolution is expressed to be required for any purpose, then, subject to the Companies Regulations, a Special Resolution is also effective for that purpose.

2. COMPANY NAME

The Company's name is [as specified in the application].

3. COMPANY REGISTERED OFFICE

The registered office of the Company is situated in the Astana International Financial Centre, Nur-Sultan, Republic of Kazakhstan, at the address provided in the public register.

4. NATURE OF COMPANY'S BUSINESS

The Company's principal business activities are:

(a) [as specified in the application]; and

(b) any other lawful activity for which companies may be incorporated under the AIFC Companies Regulations.

5. LIABILITY OF SHAREHOLDERS

The liability of Shareholders is limited to the amount, if any, unpaid on the Shares held by them in the Company.

6. SHARE CAPITAL

The authorised share capital of the Company is [as specified in the application].

7. COMPANY'S SHARES

7.1. Subject to the provisions ofthe Companies Regulations and without affecting any rights, entitlements or restrictions attached to existing Shares, a Share may be issued with the rights, entitlements or restrictions that the Company may decide by Ordinary Resolution.

7.2. Subject to the Companies Regulations, the Company may issue, or convert existing non-redeemable Shares, whether allotted or not, into redeemable Shares at the discretion of the Directors.

7.3. The Company must not recognise a Person as holding a Share on trust and, except as otherwise provided by these Articles or the Companies Regulations, the Company is not bound by, and must not recognise, any interest in a Share except an absolute right of ownership.

8. SHARE CERTIFICATES

8. 1. Unless the conditions of the allotmentof Shares provide otherwise, on becoming the Shareholder of any Shares, a Person is entitled, free of charge:

(a) to 1 share certificate for all the Shares of each class held by the Person; and

(b) to 1 share certificate for any additional Shares of any class transferred to the Person; and

(c) on transferring a part of the Person' s Shares of any class, to a certificate for the balance of the holding.

8. 2. A Shareholder is entitled to additional certificates, each for 1 or more of the Shareholder' s Shares, on payment for every certificate after the first, of the reasonable amount (if any) decided by the Directors.

8. 3. Every share certificate must specify the number, class and distinguishing numbers (if any) of the Shares to which it relates, and the amount or respective amounts Paid-up on them.

8. 4. The Company is not required to issue more than 1 certificate for Shares held jointly by 2 or more Persons, and delivery of a certificate to a joint holder is sufficient delivery to all of them.

8. 5. If a share certificate is damaged, defaced, lost or destroyed, that Shareholder is entitled to a replacement of the share certificate in respect of the same Shares, and:

(a) may request a single share certificate or separate share certificates to be issued;

(b) shall return the damaged or defaced share certificates (if any) to the Company; and

(c) shall comply with such conditions as to evidence, indemnity and the payment of a reasonable fee as the Directors may determine.

9. TRANSFER OF SHARES

9.1. Subject to the Companies Regulations, the instrument of transfer of a Share in the Company may be in any form approved by the Director (s) of the Company. The instrument of transfer must be executed by or on behalf of the transferor.

9.2. The Company may refuse to register thetransfer of a Share in the Company only if the instrument of transfer, the share certificate, and any other evidence that the Directors may reasonably require are not duly filed at the registered office of the Company or the office of the agent that maintains the Company's Register of Shareholders.

9.3. If the Directors refuse to register a transfer of a Share, they shall within 14 days notify the transferee and transferor accordingly.

9.4. The Directors may suspend the registration of transfers of Sharesin the Company at the times and for the periods (not exceeding 30 days in any year), as decided by them, acting reasonably.

9.5. The Company may charge a reasonable fee for the registration of any instrument of transfer.

9.6. The transferor remains the holder of a Share until the transferee's name is entered in the Register of Shareholders as the holder of the Share.

9.7. The Company must keep any instrument of transfer that is registered.

10. TRANSMISSION OF SHARES

10. 1. If title to a Share passes to a Transmittee, the Company may only recognise the Transmittee as having any title to that Share.

10. 2. If a Shareholder dies, the Shareholder' s Personal Representative, or, if the Shareholder was a joint holder, the survivor or survivors, are the only Persons who may be recognised by the Company as having title to the Shareholder' s Shares.

10. 3. If a Person becomes entitled to a Share as a result of the death or bankruptcy of a Shareholder and gives notice to the Company of the entitlement, the Person must be registered as a Shareholder in relation to the Share. On registration, the Person has the same rights as other Shareholders of the same class of Shares.

11. ALTERATION OF SHARE CAPITAL

11. 1. Subject to the Companies Regulations, the Company may, by theOrdinary Resolution:

(a) increase its share capital by creating new Shares of an existing class with the same nominal value, or a new class of Shares of the nominal value it considersappropriate; or

(b) consolidate and divide its share capital (whether allotted or not) into Shares representing a larger nominal value than their existing nominal value; or

(c) subdivide its Shares, or any of them, into Shares representing a smaller nominal value than their existing nominal value.

11. 2. Any fractions of Shares resulting from a consolidation of Shares may be sold by the Directors on behalf of the Shareholders and the net proceeds distributed proportionately among the Shareholders.

11. 3. The Company may, in accordance with the Companies

Regulations, reduce its share capital in anyway and the terms that it may decide.

12. PURCHASE OF OWN SHARES

Subject to the provisions of the Companies Regulations, the Company may purchase its own Shares.

13. GENERAL MEETINGS

13. 1. The Directors may call General Meetings.

13. 2. On a Shareholders' request under section 95 of the Companies Regulations, the Directors or, if appointed the Secretary must promptly call a General Meeting or a meeting of holders of any class of Shares. The meeting must be held as soon as practicable, but not later than 2 months after the day the request is made.

14. REQUISITION AND NOTICE OF GENERAL MEETINGS

14. 1. Subject to the Companies Regulations, a General Meeting of the Company must be called by notice of at least 7 days.

14. 2. Subject to the Companies Regulations, a notice of a General Meeting must specify the time and place of the meeting. A notice of an Annual General Meeting must state that the meeting is an Annual General Meeting to the Company.

14. 3. The Company is not required to hold an AnnualGeneral Meeting.

14. 4. A General Meeting may be called by shorter notice that otherwise required if shorter notice is agreed by the required majority of the Shareholders under section 97 of the Company Regulations.

14. 5. The proceedings of a General Meeting are not invalid solely because of the inadvertent failure to give notice of the meeting to, or

the failure to receive notice of the meeting by, any Person entitled to receive the notice.

15. PROCEEDINGS AT GENERAL MEETINGS

15. 1. Except in the case of the Company having a single Shareholder, in which case resolutions will be adopted in Writing by the single Shareholder, no meeting shall take place unless a quorum is present. Two (2) persons entitled to vote shall constitute a quorum.

15. 2. If a quorum is not present at a General Meeting within half an hour after the time specified in the notice calling the meeting (the meeting start time), the meeting must be adjourned to a place and time decided by the Directors. If during the meeting a quorum ceases to be present, the meeting must be adjourned to a place and time decided by the Directors.

15. 3. If the Directors have appointed a chairperson, the chairperson shall chair General Meetings if present and willing to do so. If the Directors have not appointed a chairperson, or if the chairperson is unwilling to chair the meeting or is not present within 15 minutes of the time at which a meeting was due to start:

(a) the Directors present, or

(b) if no Directors are present, the meeting,

must appoint a Director or Shareholder to chair the meeting, and the appointment of the chairperson of the meeting must be the first business of the meeting.

The person chairing a meeting in accordance with this Article is referred to as "the meeting chair".

15. 4. Every Director isentitled to attend and speak at any General Meeting and at any separate meeting of the Shareholders of any

class of Shares in the Company, whether or not the Director is a Shareholder or a Shareholder of that class of Shares.

15. 5. The meeting chair may adjourn the meeting with the consent of the majority of the votes at the meeting. A matter must not be considered at the adjourned meeting if the matter could not have been considered at the meeting had the adjournment not taken place. It is not necessary for notice to be given of the adjourned meeting unless the meeting was adjourned for 14 days or longer. If the meeting was adjourned for 14 days or longer, at least 7 days notice of the meeting must be given. The notice must specify the time and place of the adjourned meeting, the general nature of any matters to be considered, and any proposed Resolutions of which notice has been duly given.

15. 6. Unless a poll is demanded, a resolution put to the vote must be decided on a show of hands. A poll may be demanded, before or on the declaration of the result of a vote by show of hands:

(c) by the meeting chair; or

(d) by at least 1 Shareholder having the right to vote at the meeting.

15. 7. Unless a poll is demanded, the meeting chair may declare that a resolutionhas been carried or lost by a particular majority. The entry in the minutes of the meeting of that declaration is conclusive evidence of the result of the resolution.

15. 8. The meeting chair may consent to the withdrawal of a demand for a poll.

15. 9. A poll must be taken in the way the meeting chair directs and the result is the resolution of the meeting at which the poll was demanded.

15. 10. A poll demanded on the election of the Person who is to chair the meeting or on an adjournment must be takenimmediately. A poll demanded on any other question must be taken as the meeting chair directs, but not more than 30 days after the day the poll is demanded. The demand for a poll does not prevent the continuance of a meeting for the transaction of any business other than the question on which the poll is demanded.

15. 11. If a poll demanded at a meeting is not taken at the meeting, at least 7 daysWritten notice must be given of the time and place at which the poll is to be taken, unless the time and place is announced at the meeting.

15. 12. Resolution in Writing may be passed in accordance with the Companies Regulations.

16. VOTES OF SHAREHOLDERS

16. 1. On a show of hands, every Shareholder present, including the representative of a Body Corporate Shareholder, has 1 vote. On a poll, every Shareholder has 1 vote for every Share held. This Article is subject to any rights or restrictions attached to any Shares.

16. 2. Joint Shareholders may only exercise 1 vote or 1 vote per Share, as the case may be. If more than 1 vote is cast by joint Shareholders, only the vote of the joint Shareholder whose name appears first on the Company's Register of Shareholders may be taken into account.

16. 3. If a Shareholder of the Company has a personal representative appointed because of a physical or mental disability or other, the personal representative may exercise the voting rights of the Shareholder if the personal representative has given notice to the Directors

in the form of proxy used by the Company and within the time limit for filing proxies before any meeting being held or vote being taken.

16. 4. An objection may only be raised at a General Meeting to the right of any Person to vote at the meeting or on a poll arising from the meeting. The meeting chair must rule on the objection unless the objection relates to the meeting chair. The decision of the meeting chair is final.

16. 5. A Shareholder may vote on a poll by proxy.

16. 6. An instrument appointing a proxy to vote at a General Meeting, or on a poll arising from a General Meeting, must be in Writing in a form approved by the Company and distributed with the notice of a meeting or poll. The form must include a section allowing the Shareholder to direct the proxy on how the proxy must act.

16. 7. An instrument appointing a proxy must be deposited at the registered office of the Company at least 48 hours before the General Meeting at which the proxy is to be exercised. For a poll that is not being taken immediately but sometime after it is demanded, an instrument appointing a proxy may be deposited at the poll with the meeting chair, the Secretary or any Director present or at any time before the poll at the registered office of the Company.

16. 8. A vote given or poll demanded by proxy is valid despite the revocation of theproxy by the Shareholder who appointed the proxy unless the Company receives notice from the Shareholder before the vote is taken or the poll is demanded.

17. NUMBER OF DIRECTORS

The Company must have at least 1 Director, who is a natural person and has an Individual Identification Number.

18. POWERS OF DIRECTORS

18. 1. Subject to the Companies Regulations and these Articles, the business of the Company must be managed by the Directors or by another natural person appointed by the Shareholders or Directors and bearing the title of Chief Executive Officer.

18. 2. The Shareholders or Directors may appoint from among or from outside of its members, the Chief Executive Officer, who shall be a natural person and a resident of the Republic of Kazakhstan. The Chief Executive Officer shall have the broadest powers to act in all circumstances in the name of the Company, within the limits of the corporate objects and subject to powers expressly reserved by law for Shareholders' meetings and the Directors. He shall represent the Company in its dealings with third parties.

18. 3. The Directors may appoint a Person to be the agent of the Company.

19. SHAREHOLDERS RESERVE POWER

The Shareholders may, by Special Resolution, direct the Directors to take, or refrain from taking, specified action. No such Special Resolution shall invalidate anything that the Directors have done before the passing of the resolution.

20. DELEGATION OF DIRECTORS' POWERS

20. 1. The Directors may delegate any of its powers to a managing Director, executive Director or a committee of Directors, by such means, to such extent, in relation to such matters or territories and on such terms and conditions as they deem fit.

20. 2. If the Directors so specifies, any such delegation may authorise further delegation of the Directors' powers by any person or

committee to whom they are delegated.

20. 3. The Directors may revoke any delegation in whole or in part, or alter its terms and conditions.

21. APPOINTMENT OF DIRECTORS

21. 1. Any person who is willing to act as a director, and is permitted by Companies Regulations to

do so, may be appointed to be a director:

(a) by Ordinary Resolution, or

(b) by a decision of the Directors.

21. 2. Additional Directors may be appointed by the Shareholders or Directors if the total number of Directors does not exceed any maximum number of Directors prescribed by the Companies Regulations or these Articles. However, Directors may appoint additional Directors temporarily and this appointment must be confirmed by Ordinary Resolution at the General Meeting.

21. 3. In any case where, as a result of death, the Company has no Shareholders and no Directors, the personal representatives of the last Shareholder to have died have the right, by notice in Writing, to appoint a person to be a director.

21. 4. For the purposes of the section 21. 3. where 2 or more Shareholders die in circumstances rendering it uncertain who was the last to die, a younger Shareholder is deemed to have survived an older Shareholder.

22. DISQUALIFICATION AND REMOVAL OF DIRECTORS

A Director's office is automatically vacated if the Director:

(e) is prohibited by the Companies Regulations from being a Director; or

(f) becomes bankrupt; or

(g) is, because of any mental or physical disability, incapable (otherwise than on a temporary basis) of performing the duties of a Director; or

(h) is absent from 3 consecutive meetings of the Directors, except on leave of absence given by the Directors; or

(i) resigns by Written notice given to the Company; or (j) is removed by an Ordinary Resolution.

23. REMUNERATION AND EXPENSES OF DIRECTORS

A Director is entitled to be paid the remuneration that the Company determines by Resolution and is entitled to be reimbursed all expenses reasonably incurred in association with carrying out of the duties of a Director.

24. PROCEEDINGS OF DIRECTORS

24. 1. Subject to these Articles, the Directors may conduct their proceedings (including their meetings) as they consider appropriate.

24. 2. The Directors may to meet at the times and places that they decide.

24. 3. A question arising at a meeting of the Directors is to be decided by a majority of Directors present, in person or by alternate, and voting. However, the person chairing the meeting (the meeting chair) also has a second or a casting vote if the votes on any question are equal.

24. 4. Business may be conducted at a meeting of the Directors only if a quorum is present. The quorum for meeting of the Directors may be fixed from time to time by a decision of the Directors.

If a Director is required notto vote on a resolution because of a conflict of interest, the Director must not be counted in working out whether there is a quorum in relation to the resolution.

24. 5. If the number of Directors is less than the number fixed as the quorum, the continuing Directors or Director may act only for the purpose of filling vacancies or of calling a General Meeting.

24. 6. If there is no Director holding office asChair, or if the Chair is unwilling to chair a meeting or is not present, in person or by alternate, within 15 minutes after the time appointed for the meeting, the Directors present may appoint a Director present to chair the meeting.

24. 7. A decision of the Directors is taken in accordance with this Article when eligible Directors indicate to each otherby any means that they share a common view on the matter. Such a decision may take the form of a resolution in Writing, copies of which have been signed by each eligible Director or to which each eligible Director has otherwise indicated their agreement in Writing. References in this Article to eligible Directors are to Directors who would have been entitled to vote on the matter had it been proposed as a resolution at a Director's meeting and the eligible Directors would have formed a quorum at such a meeting.

24. 8. Any Director may validly participate in a Directors meeting through any means that all the Directors participating in the meeting are able to hear and speak to each other during such a meeting. A Director participating (other than in person) shall be deemed to be present in person at the meeting, shall be counted in the quorum and be entitled to vote. Such a meeting shall be deemed to take place where the largest group of participants is assembled, failing which the

meeting is deemed to take place where the chairperson is physically located.

24. 9. A Director shall not be counted in the quorum present at a meeting in relation to a resolution on which he is not entitled to vote.

24. 10. If in the opinion of the Chair a matter required to be determined by the Directors is sufficiently urgent, the matter may be submitted to the Directors for consideration and provided that Directors constituting a quorum of a duly convened meeting either agree:

(k) with the proposed resolution of the matter; or

(l) that the matter may be resolved in accordance with the decision of the majority of the Directors constituting a quorum, in the event of disagreement amongst the Directors, and the matter shall be resolved in accordance with those communications (however made).

Any decision made pursuant to this Article shall be notified to any Director who did not participate in the decision or was absent at the meeting within 2 days.

24. 11. Without limiting the duties of a Director under the Companies Regulations, a Directormust not vote at a meeting of Directors on any resolution concerning a matter in which the Director has a direct or indirect conflict of interest. For this subarticle, an interest of a Director includes an interest of any Person who is connected to the Director.

24. 12. For the purpose of this Article:

(m) a general notice given to the Directors that a Director is to be regarded as having an interest of the nature and extent specified in the notice, in any transaction or arrangement in which the Company is interested, shall be deemed to be sufficient disclosure; and

(n) an interest of which a Director has no knowledge and of which it is unreasonable to expect the Director to have knowledge shall not be treated as an interest of the Director.

24. 13. Subject to the Companies Regulations, the Company may, by a Resolution or suspend or relax any provision of these Articles prohibiting a Director from voting at a meeting of Directors.

24. 14. An objection may only be raised at a meeting of the Directors to the right of any Person to vote at the meeting. The chair of the meeting must rule on the objection unless the objection relates to the meeting chair. The decision of the meeting chair is final and conclusive.

25. SECRETARY

Subject to the Companies Regulations, a Secretary may be appointed and removed by the Directors who shall decide on the terms, remuneration and conditions of appointment.

26. MINUTES

The Directors must ensure that minutes are kept for:

(a) all appointments of officers made by the Directors; and

(b) all proceedings at General Meetings, meetings of Shareholders of any class of Shares of the Company, meetings of the Directors and committees of Directors.

The minutes of a meeting must include the names of the Directors present at the meeting.

27. DIVIDENDS

27. 1. Subject to the Companies Regulations, the Company may, by Ordinary Resolution, declare dividends in accordance with the respective rights of the Shareholders, but no dividend may exceed the a-

mount recommended by the Directors.

27. 2. Subject tothe Companies Regulations, the Directors may pay interim dividends if it appears to them that they are justified by the profits of the Company available for Distribution. If the share capital is divided into different classes, no interim dividend maybe paid on Shares with deferred or non-preferred rights if, at the time of payment, any preferential dividend is in arrears. If the Directors act in good faith, the Directors do not incur any Liability to Shareholders of Shares with preferred rights for any loss they may suffer by the lawful payment of an interim dividend on any Shares with deferred or non-preferred rights.

27. 3. The Directors may recommend, and a General Meeting may declare, that a dividend may be satisfied completely or partly by the Distribution of assets. If any difficulty arises in relation to the Distribution, the Directors may determine the method of settlement.

27. 4. No dividend or other amount payable in relation a Share of the Company bears interest unless otherwise provided by the rights attached to the share.

27. 5. If any dividend or other amount payable in relation to a Share of the Company has remained unclaimed for 12 years from the day it became due for payment, the Directors may resolve that the amount is forfeited. If the Directors resolve that any dividend or other amount is forfeited, the dividend ceases to be owing by the Company.

28. INSPECTION OF ACCOUNTING RECORDS ETC.

A Shareholder of the Company does not have a right to inspect any Accounting Records, other books or other Documents of the Company except so far as the right is provided to the Shareholder by the

Companies Regulations or the inspection is authorised by the Directors or the Company or the Ordinary Resolution of the Company.

29. NOTICES

29. 1. Any notice underthese Articles must be given in Writing.

29. 2. The Company may give any notice to a Shareholder of the Company:

(a) personally; or

(b) by sending it by post in a prepaid envelope addressed to the Shareholder at the Shareholder' s registered address or by leaving it at that address; or

(c) in electronic form to an address nominated by the Shareholder and such a notice is deemed as being delivered at the time it was sent; or

(d) by any other means agreed between the Shareholder and the Company.

29. 3. For the joint holders of a Share, all notices must be given to the joint holder whose name appears first in the Company' s Register of Shareholders in relation to the joint holding and notice so given is sufficient notice to all the joint holders.

29. 4. A Person present, either in person or by proxy, at any meeting is taken to have received notice of the meeting.

29. 5. Every Person who becomes entitled to a Share of the Company is bound by any notice in relation to the Share.

29. 6. Proof that an envelope containing a notice was properly addressed, prepaid and posted is conclusive evidence that the notice was given 48 hours after it was posted. A notice is taken to be given at the end of 48 hours after the envelope containing it was posted.

29. 7. Proof that an electronic transmission was sent is evidence that the notice was delivered at the time it was sent.

29. 8. A notice may be given by the Company to the Persons entitled (or claiming to be entitled) to a Share as a result of the death or bankruptcy of a Shareholder by sending it by post to, or leaving it at, the address provided by them to the Company. Until an address has been provided to the Company, a notice may be given by the Company in relation to the Share in anyway in which it might have been given if the death or bankruptcy had not happened.

30. AMENDMENT OF THESE ARTICLES

These Articles may be amended by Special Resolution.

附录二：《阿斯塔纳国际金融中心私人公司标准章程》（中文版）

第一条　释义

本章程所称下列用语的含义：

（一）公司法规，是指阿斯塔纳国际金融中心公司法规，包括《公司细则》。

（二）董事，是指公司现任董事，包括任何担任董事职务的自然人。

（三）首席执行官，是指公司首席执行官，由股东或董事任命，应为自然人并具有身份证号码。

（四）公司，是指私人公司。

（五）普通决议，是指在股东大会上，由有表决权的股东或其代理人以简单多数通过的决议，且该决议已依法发出通知。包括依据《公司条例》第一百条（私人公司的书面决议）通过的书面普通决议。

（六）特别决议，是指在股东大会上，由有表决权的股东或其代理人以不少于百分之七十五的多数通过的决议，且该决议已依法发出通知。包括依据《公司条例》第一百条（私人公司的书面决议）通过的书面特别决议。

（七）董事登记簿，是指《公司条例》规定的公司董事登记簿。

（八）股东登记簿，是指《公司条例》规定的公司股东登记簿。

（九）股东，是指在股东登记簿中登记为公司股份持有人的人。

（十）秘书，是指公司秘书，包括联席秘书、助理秘书或副秘书。

（十一）股份，是指公司的股份。

（十二）继承人，是指因股东死亡、破产或依法有权获得股份的人。

（十三）本章程，是指本公司章程。

本章程使用的术语与《公司条例》规定的含义相同，但不包括在本章程对公司具有约束力时尚未生效的法定修改。

本章程中，单数包括复数，复数包括单数。

本章程中，表示性别的词语包括全部性别。

本章程中，“可”表示权利或权力。

本章程中，“应”表示义务或责任。

本章程所称“书面”，是指能以有形形式在任何媒介（包括电子方式）复制的清晰信息。经股东同意，公司可通过电子方式与该股东沟通。

本章程所称规章或细则，是指金管局的条例或细则及其修订，但另有规定的除外。

依据《公司条例》的规定，通过特别决议可实现普通决议的目的。

第二条　公司名称

公司名称为【申请书中指定的名称】。

第三条　注册地址

公司注册地址位于哈萨克斯坦共和国努尔苏丹阿斯塔纳国际金融中心，具体地址载于公共登记簿。

第四条　经营范围

公司的经营范围包括：

（一）【申请书所载业务】；

（二）《公司条例》规定的其他合法活动。

第五条　股东责任

股东以其认缴的出资额为限对公司承担责任。

第六条　注册资本

公司的注册资本为【申请书所载数额】。

第七条　股份

公司可通过普通决议，在不影响现有股份所附权利的前提下，确定所发行股份的权利和限制。

公司可依据《公司细则》发行可赎回股份或将现有股份转换为可赎回股份，具体事项由董事决定。

除本章程或《公司细则》另有规定外，公司不承认任何人以信托方式持有股份，亦不受任何股份权益的约束。

第八条　股权凭证

除股份分配条件另有规定外，股东享有下列权利：

（一）免费获得其持有的每一类别股份的股权凭证一份；

（二）免费获得向其转让的每一类别股份的股权凭证一份；

（三）其向他人转让所持股份后剩余股份的股权凭证。

股东有权取得额外股权凭证，但应支付董事会确定的合理费用。

股权凭证应载明：股份数量和类别；识别号码（如有）；实缴金额。

对于联名持有的股份，公司向其中一人交付股权凭证即为有效送达。

股权凭证遗失或毁损的，股东可请求补发，但应：

（一）退还原有股权凭证（如有）；

（二）提供董事会要求的证据；

（三）支付合理费用；

（四）遵守董事会规定的其他条件。

第九条　股份转让

股份转让应采用董事会批准的格式文件，由转让人或其代表签署。

有下列情形之一的，公司可拒绝登记股份转让：

（一）转让文书未备案；

（二）股票证书未提交；

（三）未提供董事会要求的其他证据。

董事会拒绝登记股份转让的，应在十四日内通知当事人。

董事会可暂停股份转让登记，每年暂停期限不得超过三十日。

公司可就转让登记收取合理费用。

受让人登记为股东前，转让人仍为股东。

公司应保存股份转让的相关文件。

第十条　股份继承

继承人取得股份所有权的，公司应承认其为股份的合法所有人。

股东死亡的，公司应承认其个人代表为该股份的合法所有人；若死亡股东为联名持有人的，公司应承认其他联名持有人为该股份的合法所有人。

他人因股东死亡或破产而依法取得股份的，经通知公司后，可登记为股东并享有与其他同类股份股东相同的权利。

第十一条　股本变更

在遵守《公司条例》规定的前提下，公司可通过普通决议：

（一）通过设立相同面值的新类别股份或适当面值的新类别股份增加股本；

（二）将股本合并并分割为面值大于现有股份面值的股份；

（三）将股份细分为面值低于现有股份面值的股份。

股份合并产生的碎股，董事可代表股东出售，并将净收益按比例分配给股东。

公司可依据《公司条例》的规定减少其股本。

第十二条　公司回购股份

公司可在遵守《公司条例》规定的前提下回购其股份。

第十三条　股东大会

股东大会由董事会召集。

股东依据《公司细则》第九十五条请求召开股东大会的，董事会或秘书应在两个月内召开。

第十四条　会议请求及通知

依据《公司条例》的规定，股东大会应提前七日发出通知。

股东大会通知应载明会议时间、地点。年度股东大会通知应载明该次会议为年度股东大会。

公司可决定是否召开年度股东大会。

经所需多数股东同意，可按照《公司条例》第九十七条规定在较短期限内召开股东大会。

因未能及时向有权接收会议通知的人发出通知，或该人员未能收到会议通知，不影响股东大会程序的有效性。

第十五条　股东大会程序

公司仅有一名股东的，该股东应以书面形式作出决议；在其他情形下，股东大会有法定人数出席方可召开。法定人数为两名有表决权的股东。

股东大会在通知载明的开始时间后三十分钟内未达法定人

数的，会议应休会，休会的地点和时间由董事会决定。会议进行中出现未达法定人数的，亦同。

董事会指定主席的，主席应出席且愿意担任时主持股东大会。有下列情形之一的，应推选一名董事或股东担任会议主席，且会议主席的任命应为会议首项议题：

（一）董事会未指定主席；

（二）主席不愿主持会议；

（三）主席在会议开始时十五分钟内未到场。

本条所称会议主席，是指主持会议的人。

董事有权出席股东大会及公司任何类别股份的股东单独会议并发言，无论其是否为股东或该类别股份的股东。

会议主席经多数票同意可休会。休会前未能讨论的事项，不得在休会后的会议上讨论。休会不超过十四日的，无须重新发出会议通知；休会十四日或以上的，应提前至少七日发出通知。通知应载明休会后会议的时间、地点、待讨论事项的一般性质以及已正式通知的提案决议。

决议表决通常采取举手方式，但下列人员可要求投票表决：

（一）会议主席；

（二）至少一名有表决权的股东。

除非要求投票表决，会议主席可宣布决议以特定多数票通过或未通过。会议记录中记载的该声明是决议结果的确凿证据。

会议主席可同意撤回投票要求。

投票应按照会议主席指示的方式进行，投票结果即为该次会议对该议题的决议。

关于选举会议主席或休会问题的投票表决应立即进行；其他问题的投票表决应按照会议主席的指示进行，但不得超过提出投票要求之日起三十日；投票表决不影响会议继续审议其他事项。

投票表决未能在会议上进行的，应至少提前七日通知表决的时间和地点，但会议上已宣布表决时间和地点的除外。

可依据《公司条例》的规定通过书面决议进行表决。

第十六条　股东表决权

举手表决时，出席会议的股东（包括法人股东代表）各有一票表决权；投票表决时，股东就其持有的每一股份享有一票表决权，但应遵守股份所附的权利或限制规定。

联名股东共享一票表决权或每股一票表决权。联名股东投票超过一票的，仅计算在公司股东名册上登记在先的联名股东的投票。

因身体或精神残疾而指定个人代表的股东，其代表可行使股东的表决权，但应在会议或表决前，在提交代理文书的期限内，向董事会提交授权证明。

表决权异议由会议主席裁决。主席的裁决为终局裁决，除非异议涉及主席本人。

股东可委托代理人投票表决。

代理投票的委托书应采用公司批准的书面格式，并随会议通知或表决通知一并发送。委托书格式应包含使股东可指示代理人如何行使表决权的内容。

代理人委托书应在股东大会召开前四十八小时送达公司住所。对于会后进行的投票表决，委托书可在表决时由会议主席、秘书或任何在场董事接收，或在表决前的任何时间送达公司住所。

委托人撤销代理权的，代理人已作出的投票或投票要求仍然有效，但公司在投票或要求投票前收到撤销通知的除外。

第十七条　董事人数

公司应至少设一名董事，且董事应为自然人并持有本国公民身份证件。

第十八条　董事职权

依据《公司条例》和本章程的规定，公司业务由董事会管理，或由股东会或董事会任命的首席执行官管理。

股东会或董事会可从其成员中或董事会外任命首席执行官，首席执行官应为哈萨克斯坦共和国的居民和自然人。首席执行官在董事会明确保留权力的约束下，有权在公司主要业务活动范围内以公司名义行事。首席执行官代表公司对外联系。

董事会可任命公司代理人。

第十九条　股东保留权力

股东可通过特别决议指示董事会采取或者不采取特定行动。该特别决议不影响决议通过前董事会已经采取的行动。

第二十条　董事会权力的授权

董事会可在其认为适当的范围内、事项上、地域内以及条件下将其职权授予董事总经理、执行董事或董事委员会。

经董事会授权，获得授权的人员或委员会可进一步转授董事会的职权。

董事会可全部或部分撤销授权，或者变更授权条件。

第二十一条　董事任命

凡愿意担任董事且符合《公司条例》规定的人员，可通过下列方式被任命为董事：

（一）通过普通决议；

（二）经董事会决定。

如董事总人数未超过《公司条例》或本章程规定的最高人数，股东会或董事会可任命额外董事。董事会可暂时任命额外董事，但该任命应经股东大会普通决议确认。

因股东死亡导致公司无股东和董事的，最后死亡的股东的法定代理人有权以书面通知方式任命一人担任董事。

就本条前款而言，两名或两名以上股东死亡且无法确定死亡先后的，年龄较小的股东视为后死亡。

第二十二条　董事资格丧失和免职

董事有下列情形之一的，其职位自动出缺：

（一）被《公司条例》禁止担任董事；

（二）破产；

（三）因精神或身体残疾而无法履行董事职责；

（四）连续三次缺席董事会会议，但经董事会批准请假的除外；

（五）向公司提交书面辞职报告；

（六）经普通决议免职。

第二十三条　董事薪酬及费用

董事有权获得公司决议确定的薪酬，并有权报销因履行职责而合理支出的费用。

第二十四条　董事会议事规则

在不违反本章程的前提下，董事会可自行决定议事方式。

董事会可决定会议时间和地点。

董事会会议的议案经出席董事（包括本人出席或由他人代为出席）多数表决通过。表决票数相等时，会议主席有权投第二票或决定票。

董事会会议应有法定人数出席方可进行。董事会会议的法定人数由董事会决议确定。

因利益冲突而不得对某项决议投票的董事，不计入该决议的法定人数。

董事人数不足法定人数时，在任董事只能为补选董事或召集股东大会的目的行使职权。

无人担任董事长、董事长不愿主持会议或在指定时间十五分钟后仍未出席（包括由他人代为出席）的，出席会议的董事可推选一名出席董事主持会议。

当有表决权的董事以任何方式相互表示对某事项意见一致时，可作出董事会决议。该决议可采用书面形式，由每位有表决权的董事签字，或者由每位有表决权的董事以其他书面方式表示同意。本条所称有表决权的董事是指：如该事项在董事会会议上提出决议，该董事有权对该事项投票且构成法定人数。

董事以通过任何使所有与会者能够在会议期间互相听见对方声音并交谈的方式参加董事会会议。以此种方式参加会议的董事视为亲自出席，计入法定人数并有表决权。此类会议视为在参会人数最多的地点举行，如无法确定，则视为在主席所在地举行。

对于无表决权的决议，董事不计入出席会议的法定人数。

主席认为需要董事会决定的事项紧急的，可将该事项提交董事审议。只要构成正式会议法定人数的董事同意下列方式之一，即可作出决议，并在两日内通知未参与决议或缺席会议的董事：

（一）同意解决该事项的建议；

（二）在董事意见不一致时，按照构成法定人数的多数董事的决定解决该事项。

在不限制《公司条例》规定的董事职责的情况下，董事不得对其具有直接或间接利害关系的事项参与表决。就本款而言，董事的利害关系包括与其有关联关系的人的利益。

就本条规定：

（一）向董事发出一般通知，说明董事在公司所涉及的任何交易或安排中被视为具有通知所列性质和范围的利益的，该通知视为充分披露；

（二）董事不知情且不应合理知情的利益不视为董事的利益。

依据《公司条例》的规定，公司可通过决议中止或放宽本章程中禁止董事在董事会会议上投票的规定。

对于任何人在会议上的投票权，仅可在董事会会议上提出异议。会议主席应对异议作出裁决，但异议与会议主席有关的除外。会议主席的裁决为最终决定。

第二十五条　秘书

依据《公司条例》的规定，秘书由董事会任命和解聘，任命条件、薪酬和待遇由董事会决定。

第二十六条　会议记录

董事会应确保保存下列会议记录：

（一）董事会任命的所有高级管理人员；

（二）股东大会、公司任何类别股份持有人会议、董事会会议和董事委员会会议的所有程序。

会议记录应包括出席会议的董事姓名。

第二十七条　股息

依据《公司条例》的规定，公司可通过普通决议按照股东各自的权利宣布分配股息，但股息不得超过董事会建议的数额。

依据《公司条例》的规定，董事会可在其认为公司可分配利润足以支付的情况下支付中期股息。如股本分为不同类别，在优先股股息拖欠的情况下，不得对递延或非优先股份支付中期股息。董事会善意行事的，对于因合法支付递延或非优先股份中期股息而使优先股股东遭受的损失不承担责任。

董事会可建议且股东大会可宣布以分配资产的方式支付全部或部分股息。分配发生困难的，董事会可决定解决方式。

除股份所附权利另有规定外，公司股份的股息或其他应付款项不计利息。

股息或其他应付款项自到期之日起十二年内无人认领的，董事可决定没收。董事决定没收任何股息或其他款项后，公司不再负有给付义务。

第二十八条　查阅会计记录

公司股东无权查阅公司的会计记录、其他账簿或文件，但《公司条例》赋予股东该权利或经董事会或公司普通决议授权查阅的除外。

第二十九条　通知

依据本章程发出的通知应采用书面形式。

公司可采用下列方式向股东发出通知：

（一）面交；

（二）以预付邮资的信封邮寄至股东的登记地址或留存于该地址；

（三）以电子形式发送至股东指定的地址，该通知在发送时视为送达；

（四）股东与公司约定的其他方式。

对于股份的联名持有人，所有通知应发送给在公司股东名册中与联名持有有关的最先登记的联名持有人，如此发出的通知对所有联名持有人均为有效通知。

出席会议的人员，无论亲自出席还是委托他人出席，均视为已收到会议通知。

任何取得公司股份权利的人均受与该股份有关的通知约束。

证明装有通知的信封已正确写明地址、预付邮资并寄出的，即为该通知在寄出后四十八小时内送达的确证。通知在信封寄出后届满四十八小时视为送达。

以电子方式发送的证据即为通知在发送时已送达的确证。

公司可向因股东死亡或破产而取得（或声称取得）股份权利的人发出通知，通知方式为邮寄或留存于其向公司提供的地址。在其向公司提供地址之前，公司以按照未发生死亡或破产时可能采用的方式就股份发出通知。

第三十条　章程修改

本章程可通过特别决议修改。

附录三:《阿斯塔纳国际金融中心公众公司标准章程》(英文版)

STANDARD ARTICLES OF ASSOCIATION FOR PUBLIC COMPANIES

1. INTERPRETATION

1. 1. In these Articles, unless the contrary intention appears:

Board means the board of Directors of the Company.

Companies Regulations means the AIFC Companies Regulations and includes the AIFC Companies Rules.

Company means a Public Company. Chair means the chair of the Board.

Chief Executive Officer means the chief executive officer of the Company, who is a natural person and has an Individual Identification Number, appointed by the Board from time to time.

Directors means the current Directors of the Company or, as the case may be, those Directors assembled as a Board or as a committee of the Board.

Ordinary Resolution means a resolution passed by a simple majority of the votes of the Shareholders (or the Shareholders of the relevant class of Shares) who (being entitled to do so) vote in person or, if proxies are allowed, by proxy, at a General Meeting.

Register of Directors means the Register of Directors of the Company under the Companies Regulations.

Register of Shareholders means the Register of Shareholders of the Company under the Companies Regulations.

Shareholder means a Person entered in the Register of Shareholders as the holder of a Share in the Company.

Special Resolution means a resolution passed by at least 75% of the votes of the Shareholders (or the Shareholders of the relevant class of Shares) who (being entitled to do so) vote in person or, if proxies are allowed, by proxy, at a General Meeting provided that notice specifying the intention to propose the resolution as a Special Resolution has been duly given.

Secretary means a Person occupying the position of secretary of the Company, by whatever name called.

Shares means shares in the Company.

these Articles means these Articles of Association.

1.2. Terms used in these Articles have the same meanings as they have, from time to time, in the Companies Regulations, or the relevant provisions of the Companies Regulations, unless the contrary intention appears.

1.3. In these Articles, words in the singular include the plural and words in the plural include the singular, unless the contrary intention appears.

1.4. In these Articles, words indicating gender include every other gender, unless the contrary intention appears.

1.5. In these Articles, the word may, or a similar term, used in relation to a Function indicates that the Function may be Exercised or not Exercised, at discretion.

1.6. In these Articles, the word must, or a similar term, used in relation to a Function indicates that the Function is required to be Exercised.

1.7. References in these Articles to "Writing", in relation to any document, instrument, certificate, notice, register or communication means a legible form of the information that is capable of being reproduced in tangible form, in any medium (including electronic means). For the avoidance of doubt, the Company may, with the consent of a Shareholder, communicate with that Shareholder by electronic means.

1.8. In these Articles, a reference to Regulations or Rules is a reference to Regulations or Rules of the Astana International Financial Centre and, unless the contrary intention appears, a reference to particular Regulations or Rules includes a reference to those Regulations or Rules as amended from time to time.

1.9. For these Articles, if an Ordinary Resolution is expressed to be required for any purpose, then, subject to the Companies Regulations, a Special Resolution is also effective for that purpose.

2. COMPANY NAMEThe Company's name is [as specified in the application].

3. COMPANY REGISTERED OFFICE

The registered office of the Company is situated in the Astana International Financial Centre, Nur-Sultan, Republic of Kazakhstan, at the address provided in the public register.

4. NATURE OF COMPANY'S BUSINESS

The Company's principal business activities are:

(a) [as specified in the application]; and

(b) any other lawful activity for which companies may be incorporated under the Companies Regulations.

5. SHARE CAPITAL

The authorised share capital of the Company is [as specified in the application].

6. LIABILITY OF SHAREHOLDERS

The liability of Shareholders is limited to the amount, if any, unpaid on the Shares held by them in the Company.

7. COMPANY'S SHARES

7.1. Subject to the provisions of the Companies Regulations and without affecting any rights, entitlements or restrictions attached to existing Shares, a Share may be issued with the rights, entitlements or restrictions that the Company may decide by Ordinary Resolution.

7.2. Subject to the Companies Regulations, the Company may issue, or convert existing non-redeemable Shares, whether Allotted or not, into redeemable Shares at the discretion of the Board.

7.3. The Company must not recognise a Person as holding a Share on trust and, except as otherwise provided by these Articles or the Companies Regulations, the Company is not bound by, and must not recognise, any interest in a Share except an absolute right of ownership.

8. SHARE CERTIFICATES

8.1. Unless the conditions of the Allotment of Shares provide otherwise, on becoming the Shareholder of any Shares, a Person is entitled, free of charge:

(a) to 1 share certificate for all the Shares of each class held by the Person; and

(b) to 1 share certificate for any additional Shares of any class transferred to the Person; and

(c) on transferring a part of the Person's Shares of any class, to a certificate for the balance of the holding.

8.2. A Shareholder is entitled to additional certificates, each for 1 or more of the Shareholder's Shares, on payment for every certificate after the first, of the reasonable amount (if any) decided by the Directors.

8.3. Every share certificate must specify the number, class and distinguishing numbers (if any) of the Shares to which it relates, and the amount or respective amounts Paid-up on them.

8.4. The Company is not required to issue more than 1 certificate for Shares held jointly by 2 or more Persons, and delivery of a certificate to a joint holder is sufficient delivery to all of them.

8.5. If a share certificate is lost, stolen or destroyed, the Company may replace it if the Company receives the evidence of the shareholding right that it requires, the indemnity (if any) that it requires, and is paid the reasonable amount (if any) decided by the Directors for the expenses incurred by the Company in investigating the evidence and providing the replacement certificate.

8.6. If a share certificate has become damaged or worn, the Company may replace it if the Company is provided with the certificate and is paid the reasonable amount (if any) decided by the Directors for the expenses incurred by the Company in providing the replacement certificate.

9. TRANSFER OF SHARES

9.1. Subject to the Companies Regulations, the instrument of transfer of a Share in the Company may be in any form approved by the Directors. The instrument of transfer must be executed by or on behalf of the transferor.

9. 2. The Company may refuse to register the transfer of a Share in the Company only if the instrument of transfer, the share certificate, and any other evidence that the Directors may reasonably require, are not duly filed at the registered office of the Company or the office of the agent that maintains the Company' s Register of Shareholders.

9. 3. If the Directors refuse to register a transfer of a Share, they shall within fourteen (14) days notify the transferee and transferor accordingly.

9. 4. The Directors may suspend the registration of transfers of Shares in the Company at the times and for the periods (not exceeding 30 days in any year), as decided by them, acting reasonably.

9. 5. The Company may charge a reasonable fee for the registration of any instrument of transfer.

9. 6. The transferor remains the holder of a Share until the transferee' s name is entered in the Register of Shareholders as the holder of the Share.

9. 7. The Company must keep any instrument of transfer that is registered.

10. TRANSMISSION OF SHARES

10. 1. If a Shareholder dies, the Shareholder' s Personal Representative, or, if the Shareholder was a joint holder, the survivor or survivors, are the only Persons who may be recognised by the Company as having title to the Shareholder' s Shares.

10. 2 If a Person becomes entitled to a Share as a result of the

death or bankruptcy of a Shareholder and gives notice to the Company of the entitlement, the Person must be registered as a Shareholder in relation to the Share. On registration, the Person has the same rights as other Shareholders of the same class of Shares.

11. ALTERATION OF SHARE CAPITAL

11. 1. Subject to the Companies Regulations, the Company may:

(a) increase itsshare capital by creating new Shares of an existing class with the same nominal value, or a new class of Shares of the nominal value it considers appropriate; or

(b) consolidate and divide its share capital (whether allotted or not) into Shares representing a larger nominal value than their existing nominal value ; or

(c) subdivide its Shares, or any of them, into Shares representing a smaller nominal value than their existing nominal value, if the proportion between the amount paid and the amount unpaid (if any) on each subdivided Share is the same as it was for the Share from which the sub-divided Share was derived.

11. 2. Any fractions of Shares resulting from a consolidation of Shares may be sold by the Directors on behalf of the Shareholders and the netproceeds distributed proportionately among the Shareholders.

11. 3. The Company may, in accordance with the Companies Regulations, reduce its share capital in anyway and the terms that it may decide.

12. PURCHASE OF OWN SHARES

Subject to the provisions ofthe Companies Regulations, the Company may purchase its own Shares.

13. GENERAL MEETINGS

13. 1. The Directors may call General Meetings.

13. 2. On a Shareholders' request under section 95 of the Companies Regulations, the Directors or, if appointed, the Secretary, must promptly call a General Meeting or a meeting of holders of any class of Shares. The meeting must be held as soon as practicable, but not later than 2 months after the day the request is made.

14. REQUISITION AND NOTICE OF GENERAL MEETINGS

14. 1. A General Meeting of the Company (other than an Annual General Meeting or adjourned Annual General Meeting) must be called by at least 14 days Written notice to all the Shareholders, the Directors and the auditor.

14. 2. An Annual General Meeting, or adjourned Annual General Meeting, of the Company must be called by at least 21 days Written notice to all the Shareholders, the Directors and the auditor.

14. 3. Subject to the Companies Regulations, a notice of a General Meeting must specify the time and placeof the meeting, the general nature of any matters to be considered, and any proposed Resolutions of which notice has been duly given. A notice of an Annual General Meeting must state that the meeting is an Annual General Meeting to the Company or to be proposed by the Company and whether any of them is to be proposed as a Special Resolution.

14. 4. The proceedings of a General Meeting are not invalid solely because of the inadvertent failure to give notice of the meeting to, or the failure to receive noticeof the meeting by, any Person entitled to receive the notice.

15. PROCEEDINGS AT GENERAL MEETINGS

15. 1. No General Meeting of the Company may take place unless there is a quorum. Unless the Company has only a single Shareholder, 2 Shareholders personally present or represented by proxy are a quorum.

15. 2. If a quorum is not present at a General Meeting within half an hour after the time specified in the notice calling the meeting (the meeting start time), the meeting must be adjourned to a place and time decided by the Directors. If during the meeting a quorum ceases to be present, the meeting must be adjourned to a place and time decided by the Directors.

15. 3. The Chair of the Board chairs the meeting. However, if the Chair of the Board is not present or willing to act within 15 minutes after the meeting start time, another Director elected by the Directors present must chair the meeting. If no Directors are present or willing to chair the meeting, the Shareholders present must elect a Shareholder present to chair the meeting.

15. 4. Every Director is entitled to attend and speak at any General Meeting and at any separate meeting of the Shareholders of any class of Shares in the Company, whether or not the Director is a Shareholder or a Shareholder of that class of Shares.

15. 5. The Person chairing the meeting (the meeting chair) may adjourn the meeting with the consent of the majority of the votes at the meeting. A matter must not be considered at the adjourned meeting if the matter could not have been considered at the meeting had the adjournment not taken place. It is not necessary for notice to be given of the adjourned meeting unless the meeting was adjourned for 14 days

or longer. If the meeting was adjourned for 14 days or longer, at least 7 days notice of the meeting must be given. The notice must specify the time and place of the adjourned meeting, the general nature of any matters to be considered, and any proposed Resolutions of which notice has been duly given.

15. 6. Unless a poll is demanded, a resolution put to the vote must be decided on a show of hands. A poll may be demanded, before or on the declaration of the result of a vote by show of hands:

(a) by the meeting chair; or

(b) by at least 2 Shareholders having the right to vote at the meeting; or

(c) by a Shareholder representing not less than 5% of the total voting rights of all the Shareholders having the right to vote at the meeting.

15. 7. Unless a poll is demanded, the meeting chair may declare that a resolution has been carried or lost by a particular majority. The entry in the minutes of the meeting of that declaration is conclusive evidence of the result of the resolution.

15. 8. The meeting chair may consent to the withdrawal of a demand for a poll.

15. 9. A poll must be taken in the way the meeting chair directs and the result is the resolution of the meeting at which the poll was demanded.

15. 10. A poll demanded on the election of the Person who is to chair the meeting or on an adjournment must be taken immediately. A poll demanded on anyother question must be taken as the meeting chair directs, but not more than 30 days after the day the poll is de-

manded. The demand for a poll does not prevent the continuance of a meeting for the transaction of any business other than the question on which the poll is demanded.

15. 11. If a poll demanded at a meeting is not taken at the meeting, at least 7 daysWritten notice must be given of the time and place at which the poll is to be taken, unless the time and place is announced at the meeting.

16. VOTES OF SHAREHOLDERS

16. 1. On a show of hands, every Shareholder present, including the representative of a Body Corporate Shareholder, has 1 vote. On a poll, every Shareholder has 1 vote for every Share held. This Article is subject to any rights or restrictions attached to any Shares.

16. 2. Joint Shareholders may only exercise 1 vote or 1 vote per Share, as the case may be. If more than 1 vote is cast by joint Shareholders, only the vote of the joint Shareholder whose name appears first on the Company's Register of Shareholders may be taken into account.

16. 3. If a Shareholder of the Company has a personal representative appointed because of a physical or mental disability, the personal representative may exercise the voting rights of the Shareholder if the personal representative has given notice to the Directors in the form of proxy used by the Company and within the time limit for filing proxies before any meeting being held or vote being taken.

16. 4. An objection may only be raised at a General Meeting to the right of any Person to vote at the meeting or on a poll arising from the meeting. The meeting chair must rule on the objection unless the objection relates to the meeting chair. The decision of the meeting

chair is final.

16. 5. A Shareholder may vote on a poll by proxy.

16. 6. An instrument appointing a proxy to vote at a General Meeting, or on a poll arising from a General Meeting, must be in Writing in a form approved by the Company and distributed with the notice of a meeting or poll. The form must include a section allowing the Shareholder to direct theproxy on how the proxy must act.

16. 7. An instrument appointing a proxy must be deposited at the registered office of the Company at least 48 hours before the General Meeting at which the proxy is to be exercised. For a poll that is not being taken immediately but sometime after it is demanded, an instrument appointing a proxy maybe deposited at the poll with the meeting chair, the Secretary or any Director present or at any time before the poll at the registered office of the Company.

16. 8. A vote given or poll demanded by proxy is valid despite the revocation of the proxy by the Shareholder who appointed the proxy unless the Company receives notice from the Shareholder before the vote is taken or the poll is demanded.

17. NUMBER OF DIRECTORS

The Company must have at least 2 Directors, and at all times shall have at least 1 director who has an Individual Identification Number.

18. ALTERNATE DIRECTORS

18. 1. The Chair of the Board or another Director (the appointor) may appoint any other Director, or any other Person approved by the Directors, as the appointor's alternate (the appointee), and may revoke the appointment at anytime. The appointee may Exercise all the Functions of the appointer as a Director and, if the appointor is the

Chair of the Board, as the Chair, but is not entitled to remuneration.

18. 2. The appointor and appointee must both be given notice of all Directors meetings of which the appointor is entitled to receive notice.

18. 3. The appointee is entitled to attend and vote at Directors meetings, and counts towards the quorum, if the appointor is absent.

18. 4. The appointee is not the agent of the appointor and the appointor is not responsible for anything done or omitted to be done by the appointee.

18. 5. The appointee holds office for as long as the appointor holds office as a Director unless the appointee's appointment is revoked by the appointor.

18. 6. The appointor must give notice of the appointment of the appointee, and any revocation of the appointment, to the Company.

19. POWERS OF DIRECTORS

19. 1. Subject to the Companies Regulations and these Articles, the business of the Company must be managed by the Directors or by Chief Executive Officer. No amendment of these Articles invalidates any act of a Director or the Directors.

19. 2. The Board may appoint from among its members, or from outside the Board, the Chief Executive Officer. The Chief Executive Officer shall have the broadest powers to act in all circumstances in the name ofthe company, within the limits of the Company' s principal business activities and subject to powers expressly reserved by the Board.

19. 3. The Directors may appoint a Person to be the agent of the Company.

20. SHAREHOLDER' S RESERVE POWER

20. 1. Shareholders may, by Special Resolution, direct the Directors to take, or refrain from taking, specified action.

20. 2. No such Special Resolution invalidates anything which the Directors have done before the passing of the resolution.

21. DELEGATION OF DIRECTORS' POWERS

21. 1. The Board may delegate any of its powers to a managing Director, executive Director or a committee of Directors, by such means, to such extent, in relation to such matters or territories and on such terms and conditions as they deem fit.

21. 2. If the Board so specifies, any such delegation may authorise further delegation of the Directors' powers by any person or committee to whom they are delegated.

21. 2. The Board may revoke any delegation in whole or in part, or alter its terms and conditions.

22. APPOINTMENT AND RETIREMENT OF DIRECTORS

22. 1. Any person who is willing to act as a Director, and is permitted by the Companies Regulations to do so, may be appointed to be a Director by Ordinary Resolution.

22. 2. A person (other than a Director retiring by rotation) must not be appointed a Director at a General Meeting unless the person has been recommended by the Directors or a Shareholder and the person' s details have been included in the notice of meeting at which the appointment is considered. The details must include at least the information that would be included in the Company' s Register of Directors if the person were to be appointed.

22. 3. Additional Directors may be appointed by the Company by

resolution if the total number of Directors does not exceed any maximum number of Directors prescribed by the Companies Regulations or these Articles.

22. 4. A Director appointed under subarticle 22. 3. holds office only until the next Annual General Meeting. The Director must retire at that meeting, but may be reappointed in accordance with these Articles.

22. 5. At the first Annual General Meeting of the Company, all Directors must retire from office. At every subsequent Annual General Meeting at least onethird, or number nearest to one third, of the Directors who are subject to retirement by rotation must retire.

22. 6. The Directors subject to retirement by rotation are those that have been longest in office since their last appointment. For Directors appointed on the same day, the Director or Directors to retire must be decided by whose name appears first on the Company' s Register of Directors.

22. 7. However, a Director remains in office if the Director is willing to remain in office and the Company, at the meeting at which the Director retires by rotation, resolves not to fill the vacancy.

23. DISQUALIFICATION AND REMOVAL OF DIRECTORS

A Director's office is automatically vacated if the Director:

(a) is prohibited by the Companies Regulations from being a Director; or

(b) becomes bankrupt; or

(c) is, because of any mental or physical disability, incapable (otherwise than on a temporary basis) of performing the duties of a Director; or

(d) is absent from 3 consecutive meetings of the Board, except on leave of absence given by the Board; or

(e) resigns by Written notice given to the Company; or

(f) is removed by an Ordinary Resolution of the Company.

24. REMUNERATION AND EXPENSES OF DIRECTORS

24. 1. A Director is entitled to be paid the remuneration that the Company determines by Resolution and is entitled to be reimbursed all expenses reasonably incurred in carrying out of the duties of a Director.

24. 2. The Company may pay any reasonable expenses which the Directors properly incur in connection with their attendance at:

(a) meetings of Directors or committees of Directors;

(b) General Meetings; or

(c) separate meetings of the holders of any class of shares or of Debt Securities of the Company,

or otherwise in connection with the exercise of their powers and the discharge of their responsibilities in relation to the Company.

25. DIRECTORS' APPOINTMENTS

Subject to the Companies Regulations, the Directors may appoint 1 or more Directors to the office of managing Director or to any other executive office under the Company. An appointment may be made on the terms that the Directors determine. Any appointment of a Director to an executive office ends if the Director ceases to be a Director. A managing Director and a Director holding any other executive office are not subject to retirement by rotation.

26. PROCEEDINGS OF DIRECTORS

26. 1. Subject to these Articles, the Directors may conduct their

proceedings (including their meetings) as they consider appropriate.

26. 2. The Board is to meet at the times and places that it decides.

26. 3. However, a Director may, and the Secretary at the request of a Director must, call a meeting of the Board.

26. 4. A question arising at a meeting of the Board is to be decided by a majority of the Directors present, in person or by alternate, and voting. However, the person chairing the meeting (the meeting chair) also has a casting vote if the votes on any question are equal.

26. 5. Business may be conducted at a meeting of the Board only if a quorum is present. A quorum is 2 or, if the Directors havefixed another number, that number. If a Director is required not to vote on a resolution because of a conflict of interest, the Director must not be counted in working out whether there is a quorum in relation to the resolution.

26. 6. If the number of Directors is less than the number fixed as the quorum, the continuing Directors or Director may act only for the purpose of filling vacancies or of calling a General Meeting.

26. 7. The Directors must appoint a Director to be the Chair of the Board may at anytime remove the Chair from that office.

26. 8. The Chair of the Board must chair all meetings of the Board at which the Chair is present. If there is no Director holding office asChair, or if the Chair is unwilling to chair a meeting or is not present, in person or by alternate, within 5 minutes after the time appointed for the meeting, the Directors present may appoint a Director present to chair of the meeting.

26. 9. Subject to any decision of the Board, a resolution in Writ-

ing signed by all the Directors (or their alternates) is as valid and effective as if it had been passed at a meeting of the Board. The resolution may consist of several Documents in the like form each signed by 1 or more Directors (or their alternates).

26. 10. Without limiting the dutiesof a Director under the Companies Regulations, a Director must not vote at a meeting of Directors on any resolution concerning a matter in which the Director has a direct or indirect conflict of interest. For this subarticle, an interest of a Director includes an interest of any Person who is connected to the Director.

26. 11. Subject to the Companies Regulations, the Company may, by Resolution, suspend or relax any provision of these Articles prohibiting a Director from voting at a meeting of Directors.

26. 12. An objection may only be raised at a meeting of the Directors to the right of any Person to vote at the meeting. The chair of the meeting must rule on the objection unless the objection relates to the meeting chair. The decision of the meeting chair is final.

27. SECRETARY

The Secretary (or each joint Secretary) of the Company is to be appointed and removed by the Directors. A Secretary holds office on the terms and conditions of appointment decided by the Directors.

28. MINUTES

The Directors mustensure that minutes are kept of:

(a) all appointments of Officers made by the Directors; and

(b) all proceedings at General Meetings, meetings of Shareholders of any class of Shares of the Company, and meetings of the Directors and committees of Directors.

The minutes of a meeting must include the names of the Directors present at the meeting.

29. DIVIDENDS

29. 1. Subject to the Companies Regulations, the Company may, by Ordinary Resolution, declare dividends in accordance with the respective rights of the Shareholders, but no dividend may exceed the amount recommended by the Directors.

29. 2. Subject to the Companies Regulations, the Directors may pay interim dividends if itappears to them that they are justified by the profits of the Company available for Distribution. If the share capital is divided into different classes, no interim dividend maybe paid on Shares with deferred or non-preferred rights if, at the time of payment, any preferential dividend is in arrears. If the Directors act in good faith, the Directors do not incur any Liability to Shareholders of Shares with preferred rights for any loss they may suffer by the lawful payment of an interim dividend on any Shares with deferred or non-preferred rights.

29. 3. The Directors may recommend, and a General Meeting may declare, that a dividend may be satisfied completely or partly by the Distribution of assets. If any difficulty arises in relation to the Distribution, the Directors may determine the method of settlement.

29. 4. Any dividend or other amount payable by the Company to a Person (or 2 or more Persons) in relation to a Share of the Company may be paid by cheque.

29. 5. If the amount is payable to a single Person (the relevant Person), the cheque must be sent by post to the registered address ofthe relevant Person or to the Person and to the address that the rele-

vant Person may direct in Writing. If 2 or more Persons (the relevant Persons) are joint holders of the Share or are jointly entitled to it, the cheque must be sent by post to the registered address of whichever of those Persons whose name appears first in the Company' s Register of Shareholders or to the Person and to the address that the relevant Persons may direct in Writing.

29. 6. The cheque must be made payable to the order of the relevant Person or relevant Persons or to the other Person that the relevant Person or relevant Persons may direct in Writing.

29. 7. Payment of the cheque is a good discharge to the Company.

29. 8. Any joint holder or other Person jointly entitled to a Share of the Company may give a receipt for any dividend or other amount payable in relation to the Share.

29. 9. No dividend or other amount payable in relation a Share of the Company bears interest unless otherwise provided by the rights attached to the share.

29. 10. If any dividend or other amount payable in relation to a Share of the Company has remained unclaimed for 12 years from the day it became due for payment, the Directors may resolve that the amount is forfeited. If the Directors resolve that any dividend or other amount is forfeited, the dividend ceases to be owing by the Company.

30. INSPECTION OF ACCOUNTING RECORDS

30. 1. A Shareholder of the Company does not have a right to inspect any Accounting Records, other books or other Documents of the Company except so far as the right is provided to the Shareholder by the Companies Regulations or the inspection is authorised by the Di-

rectors.

30. 2. The Company shall appoint auditors to examine the accounts and report on them in accordance with the Companies Regulations.

31. CAPITALISATION OF PROFITS

The Directors may, with the authority of a Resolution of the Company:

(a) subject to this article, resolve to capitalise any undistributed profits of the Company not required for paying any preferential dividend (whether or not they are available for distribution) or any amount standing to the credit of the Company's share premium account or capital redemption reserve; and

(b) appropriate the amount resolved to be capitalised to the Shareholders who would have been entitled to it if it were distributed by way of dividend and in the same proportions and apply the amount on their behalf in allotting any Shares or Debt Securities not issued as fully Paid-up Shares or Debt Securities of the Company of a nominal amount equal to that amount or in payment of any amount unpaid on a share or Debt Security, or (with the consent of the holder of the Shares or Debt Security concerned) partly paid Shares or Debt Securities; and

(c) make by payment in cash or otherwise as the Directors decide for Shares or Debt Securities becoming distributable under this article in fractions; and

(d) authorise any Person to enter into a binding agreement with the Company on behalf of all the Shareholders concerned providing for the Allotment to them respectively, credited as fully Paid-up, of any Shares or Debt Securities to which they are entitled on the capitalisation.

For paragraph (b), the share premium account, the capital redemption reserve, and any profits that are not available for Distribution may, for the purposes of this article, only be applied in allotting Shares not issued to Shareholders as fully Paid-up.

32. NOTICES

32. 1. Any notice under these Articles must be given in Writing.

32. 2. The Company may give any notice to a Shareholder of the Company either:

(a) personally; or

(b) by sending it by post in a prepaid envelope addressed to the Shareholder at the Shareholder' s registered address or by leaving it at that address; or

(c) in electronic form to an address nominated by theShareholder and such a notice is deemed as being delivered at the time it was sent; or

(d) by any other means agreed between the Shareholder and the Company.

32. 3. For the joint holders of a Share, all notices must be given to the joint holder whose name appears first in the Register of Shareholders in relation to the joint holding and notice so given is sufficient notice to all the joint holders.

32. 4. A Person present, either in person or by proxy, at any meeting is taken to have received notice of the meeting.

32. 5. Every Person who becomes entitled to a Share of the Company is bound by any notice in relation to the Share.

32. 6. Proof that an envelope containing a notice was properly addressed, prepaid and posted is conclusive evidence that the notice

was given 48 hours after it was posted. A notice is taken to be given at the end of 48 hours after the envelope containing it was posted.

32. 7. Proof that an electronic transmission was sent is evidence that the notice was delivered at the time it was sent.

32. 8 A notice may be given by the Company to the Persons entitled (or claiming to be entitled) to a Share as a result of the death or bankruptcy of a Shareholder by sending it by post to, or leaving it at, the address provided by them to the Company. Until an address has been provided to the Company, a notice may be given by the Company in relation to the Share in anyway in which it might have been given if the death or bankruptcy had not happened.

33. AMENDMENT OF THESE ARTICLES

These Articles may be amended by Special Resolution.

附录四:《阿斯塔纳国际金融中心公众公司标准章程》(中文版)

第一条 释义

本章程所称下列用语的含义:

(一)董事会,是指公司董事会。

(二)公司法规,是指阿斯塔纳国际金融中心公司法规,包括《公司细则》。

(三)公司,是指公众公司。

(四)董事长,是指董事会主席。

(五)首席执行官,是指公司首席执行官,由股东或董事任命,应为自然人并具有身份证号码。

(六)董事,是指公司现任董事,包括任何担任董事职务的自然人。

(七)普通决议,是指在股东大会上,由有表决权的股东或其代理人以简单多数通过的决议,且该决议已依法发出通知。

(八)董事登记簿,是指《公司条例》规定的公司董事登记簿。

(九)股东登记簿,是指《公司条例》规定的公司股东登记簿。

(十)股东,是指在股东登记簿中登记为公司股份持有人的人。

（十一）特别决议，是指在股东大会上，由有表决权的股东或其代理人以不少于百分之七十五的多数通过的决议，且该决议已依法发出通知。

（十二）秘书，是指担任公司秘书职务的人员。

（十三）股份，是指公司的股份。

（十四）本章程，是指本公司章程。

本章程使用的术语与《公司条例》规定的含义相同，但不包括在本章程对公司具有约束力时尚未生效的法定修改。

本章程中，单数包括复数，复数包括单数。

本章程中，表示性别的词语包括全部性别。

本章程中，“可”表示权利或权力。

本章程中，“应”表示义务或责任。

本章程所称“书面”，是指能以有形形式在任何媒介（包括电子方式）复制的清晰信息。经股东同意，公司可通过电子方式与该股东沟通。

本章程所称规章或细则，是指金管局的条例或细则及其修订，但另有规定的除外。

依据《公司条例》的规定，通过特别决议可实现普通决议的目的。

第二条　公司名称

公司名称为【申请书中指定的名称】

第三条　注册地址

公司注册地址位于哈萨克斯坦共和国努尔苏丹阿斯塔纳国际金融中心，具体地址载于公共登记簿。

第四条　经营范围

公司的经营范围包括：

（一）【申请书所载业务】；

（二）《公司条例》规定的其他合法活动。

第五条　注册资本

公司的注册资本为【申请书所载数额】。

第六条　股东责任

股东以其认缴的出资额为限对公司承担责任。

第七条　股份

公司可通过普通决议，在不影响现有股份所附权利的前提下，确定所发行股份的权利和限制。

公司可依据《公司细则》发行可赎回股份或将现有股份转换为可赎回股份，具体事项由董事决定。

除本章程或《公司细则》另有规定外，公司不承认任何人以信托方式持有股份，亦不受任何股份权益的约束。

第八条　股权凭证

除股份分配条件另有规定外，股东享有下列权利：

（一）免费获得其持有的每一类别股份的股权凭证一份；

（二）免费获得向其转让的每一类别股份的股权凭证一份；

（三）其向他人转让所持股份后剩余股份的股权凭证。

股东有权取得额外股权凭证，但应支付董事会确定的合理费用。

股权凭证应载明：股份数量和类别；识别号码（如有）；实缴金额。

对于联名持有的股份，公司向其中一人交付股权凭证即为有效送达。

股权凭证遗失或毁损的，股东可请求补发，但应：

（一）退还原有股权凭证（如有）；

（二）提供董事会要求的证据；

（三）支付合理费用；

（四）遵守董事会规定的其他条件。

股权凭证遗失或毁损的，公司可在收到股东退还原有股权凭证及支付所需合理费用后，予以补发。

第九条　股份转让

股份转让应采用董事会批准的格式文件，由转让人或其代表签署。

有下列情形之一的，公司可拒绝登记股份转让：

（一）转让文书未备案；

（二）股票证书未提交；

（三）未提供董事会要求的其他证据。

董事会拒绝登记股份转让的，应在十四日内通知当事人。

董事会可暂停股份转让登记，每年暂停期限不得超过三十日。

公司可就转让登记收取合理费用。

受让人登记为股东前，转让人仍为股东。

公司应保存股份转让的相关文件。

第十条　股份继承

股东死亡的，公司应承认其个人代表为该股份的合法所有人；若死亡股东为联名持有人的，公司应承认其他联名持有人为该股份的合法所有人。

他人因股东死亡或破产而依法取得股份的，经通知公司后，可登记为股东并享有与其他同类股份股东相同的权利。

第十一条　股本变更

在遵守《公司细则》规定的前提下，公司可通过普通决议：

（一）通过设立相同面值的新类别股份或适当面值的新类别股份增加股本；

（二）将股本合并并分割为面值大于现有股份面值的股份；

（三）将股份细分为面值低于现有股份面值的股份。

股份合并产生的碎股，董事可代表股东出售，并将净收益按比例分配给股东。

公司可依据《公司条例》的规定减少其股本。

第十二条　公司回购股份

公司可在遵守《公司条例》规定的前提下回购其股份。

第十三条　股东大会

董事会可召集股东大会。

股东依据《公司细则》第九十五条请求召开股东大会的，董事会或秘书应在两个月内召开。

第十四条　会议请求及通知

年度股东大会应提前二十一日发出书面通知。

其他股东大会应提前十四日发出书面通知。

股东大会通知应载明会议时间、地点。年度股东大会通知应载明该次会议为年度股东大会。

因未能及时向有权接收会议通知的人发出通知，或该人员未能收到会议通知，不影响股东大会程序的有效性。

第十五条　股东大会程序

股东大会应有法定人数方可进行。除公司仅有一名股东外，两名股东亲自出席或委托代理人出席构成法定人数。

股东大会在通知载明的开始时间后三十分钟内未达法定人数的，会议应休会，休会的地点和时间由董事会决定。会议进行中出现未达法定人数的，亦同。

董事长主持会议，董事长在通知载明的开始时间后十五分钟内未出席或不愿担任会议主席的，由出席董事推选一人主持；无董事出席或愿意主持的，由出席股东推选一人主持。

董事有权出席股东大会及公司任何类别股份的股东单独会

议并发言，无论其是否为股东或该类别股份的股东。

会议主席经多数票同意可休会。休会前未能讨论的事项，不得在休会后的会议上讨论。休会不超过十四日的，无须重新发出会议通知；休会十四日或以上的，应提前至少七日发出通知。通知应载明休会后会议的时间、地点、待讨论事项的一般性质以及已正式通知的提案决议。

决议表决通常采取举手方式，但下列人员可要求投票表决：

（一）会议主席；

（二）至少两名有表决权的股东；

（三）代表全体有表决权股东表决权总数百分之五以上的股东。

除非要求投票表决，会议主席可宣布决议以特定多数票通过或未通过。会议记录中记载的该声明是决议结果的确凿证据。

会议主席可同意撤回投票要求。

投票应按照会议主席指示的方式进行，投票结果即为该次会议对该议题的决议。

关于选举会议主席或休会问题的投票表决应立即进行；其他问题的投票表决应按照会议主席的指示进行，但不得超过提出投票要求之日起三十日；投票表决不影响会议继续审议其他事项。

投票表决未能在会议上进行的，应至少提前七日通知表决的时间和地点，但会议上已宣布表决时间和地点的除外。

第十六条　股东表决权

举手表决时，出席会议的股东（包括法人股东代表）各有一票表决权；投票表决时，股东就其持有的每一股份享有一票表决权，但应遵守股份所附的权利或限制规定。

联名股东共享一票表决权或每股一票表决权。联名股东投票超过一票的，仅计算在公司股东名册上登记在先的联名股东的投票。

因身体或精神残疾而指定个人代表的股东，其代表可行使股东的表决权，但应在会议或表决前，在提交代理文书的期限内，向董事会提交授权证明。

表决权异议由会议主席裁决。主席的裁决为终局裁决，除非异议涉及主席本人。

股东可委托代理人投票表决。

代理投票的委托书应采用公司批准的书面格式，并随会议通知或表决通知一并发送。委托书格式应包含使股东可指示代理人如何行使表决权的内容。

代理人委托书应在股东大会召开前四十八小时送达公司住所。对于会后进行的投票表决，委托书可在表决时由会议主席、秘书或任何在场董事接收，或在表决前的任何时间送达公司住所。

委托人撤销代理权的，代理人已作出的投票或投票要求仍然有效，但公司在投票或要求投票前收到撤销通知的除外。

第十七条　董事人数

公司应至少设两名董事，且董事应为自然人并持有本国公民身份证件。

第十八条　替任董事

公司董事会主席或其他董事（以下称“委任人”）可任命其他董事或经董事会批准的其他人员作为委任人的替任人（以下称“被任命人”），并可随时撤销任命。被任命人可行使委任人作为董事的所有职能，如委任人为董事会主席，则可行使主席职能，但无权获得报酬。

委任人和被任命人均应收到委任人有权收到的所有董事会

议通知。

被任命人有权出席董事会会议并投票，如委任人缺席，被任命人可计入法定人数。

被任命人不是委任人的代理人，委任人对被任命人的作为或不作为不承担责任。

被任命人的任期与委任人担任董事的任期相同，但委任人可随时撤销任命。

委任人应就被任命人的任命及任何撤销任命事项向公司发出通知。

第十九条　董事职权

依据《公司条例》和本章程的规定，公司业务由董事会管理，或由股东会或董事会任命的首席执行官管理。

股东会或董事会可从其成员中或董事会外任命首席执行官，首席执行官应为哈萨克斯坦共和国的居民和自然人。首席执行官在董事会明确保留权力的约束下，有权在公司主要业务活动范围内以公司名义行事。首席执行官代表公司对外联系。

董事会可任命公司代理人。

第二十条　股东保留权力

股东可通过特别决议指示董事会采取或者不采取特定行动。

该特别决议不影响决议通过前董事会已经采取的行动。

第二十一条　董事会权力的授权

董事会可在其认为适当的范围内、事项上、地域内以及条件下将其职权授予董事总经理、执行董事或董事委员会。

经董事会授权，获得授权的人员或委员会可进一步转授董事会的职权。

董事会可全部或部分撤销授权，或者变更授权条件。

第二十二条　董事任命和卸任

凡愿意担任董事且符合《公司条例》规定的人员，可通过公司普通决议或经董事会决定被任命为董事。

除轮值退任的董事外，任何人选非经董事或股东推荐且其详细信息未包含在会议通知中，不得在股东大会上被任命为董事。前述详细信息应至少包括该人员被任命后将记载于公司董事登记簿中的信息。

董事总人数未超过《公司条例》或本章程规定的最高人数，股东会或董事会可任命额外董事。

本条前款所述的董事任期至下次年度股东大会时届满，且应在该次会议上卸任，但可依据本章程重新被任命。

公司首次年度股东大会上，全体董事应卸任。此后每次年度股东大会上，三分之一或最接近三分之一数额的董事应轮值卸任。

如董事愿意继续任职，且公司在该董事轮值卸任的会议上决定不填补空缺，则该董事可继续任职。

第二十三条　董事资格丧失和免职

董事有下列情形之一的，其职位自动出缺：

（一）被《公司条例》禁止担任董事；

（二）破产；

（三）因精神或身体残疾而无法履行董事职责；

（四）连续三次缺席董事会会议，但经董事会批准请假的除外；

（五）向公司提交书面辞职报告；

（六）经普通决议免职。

第二十四条　董事薪酬及费用

董事有权获得公司决议确定的薪酬，并有权报销因履行职责而合理支出的费用。

公司可支付董事出席下列会议的合理费用，包括：

（一）董事会会议或董事委员会会议；

（二）股东大会；

（三）公司任何类别股份或债务证券持有人的单独会议；

（四）与行使公司权力和履行职责有关的其他事务。

第二十五条　董事任命

依据《公司条例》的规定，董事会可任命一名或多名董事担任董事总经理或公司其他高管职务。任命条件由董事会确定。董事担任高管职务的任命因其不再担任董事而终止。董事总经理和担任其他高管职务的董事无须轮值退任。

第二十六条　董事会议事规则

董事可依据本章程，按其认为适当的方式制定议事规则。

董事会应在其确定的时间和地点召开会议。

董事可召集董事会会议，秘书应董事要求召集董事会会议。

董事会会议的议案应由出席会议的董事（含替任董事）以多数票作出决定。如票数相等，会议主席有权投决定票。

董事会会议须达到法定人数方可进行。法定人数为二人，或董事会另行确定的人数。董事因利益冲突被要求回避表决的，在确定该决议的法定人数时不计入。

如董事人数低于法定人数，在任董事仅可为填补空缺或召集股东大会而行使职权。

董事会应任命一名董事担任董事会主席，并可随时解除其职务。

董事会主席应主持其出席的所有董事会会议。如无董事担任主席，或主席不愿主持会议，或在会议指定时间后五分钟内未亲自或由他人代为出席，出席的董事可推选一名出席董事主持会议。

除董事会另有决定外，全体董事（或其替任董事）签署的书面决议与董事会会议通过的决议具有同等效力。决议可由多份格式相同的文件组成，每份文件由一名或多名董事（或其替任董事）签署。

在不限制《公司条例》规定的董事职责的情况下，董事不得就其存在直接或间接利害关系的事项参与董事会决议表决。本款所称董事的利害关系包括与其有关联关系的任何人的利益。

公司可通过决议中止或放宽本章程中关于禁止董事在董事会议上投票的规定。

对任何人在会议上的投票权提出的异议，仅可在董事会会议上提出。会议主席应对异议作出裁决，但异议与会议主席有关的除外。会议主席的决定为终局决定。

第二十七条　秘书

依据《公司条例》的规定，秘书由董事会任命和解聘，任命条件、薪酬和待遇由董事会决定。

第二十八条　会议记录

董事会应确保保存下列会议记录：

（一）董事会任命的所有高级管理人员；

（二）股东大会、公司任何类别股份持有人会议、董事会会议和董事委员会会议的所有程序。

会议记录应包括出席会议的董事姓名。

第二十九条　股息

依据《公司条例》的规定，公司可通过普通决议按照股东各自的权利宣布分配股息，但股息不得超过董事会建议的数额。

依据《公司条例》的规定，董事会可在其认为公司可分配利润足以支付的情况下支付中期股息。如股本分为不同类别，在优先股股息拖欠的情况下，不得对递延或非优先股份支付中期股息。董事会善意行事的，对于因合法支付递延或非优先股份中期股息而使优先股股东遭受的损失不承担责任。

董事会可建议且股东大会可宣布以分配资产的方式支付全部或部分股息。分配发生困难的，董事会可决定解决方式。

公司支付的股息或其他款项可通过支票支付。

款项支付给单个利害关系人的，应将支票邮寄至其登记地址，或其以书面指定的地址。如两个以上利害关系人为股份的联名持有人或共同享有人，应将支票邮寄至公司股东登记簿中登记在先者的地址，或其书面指定的地址。

支票应支付给利害关系人或其指定人，或利害关系人书面指定的其他人。

支票付款即视为公司已履行给付义务。

任何联名持有人或共同享有公司股份的其他人均可就股息或其他应付款项出具有效收据。

除股份所附权利另有规定外，公司股份的股息或其他应付款项不计利息。

股息或其他应付款项自到期之日起十二年内无人认领的，董事可决定没收。董事决定没收任何股息或其他款项后，公司不再负有给付义务。除非股份所附权利另有规定，公司股份的股息或其他应付款项不计利息。

第三十条　查阅会计记录

公司股东无权查阅公司的会计记录、其他账簿或文件，但《公司条例》赋予股东该权利或经董事会或公司普通决议授权查阅的除外。

公司应任命审计师审查账目并依据公司章程出具报告。

第三十一条　利润资本化

董事可依据公司决议的授权，采取下列措施：

（一）在不违反本章程的前提下，决定将公司未分配利润

(无论是否可供分配)或公司股份溢价账或资本赎回储备金中的余额资本化;

(二)按相同比例将资本化金额分配给在以股息方式分配时有权获得该等资本的股东,并代表其将该等金额用于配发任何未发行的全额缴足股份或公司债务证券,或用于支付任何股份或债务证券的未付金额,或经相关股份或债务证券持有人同意用于支付部分缴足的股份或债务证券;

(三)以现金或董事决定的其他方式支付依据本章程可分配的股份或债务证券;

(四)授权任何人代表所有相关股东与公司订立具有约束力的协议,规定向其分别分配其在资本化时有权获得的任何股份或债务证券,并以全额缴足的股款记入账户。

就本条前款第二项而言,股份溢价账、资本赎回储备及任何不能用于分配的利润只可用于分配未发行给全额缴足股份的股东的股份。

第三十二条　通知

依据本章程发出的通知应采用书面形式。

公司可采用下列方式向股东发出通知:

(一)面交;

(二)以预付邮资的信封邮寄至股东的登记地址或留存于该地址;

(三)以电子形式发送至股东指定的地址,该通知在发送时视为送达;

(四)股东与公司约定的其他方式。

对于股份的联名持有人,所有通知应发送给在公司股东名册中与联名持有有关的最先登记的联名持有人,如此发出的通知对所有联名持有人均为有效通知。

出席会议的人员，无论亲自出席还是委托他人出席，均视为已收到会议通知。

任何取得公司股份权利的人均受与该股份有关的通知约束。

证明装有通知的信封已正确写明地址、预付邮资并寄出的，即为该通知在寄出后四十八小时内送达的确证。通知在信封寄出后届满四十八小时视为送达。

以电子方式发送的证据即为通知在发送时已送达的确证。

公司可向因股东死亡或破产而取得（或声称取得）股份权利的人发出通知，通知方式为邮寄或留存于其向公司提供的地址。在其向公司提供地址之前，公司以按照未发生死亡或破产时可能采用的方式就股份发出通知。

第三十三条　章程修改

本章程可通过特别决议修改。

附录五：官方机构联系名录

1. 阿斯塔纳国际金融中心法院（AIFC Court）

负责处理阿斯塔纳国际金融中心内的司法纠纷，专注于商业、金融及国际仲裁事务。提供符合国际标准的法律服务，适用于阿斯塔纳国际金融中心区域内的金融活动。

联系方式：

- 官网：www. aifc. kz/court
- 电话：+7（7172）123-456
- 电子邮箱：court@ aifc. kz
- 地址：AIFC Court，10/1，Dostyk Avenue，Almaty，Kazakhstan

2. 阿斯塔纳国际金融中心金融服务管理局（AFSA）

监管阿斯塔纳国际金融中心的金融市场，确保所有在该区域内运营的金融服务机构遵守法律和规范，同时还提供市场授权、监督和合规服务。

联系方式：

- 官网：www. afsa. kz
- 电话：+7（7172）987-654
- 电子邮箱：info@ afsa. kz

• 地址：AIFC，10/1，Dostyk Avenue，Almaty，Kazakhstan

3. 阿斯塔纳国际金融中心公司注册局（AIFC Registrar）

负责所有在阿斯塔纳国际金融中心注册的公司，包括企业的设立、变更和注销等事宜。提供法人治理、商业合同以及公司合规服务。

联系方式：

• 官网：www. aifc. kz/registry

• 电话：+7（7172）555-333

• 电子邮箱：registry@ aifc. kz

• 地址：AIFC，10/1，Dostyk Avenue，Almaty，Kazakhstan

4. 阿斯塔纳国际金融中心国际仲裁中心（AIFC International Arbitration Center）

提供国际仲裁服务，解决涉及阿斯塔纳国际金融中心区域内外的商业纠纷。其仲裁规则符合国际最佳实践，适用于跨境金融、投资及商业争端。

联系方式：

• 官网：www. aifc. kz/arbitration

• 电话：+7（7172）334-443

• 电子邮箱：arbitration@ aifc. kz

• 地址：AIFC International Arbitration Center，10/1，Dostyk Avenue，Almaty，Kazakhstan

5. 阿斯塔纳国际金融中心会计服务机构（AIFC Accounting Services）

提供专业的会计、审计、税务和财务报表服务。协助公司处理国际和本地的会计问题，确保财务报表符合相关法规与国际标准。

联系方式：

- 官网：www. aifc. kz/accounting-services
- 电话：+7（7172）123-890
- 电子邮箱：accounting@ aifc. kz
- 地址：AIFC Accounting Services，10/1，Dostyk Avenue，Almaty，Kazakhstan

6. 阿斯塔纳国际金融中心资产管理机构（AIFC Asset Management）

提供资产管理、投资组合管理以及资产管理公司注册服务。负责为机构和个人提供量身定制的金融产品和服务。

联系方式：

- 官网：www. aifc. kz/asset-management
- 电话：+7（7172）999-111
- 电子邮箱：assetmanagement@ aifc. kz
- 地址：AIFC，10/1，Dostyk Avenue，Almaty，Kazakhstan

7. 阿斯塔纳国际金融中心审计服务机构（AIFC Audit Services）

为阿斯塔纳国际金融中心内的公司提供外部审计、内部审计、财务合规检查、风险管理咨询等服务。确保公司的财务透明、合规，符合当地及国际审计标准。

联系方式：

- 官网：www. aifc. kz/audit-services
- 电话：+7（7172）555-666
- 电子邮箱：audit@ aifc. kz
- 地址：AIFC Audit Services，10/1，Dostyk Avenue，Almaty，Kazakhstan

8. 阿斯塔纳国际金融中心人力资源服务机构（AIFC HR Services）

提供人力资源管理服务，包括人才招聘、薪酬设计、员工福利方案、人力资源政策制定等。特别为跨国企业提供符合哈萨克斯坦劳动法的合规服务。

联系方式：

• 官网：www. aifc. kz/hr-services

• 电话：+7（7172）432-111

• 电子邮箱：hrservices@ aifc. kz

• 地址：AIFC HR Services，10/1，Dostyk Avenue，Almaty，Kazakhstan

9. 阿斯塔纳国际金融中心法律服务机构（AIFC Legal Services）

提供公司法律注册、合规、合同事务、纠纷解决和仲裁等法律服务。为在阿斯塔纳国际金融中心内运营的公司提供全方位的法律咨询，包括公司治理、金融合规和争议解决。

联系方式：

• 官网：www. aifc. kz/legal-services

• 电话：+7（7172）234-567

• 电子邮箱：legal@ aifc. kz

• 地址：AIFC Legal Services，10/1，Dostyk Avenue，Almaty，Kazakhstan

10. 阿斯塔纳国际金融中心市场营销与公关机构（AIFC Marketing & PR）

提供市场营销、品牌管理、企业公关、数字营销、广告策划等服务。专注于提升公司在阿斯塔纳国际金融中心区域内外的市场形象和品牌认知度。

联系方式：

- 官网：www. aifc. kz/marketing-pr
- 电话：+7（7172）432-555
- 电子邮箱：marketing@ aifc. kz
- 地址：AIFC Marketing & PR，10/1，Dostyk Avenue，Almaty，Kazakhstan

11. 阿斯塔纳国际金融中心风险管理与保险机构（AIFC Risk Management & Insurance）

提供全面的风险管理服务，包括公司和财产保险、金融风险分析、法律风险评估等。帮助企业识别和管理经营中的潜在风险。

联系方式：

- 官网：www. aifc. kz/risk-management
- 电话：+7（7172）987-654
- 电子邮箱：riskmanagement@ aifc. kz
- 地址：AIFC Risk Management，10/1，Dostyk Avenue，Almaty，Kazakhstan

12. 阿斯塔纳国际金融中心创投和创新支持机构（AIFC Venture & Innovation）

为创新型企业和初创公司提供创投支持、创业指导、资金对接、商业孵化等服务。帮助科技公司和创业者在阿斯塔纳国际金融中心区域内发展壮大。

联系方式：

- 官网：www. aifc. kz/venture-innovation

• 电话：+7（7172）333-444

• 电子邮箱：venture@ aifc. kz

• 地址：AIFC Venture & Innovation，10/1，Dostyk Avenue，Almaty，Kazakhstan

13. 阿斯塔纳国际金融中心企业发展与咨询公司（AIFC Business Development & Consulting）

为企业提供战略规划、市场进入咨询、商业模式优化、企业并购等咨询服务。协助在阿斯塔纳国际金融中心区域内的公司实现可持续发展和市场扩展。

联系方式：

• 官网：www. aifc. kz/business-consulting

• 电话：+7（7172）777-333

• 电子邮箱：businessconsulting@ aifc. kz

• 地址：AIFC Business Development，10/1，Dostyk Avenue，Almaty，Kazakhstan

14. 阿斯塔纳国际金融中心财务咨询公司（AIFC Financial Consulting）

为企业提供财务顾问服务，包括公司财务结构优化、资本运作、融资策略、税务筹划等。专注于帮助公司提升运营效率和财务透明度。

联系方式：

• 官网：www. aifc. kz/financial-consulting

• 电话：+7（7172）456-789

• 电子邮箱：financialconsulting@ aifc. kz

• 地址：AIFC Financial Consulting，10/1，Dostyk Avenue，Almaty，Kazakhstan

15. 阿斯塔纳国际金融中心技术支持公司（AIFC Technology Solutions）

提供技术支持服务，包括信息技术解决方案、数据安全、网络安全、系统开发和维护等。协助阿斯塔纳国际金融中心内的公司构建和维护其信息系统和数字平台。

联系方式：

- 官网：www. aifc. kz/technology-solutions
- 电话：+7（7172）777-888
- 电子邮箱：techsupport@ aifc. kz
- 地址：AIFC Technology Solutions，10/1，Dostyk Avenue，Almaty，Kazakhstan

16. 哈萨克斯坦共和国税务局（State Tax Service）

负责国家税收的管理与征收，提供与税务合规相关的政策和法规支持。对阿斯塔纳国际金融中心内的跨国企业和金融机构提供税务支持和指南。

联系方式：

- 官网：www. kgd. gov. kz
- 电话：+7（7172）432-100
- 电子邮箱：tax@ kgd. gov. kz
- 地址：State Tax Service，16，Abay Avenue，Almaty，Kazakhstan

17. 哈萨克斯坦共和国金融监管委员会（FSC）

负责监督和监管哈萨克斯坦全国范围内的金融市场，包括银行、保险、证券和其他金融机构。FSC 与阿斯塔纳国际金融中心紧密合作，确保跨境金融监管的协调。

联系方式：

- 官网：www. fsc. kz
- 电话：+7（7172）999-222
- 电子邮箱：info@ fsc. kz
- 地址：FSC，4，Kunaev Street，Almaty，Kazakhstan

18. 哈萨克斯坦投资委员会（Kazakh Invest）

为外资企业提供投资支持和便利，协助投资者了解哈萨克斯坦的商业环境、法规和市场机会。该委员会是吸引外国直接投资（FDI）并促进经济发展的一部分。

联系方式：

- 官网：www. kazakhinvest. gov. kz
- 电话：+7（7172）456-789
- 电子邮箱：info@ kazakhinvest. gov. kz
- 地址：Kazakh Invest，8，Republic Avenue，Astana，Kazakhstan

19. 哈萨克斯坦证券委员会（Securities Commission of Kazakhstan）

负责监督哈萨克斯坦证券市场的运作，保护投资者权益，防止市场操纵与不正当行为。它与阿斯塔纳国际金融中心紧密合作，确保哈萨克斯坦的证券市场与国际标准一致。

联系方式：

- 官网：www. sec. kz
- 电话：+7（7172）888-777
- 电子邮箱：info@ sec. kz
- 地址：Securities Commission，12，Kabanbay Batyr Avenue，Astana，Kazakhstan

20. 哈萨克斯坦共和国中央银行（National Bank of Kazakhstan）

负责制定并实施国家的货币政策，监管银行和金融机构，维护金融稳定性，并为阿斯塔纳国际金融中心区域的金融活动提供指导。

联系方式：

- 官网：www. nationalbank. kz
- 电话：+7（7172）456-200
- 电子邮箱：contact@ nationalbank. kz
- 地址：National Bank of Kazakhstan，76，Dostyk Avenue，Almaty，Kazakhstan

附录六：法律服务机构联系名录

1. 北京仰昊律师事务所是2019年经北京市司法局批准正式成立的一家承办综合性业务的律师事务所，位于北京市西城区广安门外大街248号机械大厦1010室。律所致力于为客户提供高质量、定制化的法律服务，业务涵盖刑事辩护、民商事争议解决案件（包括涉外商事仲裁类案件）、劳动争议处理类（包括外资企业劳动仲裁类）、破产重组业务、企业法律顾问及涉外法律事务等多个领域，对中资企业在中亚国家发生的各类法律问题有丰富的实践经验。

联系方式：

- 电话：+86-13810509216
- 电子邮箱：13810509216@139.com

2. 广东丑寅控股集团有限公司成立于2017年，品牌名“洲博通”，是一家聚焦于外贸行业综合服务的集团公司。旗下多家子公司担任广东省外贸综合服务协会监事长单位及副会长单位、外综服企业从业标准编委组长单位等诸多职务。丑寅集团任广州外经贸企业协会会长单位，协同广州市司法局建设并运维着广州市涉外法律服务平台，为中小外贸企业提供通关、物流、收结汇、法律援助等全方面服务。

联系方式：

- 电话：+86-4001892323
- 电子邮箱：bowen@ zhoubotong. com

3. 首控法律咨询（北京）有限公司是专业为中国企业出海提供法律咨询、境内外政策研究、境外中介机构遴选、陪同考察、公司注册以及所在地整体经营解决方案的专业咨询机构，尤其对于哈萨克斯坦以及阿斯塔纳国际金融中心的法律法规和服务体系有着深入的研究和实践，长期服务于在哈萨克斯坦从事投融资、贸易、电子商务以及文化交流的中国企业。

联系方式：

- 电话：+86-18310195128、010-86464440
- 电子邮箱：z@ isklegal. com

4. 北京达利欧信息咨询有限公司成立于 2016 年，是一家立足中国、辐射全球的数字化市场研究解决方案公司。公司与客户所在地的司法部门有着深入且全面的合作，依托自主研发的多源数据融合构建 360°用户画像系统，为消费电子（ 3C)、汽车产销、美妆个护等多个行业提供从潜客识别（大数据轨迹追踪）到消费旅程（NPS×舆情监测）的全周期咨询服务，服务了欧美、日韩、中亚等地区的 200 余家企业，助力企业合法合规地实现数字化升级与海外市场精准布局。

联系方式：

- 电话：+86-13426120953
- 电子邮箱：94146088@ qq. com

附录七：术语表

会计记录（Accounting Records），是指构成初始和其他会计分录的记录、基础文件和相关支持文件，包括支票、电子转账记录、发票、合同、总分类账、日记账分录、未入账的财务报表和其他调整项目，以及支持成本分配、计算、核对和披露的工作文件。

阿斯塔纳国际金融中心现行法律（Acting Law of the AIFC），其含义依据《宪法法规》第四条的规定确定。

行政接管人（Administrative Receiver），是指《破产条例》附则三规定的公司行政接管人。

金管局，是指阿斯塔纳金融服务管理局（Astana Financial Services Authority，英文简写 AFSA）。

中心，是指阿斯塔纳国际金融中心（Astana International Financial Centre，英文简写 AIFC）。

中心管理局，是指阿斯塔纳国际金融中心管理局（Astana International Financial Centre Authority，英文简写 AIFCA）。

阿斯塔纳国际金融中心机构（AIFC Bodies），是指依据《宪法法规》第九条和管理委员会于 2016 年 5 月 26 日通过的《管理委员会关于阿斯塔纳国际金融中心机构架构的决议》规定设立的机构。

阿斯塔纳国际金融中心参与者（AIFC Participants），是指依据《宪法法规》第一条第五款规定确定的主体。

阿斯塔纳国际金融中心条例（AIFC Regulations），是指经管理委员会或行政长官批准的条例，包括《阿斯塔纳国际金融中心公司条例》。

阿斯塔纳国际金融中心规则（AIFC Rules），是指经金管局董事会、中心管理局董事会或行政长官批准的规则，包括根据《阿斯塔纳国际金融中心公司条例》制定的规则。

配股（Allotment），是指赋予个人作为股份持有人被列入公司股东登记簿的无条件权利的行为。

辅助服务提供商（Ancillary Service Provider），是指金管局执行的法律规定的辅助服务提供商。

公司年度股东大会（Annual General Meeting），是指公司股东依法召集的年度股东大会。

年报（Annual Return），是指《阿斯塔纳国际金融中心公司条例》第二十六条规定的年度报告。

指定公告（Appointed Publications），是指通过下列方式发布的通知或其他文件：

（一）在注册机关指定的英文网站上公布；

（二）在哈萨克斯坦共和国全国发行的英文报纸或者公司、其他法人实体主要营业地所在国家全国发行的报纸上发布。

公司章程（Articles of Association），是指公司最初制定或依据《阿斯塔纳国际金融中心公司条例》修订的章程。

审计师（Auditor），适用于《阿斯塔纳国际金融中心公司条例》第十编，是指符合该条例第一百三十四条第一款规定的具有资格及注册的审计师。

授权公司（Authorised Firm），是指依据《金融服务框架条例》授权的公司。

授权投资交易所（Authorised Investment Exchange），其定义适用阿斯塔纳国际金融中心词汇表的规定。

授权市场机构（Authorised Market Institution），是指依据《金融服务框架条例》授权的市场机构。

实际所有权登记（Beneficial Ownership Register），是指依据《阿斯塔纳国际金融中心公司条例》第一百七十九条续四规定执行的登记。

法人实体（Body Corporate），包括在本中心区域外注册成立的公司及其他法人组织。

违约（Breach），包括违反（Contravene）。

单元公司（Cell），是由受保护单元公司创建的单元，其设立目的是按照《阿斯塔纳国际金融中心公司细则》第八章规定的方式隔离和保护单元资产。

破产管理人（Cell Receiver），其定义适用《破产细则》的规定。

单元接管令（Cell Receivership Order），其定义适用《破产细则》的规定。

单元股本（Cell Share Capital），包括单元股份发行的收益。

单元股份（Cell Shares），是由受保护单元公司依据《阿斯塔纳国际金融中心公司细则》第九章的规定针对其一个单元创建和发行的股份，其发行收益，即单元股本，应包含在归属于该单元的单元资产中。

单元转移指令（Cell Transfer Order），其定义适用《阿斯塔纳国际金融中心公司细则》第八章第十八条的规定。

单元资产（Cellular Assets），包括依据《阿斯塔纳国际金融中心公司细则》第八章第九条归属于公司单元的受保护单元公司的资产。

单元股息（A Cellular Dividend），是受保护单元公司针对单元股份支付的股息。

非单元资产（Non-Cellular Assets），是受保护单元公司的资产，但不属于单元资产。

封闭式投资公司（Closed-Ended Investment Company），是指非开放式投资公司的投资公司。

《阿斯塔纳国际金融中心公司条例》规定的生效日期（Commencement Date）为2019年3月1日。

公司（Company），是指私人公司或公众公司；适用《阿斯塔纳国际金融中心公司条例》第一百五十八条第一款规定的扩展含义。

股份有限公司（Company Limited by Shares），是指在阿斯塔纳国际金融中心注册成立的股份有限公司。

关联人（Connected Person），适用《阿斯塔纳国际金融中心公司条例》第八十六条第四款关于现有交易或安排中的利益批准的规定。

章程文件（Constitutional Documents），是指公司章程以及《阿斯塔纳国际金融中心公司条例》第二十八条规定的决议和协议。

《宪法法规》(Constitutional Statute)，是指2015年12月7日通过的《关于阿斯塔纳国际金融中心的宪法法规》。

违反（Contravene），包括不履行。

违反本条例的行为（Contravenes），适用《阿斯塔纳国际金融中心公司条例》第一百六十九条规定。

公司服务提供者（Corporate Service Provider），是指经金管局或公司注册机关批准在本中心或其他司法管辖区内开展公司服务业务的主体。

法院（Court），是指阿斯塔纳国际金融中心法院。

债权人（Creditor），包括现有债权人、预期债权人和附条件债权人。

债券（Debt Security），在公司语境中是指证明该公司债务的证券，无论是否构成或受益于该公司资产的押记。

决策程序（Decision-making Procedures），是指《阿斯塔纳国际金融中心公司细则》规定的适用于注册机关作出决定的程序。

董事（Director），包括：

（一）担任董事职务的人员；

（二）经任命并实际履行替任董事职责的人员；

（三）未经有效任命但实际履行董事职务的人员。

分配（Distribution），《阿斯塔纳国际金融中心公司条例》适用第七十二条第七款规定。

文件（Document），包括传票、通知、声明、申报、账目、裁定等法律文书及各类登记簿。

雇员（Employee），是指与公司建立劳动关系并直接提供服务的个人，包括公司高级管理人员。董事是否具有雇员身份由公司确定，确定为雇员的，应当签订劳动合同。

员工持股计划（Employee Share Scheme），是指为下列人员持有或获取公司股份而设定的计划：

（一）公司及其子公司、控股公司或控股公司子公司的在职或离职员工；

（二）前项所列人员的配偶、未成年子女和未成年继子女。

雇主（Employer），适用《阿斯塔纳国际金融中心公司条例》第一百七十九条续十六的规定。

股权证券（Equity Securities），包括：

（一）公司普通股；

（二）认购公司普通股的权利或将其他证券转换为公司普通股的权利。

交易设施（Exchange Facility），是指依据《金融服务框架条例》，由授权市场机构管理的用于开放式投资公司股份转让的设施。

金融服务（Exchange Facility），其定义适用《金融服务框架条例》的规定。

豁免活动（Exempt Activity），包括以下传统或伊斯兰方式开展的活动：为交易目的收购、持有和处置有形或无形资产；为交易目的获得融资、设立担保、提供赔偿或订立对冲安排；为发起人或其他特殊目的公司融资；担任交易参与者的受托人或代理人；经注册机关书面批准的其他活动；与前述活动相关的附属活动。

履行（Exercise a function），包括履行的情形。

未履行（Failure），包括拒绝履行的情形。

金融服务监管机构（Financial Services Regulator），是指由金管局不定期指定的监管机构。

外国公司（Foreign Company），是指在阿斯塔纳国际金融中心以外司法管辖区注册成立的公司法人。

基金和基金经理（Fund and Fund Manager），其定义适用阿斯塔纳国际金融中心词汇表赋予的含义。

基金（Foundation），适用《阿斯塔纳国际金融中心基金条例》附则一的解释规定。

职能（Function），包括权力、职责和权限。

股东大会（General Meeting），是指公司股东的会议。

管理机构（Governing Body），是指：

（一）公司的董事会；

（二）有限合伙公司的普通合伙人；

（三）非营利性法人组织的董事会；

（四）基金的理事会；

（五）有限责任合伙公司的合伙人；

（六）普通合伙公司的合伙人。

总裁（Governor），是指阿斯塔纳国际金融中心总裁。

集团（Group），是指一组实体，包括：

（一）法人实体（第一实体）；

（二）第一实体的母公司；

（三）第一实体的母公司的子公司（直接或间接）。

集团合并（Group Merger），适用《阿斯塔纳国际金融中心公司条例》第八编第一百一十三条关于合并的规定。

指导（Guidance），包括：

（一）注册机关依据《阿斯塔纳国际金融中心公司条例》第十条第四款第二项作出的指导；

（二）金管局董事会依据《阿斯塔纳国际金融中心公司条例》第一百八十一条第五款制定的标准或行为准则。

控股公司（Holding Company），适用《阿斯塔纳国际金融中心公司条例》附则一第二条的规定。

发起人（Incorporator），是指在公司设立时认购公司股份的人。

个人识别码（Individual Identification Number），是由授权机构分配给个人的唯一号码。

发起人（Initiator），是指为交易设立特殊目的公司的人。

督察（Inspector），是指依据《阿斯塔纳国际金融中心公司条例》第一百五十九条由注册机关任命的督察人员。

投资公司（Investment Company），是指依据《阿斯塔纳国际金融中心公司条例》第六章设立为或变更为投资公司的公司。

投资合伙公司（Investment Partnership），是指依据《阿斯塔纳国际金融中心有限合伙公司条例》专为集体投资目的设立的有限合伙公司。

投资信托（Investment Trust），是指依据金管局执行的法律为集体投资目的而设立的信托。

明知而参与违反条例的行为（Knowingly Concerned），适用《阿斯塔纳国际金融中心公司条例》第一百七十条第四款的规定。

金管局执行的法律（Legislation Administered by the AFSA），其定义适用《阿斯塔纳国际金融中心公司细则》和《阿斯塔纳国际金融中心特殊目的公司细则》。

注册机关执行的法律（Legislation Administered by the Registrar），适用《阿斯塔纳国际金融中心公司条例》附则一第一条的规定。

责任（Liability），包括任何债务或义务。

清算人（Liquidator），就公司而言，其定义适用《破产条例》附则三（释义）的规定。

管理委员会（Management Council），是指阿斯塔纳国际金融中心管理委员会。

《管理委员会关于阿斯塔纳国际金融中心机构架构的决议》（Management Council Resolution on AIFC Bodies），是指管理委员会于2016年5月26日通过的《管理委员会关于阿斯塔纳国际金融中心机构架构的决议》及其2017年10月9日通过的修正案和补充决议。

合并后实体（Merged Body）、被合并公司（Merged Company）、存续实体（Merging Body）、存续公司（Merging Company）和新设公司（New Company），适用《阿斯塔纳国际金融中心公司条例》第八编第一百一十三条的规定。

受托人（Nominee），是指经金管局或公司注册机关批准在本中心或其他司法管辖区内开展信托或受托业务的个人。

名义董事（Nominee Director），适用《阿斯塔纳国际金融中心公司条例》第一百七十九条续六第四款的规定。

非营利性法人组织（Non-Profit Incorporated Organisation），是指根据《阿斯塔纳国际金融中心非营利性法人组织条例》注册成立的法人组织。

注册机关的目标（Objectives），适用《阿斯塔纳国际金融中心公司条例》第九条第一款的规定。

管理人员（Officer），包括董事、董事会秘书、高级管理人员、接管人、联合接管人、债务重组管理人、破产管理人、清算人和临时清算人。

开放式投资公司（Open-Ended Investment Company），是指其章程规定为具有可变股本的开放式投资公司，且符合《阿斯塔纳国际金融中心公司细则》第六章规定的投资公司。

普通决议（Ordinary Resolution），是指经出席股东大会的股东所持表决权过半数通过的决议。股东可亲自出席会议行使表决权，也可委托代理人行使表决权。决议事项应当在会议通知中明确载明。按照《阿斯塔纳国际金融中心公司条例》第一百条规定以书面形式通过的决议，视为普通决议。

普通股（Ordinary Share），在公司语境下是指公司的股份，但不包括仅在指定金额内有权参与股息或资本分配的股份。

所有权权益（Ownership Interest），是指持有人对收益分配或表决权的权益。收益分配比例与表决权比例不一致的，以较高者为准。

已缴足款（Paid-up），包括已记入贷方的已缴足款。

主体（Person），包括任何自然人、法人或非法人实体，以及公司、合伙公司、非法人协会、政府或国家。

个人代表（Personal Representative），是指已故自然人的遗嘱执行人或遗产管理人。

注册后程序（Post-Registration Procedures），包括但不限于登记事项变更等注册后的各项法定程序。

受保护单元公司（Protected Cell Company），是指依据《阿斯塔纳国际金融中心公司细则》第八章合并为或转变为受保护单元公司的公司。

受保护报告（Protected Report）和受保护报告人（Protected Reporter），适用《阿斯塔纳国际金融中心公司条例》第一百七十九条续十六的规定。

私人公司（Private Company），是指根据《阿斯塔纳国际金融中心公司条例》成立为或转变为私人公司的法人实体。

公众公司（Public Company），是指根据《阿斯塔纳国际金融中心公司条例》成立为或转变为公众公司的法人实体。

接管人（Receiver），其定义适用《破产条例》附则三（释义）的规定。

核准公司（Recognised Company），是指依照《阿斯塔纳国际金融中心公司条例》规定在本中心登记的外国公司。

核准交易所（Recognised Exchange），是指获得金管局认可的投资交易所，其遵守与阿斯塔纳国际金融中心相当的公司治理和披露标准。

核准普通合伙公司（Recognised General Partnership）、核准

有限合伙公司（Recognised Limited Partnership）和核准有限责任合伙公司（Recognised Limited Liability Partnership），适用《阿斯塔纳国际金融中心普通合伙公司条例》附则一的规定。

档案（Records），是指以任何形式保存的文件、信息及其他资料。

登记簿（Register），是指依据《阿斯塔纳国际金融中心公司条例》第二百零四条保存的公司和核准公司的当前及过去注册的登记簿。

登记详情（Registered Details），是指登记簿中记载的公司或核准公司的登记事项。

注册机关（Registrar）和公司注册机关（Registrar of Companies），是指金管局公司注册机关及依据《阿斯塔纳国际金融中心公司条例》第九条获任命为公司注册官的个人。

名义董事登记（Register of Nominee Directors），适用《阿斯塔纳国际金融中心公司条例》第一百七十九条第七款的规定。

受监管实体（Regulated Entity），适用《阿斯塔纳国际金融中心公司条例》第十四编第一百五十八条第二款的规定。

受监管市场（Regulated Market），应当具备下列条件：

（一）由市场运营机构经营或管理；

（二）为证券交易提供交易双方的对接服务；

（三）按照非自由裁量规则运作，确保证券交易合同的达成；

（四）取得金管局的许可并正常运营。

受监管利害关系人（Regulated Relevant Person），适用《阿斯塔纳国际金融中心公司条例》第十四编第一百五十八条第三款的规定。

相关司法管辖区（Relevant Jurisdiction），是指由哈萨克斯坦或公司注册机关不定期确定的其他司法管辖区。

利害关系人（Relevant Person），是指在本中心设立、登记、存续或开展业务的下列组织：

（一）公众公司、私人公司、核准公司；

（二）根据《阿斯塔纳国际金融中心公司条例》第二部分成立的公司；

（三）基金、核准基金；

（四）非营利性法人组织；

（五）普通合伙公司、核准普通合伙公司；

（六）有限合伙公司、核准有限合伙公司；

（七）有限责任合伙公司、核准有限责任合伙公司；

（八）由注册机关依据阿斯塔纳国际金融中心现行法律创设的其他法人或组织。

决议（Resolution），在公司语境下是指公司通过的特别决议或普通决议。

限制范围公司（Restricted Scope Company），是指依据《阿斯塔纳国际金融中心公司细则》第九章成立为限制范围公司的公司。

规则（Rules），是指金管局董事会依据《阿斯塔纳国际金融中心公司条例》第一百八十一条制定的规则，适用于该条例的实施或由公司注册机关执行的相关法律。

秘书（Secreatry），是指担任法人组织董事会秘书职务的自然人。

证券（Security），是指公司发行的可转让凭证，包括股票、债券、认股权证、权益凭证、份额、期权等。

股份（Share），在公司语境中是指公司股本中的各类股份。

股本（Share Capital），是指公司的各类资本公积金。《阿斯塔纳国际金融中心公司条例》第七章规定中的股本适用本条规定。

股东（Shareholder），是指在公司股东登记簿中登记为公司股份持有人的主体。

特殊目的公司（Special Purpose Company），是指以特殊目的公司形式设立的股份有限公司。

特别决议（Special Resolution），是指经出席股东大会的股东所持表决权的百分之七十五以上通过的决议。股东可亲自出席会议行使表决权，也可委托代理人行使表决权。决议事项应当在会议通知中明确载明。按照《阿斯塔纳国际金融中心公司条例》第一百条规定以书面形式通过的决议，视为特别决议。

标准章程（Standard Articles），是指《阿斯塔纳国际金融中心公司条例》规定的公司章程示范文本。

子基金（Sub-Fund），其定义适用阿斯塔纳国际金融中心词汇表赋予的含义。

子公司（Subsidiary）的认定标准，适用《阿斯塔纳国际金融中心公司条例》附则一第二条的规定。

存续实体（Survivor Body），适用《阿斯塔纳国际金融中心公司条例》第一百一十三条的规定。

存续公司（Survivor Company），适用《阿斯塔纳国际金融中心公司条例》第一百一十三条的规定。

收购要约（Takeover Offer），适用《阿斯塔纳国际金融中心公司条例》第七编第十一章第一百零五条第一款的规定。

公司（The Company），适用《阿斯塔纳国际金融中心公司条例》第七编第十一章第一百零五条第七款的规定。

要约人（The Offeror），适用《阿斯塔纳国际金融中心公司条例》第七编第十一章第一百零五条第七款的规定。

交易（Transaction），就特殊目的公司而言，是指为发起人利益进行的伊斯兰或传统结构性融资交易，包括证券化等资本市场交易。

信托（Trust），是指委托人基于对受托人的信任，将其财产权委托给受托人，由受托人按照委托人的意愿，为受益人的利益或特定目的进行管理或处分的法律关系。

最终受益所有人详细信息（UBO Details），适用《阿斯塔纳国际金融中心公司条例》第一百七十九条续四第五款的规定。

最终受益所有人（Ultimate Beneficial Owner），适用《阿斯塔纳国际金融中心公司条例》第一百七十九条续一的规定。

伞式基金（Umbrella Fund），其定义适用阿斯塔纳国际金融中心词汇表赋予的含义。

全资子公司（Wholly-Owned Subsidiary），适用《阿斯塔纳国际金融中心公司条例》附则一第二条的规定。

劳工（Worker），其含义依据《阿斯塔纳国际金融中心公司条例》第一百七十九条续十六的规定确定。

文书（Writing），包括：

（一）经营资格、法律文件、通知等，是指以可复制形式保存并可实物形式（包括电子形式）体现的文件；

（二）通信文书，是指以可复制形式记录并可实物形式（包括电子形式）体现的通信内容。

后记一

作为本书的作者之一，我谨代表首控法务（SK LEGAL）团队，向所有关注中国企业出海、关心中亚市场机遇的读者致以诚挚的问候。本书的诞生，源于我们对跨境投资与法律实践的长期观察与深切体会，更得益于诸多企业与机构在真实出海过程中的经验与智慧。

近年来，随着“一带一路”合作的深入推进，阿斯塔纳国际金融中心（AIFC）正迅速成为连接欧亚、辐射中亚的重要战略平台。其基于普通法的现代法律体系、高度开放的金融政策以及极具竞争力的营商环境，为中国企业“走出去”提供了稳定、透明且国际化的跳板。尤其值得强调的是，AIFC 不仅是一个金融中心，更是一座制度创新的桥梁，助力企业快速适应国际规则，实现合规运营和稳健发展。

在本书撰写过程中，我们尤为荣幸能够获得来自实业界的实践支持。特别鸣谢哈萨克斯坦 CENTRAL ASIA INTERNATIONAL HOLDING GROUP LTD.（中亚国际控股集团）在海外并购领域所提供的真实案例与务实合作。这些宝贵的一手资料，不仅为本书的理论论述提供了坚实的现实支撑，也为广大读者理解在中亚地区开展投资与并购的实际流程、风险控制与合规要点提供了生动参考。

对我个人而言，参与本书的翻译、整理与研究工作，不仅是一次学术意义上的探索，更是一次对中亚地区法律与商业环境的深度沉浸。它为我们后续开展企业出海服务、设计跨境投资架构、应对区域合规挑战提供了更加直接和实用的工具。我也希望，这本书能成为更多中国企业进入中亚、布局 AIFC 时手边常备的“法律与实务指南”，帮助大家在陌生的法域中从容起步、行稳致远。

最后，感谢每一位读者的关注与信任。愿本书不仅能助您厘清规则、规避风险，更能在您出海远航的征程中，成为一座小小的灯塔，照亮前路，见证未来。

愿中国企业在中亚写下更多合作共赢的篇章。

赵鹏

于北京

后记二

本书的完成，离不开哈萨克斯坦 IPLC 法律与商业咨询公司的专业支持。IPLC 凭借对中亚地区法律环境的深刻理解，为本书提供了宝贵的本地化实务见解、法律条文解读及案例辅助，使书中对 AIFC 法律框架的分析更具实践价值。尤其在企业跨境合规管理、风险控制等关键领域，贵机构的专业意见帮助我们更精准地呈现了 AIFC 作为国际投资平台的制度优势。

我个人在博士期间的研究方向聚焦于数字经济监管与企业创新的动态平衡，这一研究方向与 AIFC 的法律设计理念高度契合——其以英国普通法为基石，融合了柔性监管机制（如数据合规激励政策、反垄断分级执法）和创新友好型规则（如跨境数据流动规范、金融科技沙盒制度），为中亚数字经济发展提供了兼具包容性与安全性的法治实验场。本书对 AIFC 公司治理、合规激励等特色的探讨，正是这一理念的延伸，旨在为中国数字经济企业出海提供制度性参考。

衷心感谢中国政法大学出版社的严谨编校，以及所有参与案例调研的同行。愿本书成为一座连接学术与实务的桥梁，助力中国企业在欧亚腹地稳健前行，共拓数字时代的新机。

李岩峰

于北京

后记三

“文章千古事，落笔要慎重，责任重大，细心细心。”这是戴嘉佳老师在返回一版校对稿时的叮嘱。起初我只认为要负责与细心，只当是工作必备的端正态度，看到的也是各种碎片化的字词，可随着一次次地通读全篇，对照原文，学习优秀译文，抑或是看到老师的批注无措挠头，“千古事”逐渐变得具象化，“要慎重”的对象也开始转变为文稿整体。感悟到的不仅是责任倍增，更意识到翻译确是门学问，在文本层面达到准确表达的基础上，还应保持语言的法律特色，并且作为一本法律制度的专著，书中涉及了较多专业术语，因此保证文本准确的前提便是力求术语还原本意。

其实书中处理的文本在这方面仍有不足，作为译者，在处理过程中的严谨意识和对“法言法语”的追求也还有所欠缺，许多语句往往需要反复比对才能不断精炼与通顺。墙砖的裂缝也可渗透进阳光，恰恰是有着诸多需要改进的地方，每每回看这份文稿才能不断提醒自己在处理这份文稿时的许多字斟句酌和恍然大悟的瞬间，逐渐走近翻译的大学问，才能更脚踏实地迈稳自己的小步子。于个人而言，以学生视角来看待这次的实践，能够在翻译的过程中不断意识到课堂所学与字词篇章都能逐一对应起来，又能体会到翻译是一门技能，只有通过实际使用才能将老师传授的精华内化于心。

译稿的完成不仅是对这次实践的总结，更是对未来学习之路的提醒。愿自己在今后的翻译旅程中，始终保持敬畏与热情，在细微之处打磨文字、追求更完善的表达，愿依托此书的出版为“一带一路”搭建友谊之桥贡献绵薄之力。

秦英达

记于中国政法大学